教育部人文社会科学研究一般项目"贫困地区农村金融减贫效应及作用机理研究"（17XJC790007）；陕西省科技厅"创新能力支撑计划"软科学项目"乡村振兴战略初期银保联动对农户创业支持与创业减贫实现研究"（2021KRM133）；陕西省教育厅专项科学研究计划项目"陕西省信贷与保险双驱动下农户扶贫成效巩固研究"（20JK0019）

农村金融减贫效应、
运作机理与路径选择研究

刘芳 著

中国社会科学出版社

图书在版编目（CIP）数据

农村金融减贫效应、运作机理与路径选择研究/刘芳
著.—北京：中国社会科学出版社，2022.7
ISBN 978-7-5227-0249-0

Ⅰ.①农…　Ⅱ.①刘…　Ⅲ.①农村金融—经济发
展—作用—扶贫—研究—中国　Ⅳ.①F832.35

中国版本图书馆 CIP 数据核字（2022）第 091659 号

出 版 人	赵剑英
责任编辑	李庆红
责任校对	李　莉
责任印制	王　超

出　　　版	中国社会科学出版社
社　　　址	北京鼓楼西大街甲 158 号
邮　　　编	100720
网　　　址	http：//www.csspw.cn
发 行 部	010-84083685
门 市 部	010-84029450
经　　　销	新华书店及其他书店

印　　　刷	北京君升印刷有限公司
装　　　订	廊坊市广阳区广增装订厂
版　　　次	2022 年 7 月第 1 版
印　　　次	2022 年 7 月第 1 次印刷

开　　　本	710×1000　1/16
印　　　张	15.75
插　　　页	2
字　　　数	226 千字
定　　　价	85.00 元

前　言

　　消除贫困是发展中国家面临的重要任务之一，是推动社会经济持续发展的世界性难题，是我国消除城乡二元经济结构、保障社会和谐稳定发展和实现人民共同富裕的关键举措。2021年年初，习近平总书记宣布我国脱贫攻坚取得决定性胜利，现行标准下农村贫困人口全部脱贫，832个贫困县全部摘帽，绝对贫困现象历史性消除。脱贫攻坚取得举世瞩目的成绩，得益于国家扶贫政策与模式的变革。从救济式扶贫、开发式扶贫、参与式扶贫发展到多元化扶贫与精准扶贫，扶贫战略也从"输血式"扶贫转向"造血式"扶贫。此外，在"十三五"规划期末消除所有贫困人口，不仅需要完善健全的社会保障体系，更需要产业扶贫、科技扶贫和金融扶贫等多种扶贫方式的有效组合搭配。其中，金融扶贫既符合农户参与式扶贫的宗旨，又可根据农户需求提供特定金融服务，支持农户形成自我发展能力。金融资源还可支持并推动产业扶贫、易地搬迁扶贫和科技扶贫的落地施行。然而，欠发达地区农村金融体制与机制存在缺陷，将制约金融资源与生产要素的深层结合，抑制金融减贫的实践效果。由此，分析农村金融发展对贫困减缓的作用效应及运作机理，不仅为欠发达地区农村金融体制与机制创新提供重要依据，也有利于推动农村金融改革总体进程，促进"精准扶贫、精准脱贫"战略的有力实施，增进扶贫成效的进一步巩固。

　　本书立足于我国贫困地区经济与金融发展状况，研究分析农村金融发展对贫困减缓的作用效果、运行机理及优化路径选择。将遵循"金融减贫问题提出→金融减贫理论梳理→贫困农村金融减贫考察→金融减贫效应与机理计量验证→计量检验结果讨论→农村金融减贫案例分析→金融减贫路径选择政策建议"的研究路线展开研究。在梳理国内外金融发展与贫困减缓相关文献的基础上，基于 2018 年、2019 年西北四省 1957 户贫困农户田野调查数据，运用倾向得分匹配法（PSM）和"A—F"多维贫困指数，对农户信贷、发展潜力和多维贫困进行实证分析。此外选取 2012 年中国家庭追踪调查（CFPS）中 2742 个贫困农户样本数据，以及集中连片特困区 435 个贫困县农村金融发展数据，分别采用 Probit 模型、系统 GMM 模型、PVAR 模型和中介效应检验等方法，分析讨论金融服务需求状况，农村金融发展与贫困减缓的线性与非线性作用关系，长期和短期作用效果及其作用机理，并据以总结农村金融减贫的政策机制和经验。

本书试图在以下几个方面有所突破：一是打破金融减贫作用机制定性规范分析的局限，运用多重中介效应检验法，将金融发展、经济增长、收入分配和贫困减缓置于同一系统，反映彼此作用的层级关系和作用方向，量化测度金融减贫直接与间接作用效果，深究金融减贫效果欠佳的机制本源。二是构建贫困农户、金融机构微观主体和县域金融发展三维视角，以需求、供给和整体效应三个层次，逐层剖析金融减贫实施效果、运作机理及体制机制弊端，总结农村金融减贫的政策路径。三是与以往研究多采用不同省份贫困程度与金融发展指标验证两者作用关系不同，本书直接定位于贫困地区和贫困农户，结合 435 个贫困县样本数据和田野实地调研经验，对金融减贫的非线性和动态关系进行实证检验，使理论分析与计量验证进一步"瞄准"贫困地区空间与贫困群体。四是基于索洛生产函数，诠释贫困、中等收入和富裕人群的生产与资本累积过程，并由此构建优化金融资源配置促进摆脱贫困的路径实现机制，结合倾向得分匹配法（PSM）、系统 GMM 模型和 PVAR 模型分析方法，整体测度农村金融发展的减贫效果。五是从贫困特征和致贫因素转向角度，厘清扶贫策略和金融减贫政策的演进逻辑，进而结合贫困地区经济结构转变、扶贫方式转化和农户金融需求分化等因素，深思欠发达地区农村金融的改革方向与政策机制设计。

刘 芳

2021 年 11 月 10 日

目　录

第一章　绪论 ……………………………………………………… 1

　　第一节　研究背景及意义 ……………………………………… 1

　　第二节　研究目标和研究内容 ………………………………… 6

　　第三节　研究方法、技术路线与数据来源 …………………… 8

　　第四节　可能的创新与不足 …………………………………… 11

第二章　文献述评 ………………………………………………… 14

　　第一节　国外研究评介 ………………………………………… 14

　　第二节　国内研究评介 ………………………………………… 29

　　第三节　文献评论 ……………………………………………… 35

第三章　贫困转向、扶贫策略演进与金融机构支持 …………… 36

　　第一节　农村贫困转向与扶贫策略演变 ……………………… 37

　　第二节　农村金融减贫历程与金融机构支持 ………………… 57

　　第三节　本章小结 ……………………………………………… 70

第四章　贫困农户金融服务状况分析

　　　　　——基于微观视角 ……………………………………… 73

　　第一节　调查设计与样本选择 ………………………………… 73

　　第二节　贫困农户现金收支与信贷活动 ……………………… 75

　　第三节　贫困农户信贷服务特征与影响因素 ………………… 85

　　第四节　贫困农户信贷可得性影响因素与信贷渠道选择 …… 99

第五节　本章小结 ……………………………………… 109

第五章　贫困地区农村金融发展减贫效应计量验证 ……… 112

第一节　农户信贷、发展潜力与多维贫困脱离 ……… 113

第二节　农村金融发展与贫困减缓的非线性关系 …… 128

第三节　农村金融发展对贫困减缓的动态关系 ……… 145

第四节　本章小结 ……………………………………… 155

第六章　农村金融发展的减贫机理 …………………………… 159

第一节　农村金融发展对贫困减缓的直接影响 ……… 159

第二节　农村金融发展对贫困减缓的间接影响 ……… 162

第三节　金融发展与贫困减缓的联系机理 …………… 168

第四节　本章小结 ……………………………………… 180

第七章　国内外农村金融减贫案例考察 …………………… 183

第一节　国外农村金融反贫困案例 …………………… 183

第二节　国内农村金融反贫困案例 …………………… 194

第三节　金融减贫案例的对比与启示 ………………… 199

第四节　本章小结 ……………………………………… 205

第八章　农村金融减贫机制的路径选择 …………………… 207

第一节　构建部门合作机制，保证金融政策和扶贫政策
协调统一 ……………………………………… 208

第二节　推动欠发达地区增量金融发展，发挥各类金融
机构互补作用 ………………………………… 210

第三节　创新金融产品和服务，满足贫困地区多元化
金融需求 ……………………………………… 214

第四节　克服金融排斥偏向，促进普惠金融发展 …… 217

第五节　完善金融保障措施，发挥金融与财政政策
合力 …………………………………………… 220

第六节　依托保险与资本市场，实现金融减贫
　　　　可持续 …………………………………………… 222

附　录 …………………………………………………… 225

参考文献 ……………………………………………… 230

后　记 …………………………………………………… 242

第一章　绪论

第一节　研究背景及意义

一　研究背景

消除贫困是世界各国政府和人民面临的共同任务，是推动社会经济持续发展的世界性难题，是实现全国人民共同富裕、消除城乡二元经济结构、保障社会和谐稳定发展的关键。遵循《联合国千年宣言》的指导，中国作为全球人口最多的发展中国家，率先完成极端贫穷人口减半的重任，其在全球反贫困事业中的贡献不可磨灭。尤其是改革开放以来，我国在经济增长和贫困减缓方面的成绩斐然。1978 年至2020 年，人均 GDP 从 381 元增长至 72447 元，提升近 190.15 倍。党的十八大以来，9899 万农村贫困人口全部实现脱贫，贫困县全部摘帽，绝对贫困历史性消除。[①]

中国的减贫成效得益于改革开放"制度红利"推动下经济的快速增长，以及党和政府长期坚持不懈的扶贫工作。经济增长产生的"滴漏效应"让富人受益的同时，穷人也间接地获取来自富人的漏出，经济增长带来贫困率下降。然而经济增长惠及穷人的能力有限，增长不能保障富人和穷人同等受益。当收入分配不均的效应足以抵消经济增长的有利效应时，经济增长的表象掩盖不了贫困群体的产生，经济增

[①]　国家统计局：《2020 年中华人民共和国国民经济和社会发展统计公报》，2021 年 2月 28 日，http：//www.gov.cn/xinwen/2021-02/28/content_5589283.htm，2022 年 2 月 13 日。

长效应无法真正惠及穷人，贫困难以有效抑制。据统计，2015 年我国农村仍有 5575 万人尚未脱贫①。贫困人口主要分布于生态环境较差、意识观念落后、基础设施薄弱、资源相对匮乏的山区、少数民族边疆地区、高原区及荒漠区。贫困文化与贫困群体的固化延续，为扶贫工作带来新的挑战。此外，贫困特征也发生较大变化，中国农村贫困已从绝对贫困向相对贫困占主体的趋势转变。生存问题、温饱问题已不是扶贫工作的主要难题，贫困群体收入增长缓慢、增收机会和发展权利缺失成为当代扶贫的主要矛盾。

新形势下解决"贫困难题"，需要创造贫困地区可持续发展的基础条件，需要扶贫资源精准到位地作用于贫困群体，需要构建贫困地区自我发展机制，需要提升贫困人群自我发展脱贫致富的能力。为了满足经济体制全面转型背景下贫困地区经济发展的新要求，《国家八七扶贫攻坚计划（1994—2000 年）》《中国农村扶贫开发纲要（2001—2010 年）》和《中国农村扶贫开发纲要（2011—2020 年）》相继实施，2015 年减贫与发展高层论坛更是提出"实现 2020 年农村全脱贫的目标"。这一系列政策与举措把我国扶贫开发事业推向崭新的阶段，国家的扶贫政策与模式也发生根本转变，从救济式扶贫、开发式扶贫、参与式扶贫转向多元化扶贫、精准扶贫，扶贫工作也从"输血式"扶贫转向"造血式"扶贫。在此期间，借助农村金融服务与产品，依靠贫困群体的自发参与和努力，金融资源提供了他们所需的资本、技术和投资机会，为打破资本约束下的"贫困恶性循环"起到日益明显的作用。一方面，通过增加农户的借贷机会，培育农户生产投资和自我发展能力，提升贫困群体生产和生活条件；另一方面，通过开启区域经济增长动力，促进贫困状况的改善。此外，农村金融为基础设施建设、人力资本培训和现代化技术引进，也提供了必要的资金支持。

农村金融减贫伴随我国扶贫开发战略的实施，经历了一系列的变

① 国家统计局住户调查办公室：《2015 中国农村贫困监测报告》，中国统计出版社 2015 年版，第 15 页。

革与创新。从 1986 年中国农业银行、中国人民银行和其他银行纷纷设立专项扶贫贴息贷款，为贫困地区农牧业生产，老、少、边、穷地区发展经济和贫困县工业发展提供重要支持，到农业发展银行统一经营和管理扶贫贷款，再到 1993 年试验推广孟加拉国乡村小额信贷扶贫模式，以及《关于全面做好扶贫开发金融服务工作的指导意见》与《关于金融助推脱贫攻坚的实施意见》的发布与实施，助力普惠金融的发展以及金融扶贫的全面开展。而 2019 年《关于金融服务乡村振兴的指导意见》和 2021 年《关于金融支持巩固拓展脱贫攻坚成果全面推进乡村振兴的意见》的发布，又进一步指明金融精准扶贫政策体系和工作机制同金融服务乡村振兴有效衔接的目标和方向。伴随脱贫攻坚期间金融扶贫的有效推进，微型金融、农业保险、农村资金互助社和村镇银行的大范围推广与设立，金融减贫的功效和模式也被人们不断探索并丰富演化。然而由于我国长期贫困地区经济发展水平、人均收入水平、金融经营成本、金融风险情况和金融供需失衡的特点，金融助力脱贫攻坚面对着许多挑战，如进一步发挥政策性金融、商业性金融和民间金融的优势互补作用，农村多元金融组织竞争格局仍要推进形成，多样化金融工具供给不足和金融服务不充分的局面还需要打破，金融部门从农村向城市工商业抽离资金的情况需要改观，贫困地区金融抑制和金融机构"离农""瞄准错位"的状况仍需改善。

通过以上背景条件的深思，本书将从农村金融与贫困减缓理论出发，基于审视改革开放以来我国农村贫困状况和金融减贫实践，深入探析贫困地区农村金融发展困境，以求明晰以下几个问题：农村金融发展是否是减少农村贫困的行之有效的途径？农村金融在多大程度上可以减缓贫困？农村金融减缓贫困的作用机理是什么？农村金融减缓贫困在何种政策机制下能够更好地发挥作用？

二 研究意义

反贫困是世界性难题，也是全面建成小康社会的最大难点。2014年"两会"提出创新扶贫开发方式，继续向贫困宣战，决不让贫困代代相传，表明了政府消除贫困的决心。2015 年减贫与发展高层论坛又提出"2020 年农村全脱贫，贫困县全摘帽，整体区域贫困全消除的目标"。为响应党的十八大、十八届三中全会精神，以及习近平总书记关于扶贫开发工作的重要指示，2014 年、2016 年人民银行与相关部门联合发布了《关于全面做好扶贫开发金融服务工作的指导意见》和《关于金融助推脱贫攻坚的实施意见》，严格落实了《中共中央国务院关于打赢脱贫攻坚战的决定》中"精准扶贫、精准脱贫"的基本方略。因此，研究农村金融在贫困减缓过程中的作用效果以及作用机制，探索巩固减贫效果的政策建议，对创新农村扶贫开发模式，促进欠发达地区经济增长、缩小贫富之间收入差距、维持经济平稳发展既有理论意义，也有现实指导意义。

（一）理论意义

首先，有利于丰富贫困和反贫困理论。在贫困和反贫困方面，许多学者提出了众多著名的理论和模型，如"平衡增长反贫困理论""低水平均衡陷阱理论""人力资本理论""循环累积因果理论"，以及"赋权"反贫困理论。这些理论虽具有创造性的贡献，但是这些理论集中于从物质资本、文化习俗、人力资本、权利分配等方面讨论贫困的形成机理以及反贫困的战略举措，从金融角度探讨金融发展对贫困减缓的研究相对不足。但是，金融作为现代经济的核心，在满足贫困地区资金需求、培育贫困地区自我发展机制方面具有非常重要的作用。因此，在贫困与反贫困领域引入金融因素的研究，可拓宽该领域的研究视野，拓展发展经济学、金融学、农村经济学的研究范围。

其次，有利于深化和丰富金融发展理论的研究视角。20 世纪50—60 年代，现代金融理论初步形成，经历了"金融结构论""金融抑制论""金融深化论""内生金融增长理论"和"金融约束论"等重要阶段。其研究更多地强调了金融发展与经济增长、金融发展与收入分配、金融体系功能以及政府在金融市场的作用等方面，而将金融发展和贫困减缓结合在一起，进行系统性分析的学者并不常见。现存研究更多地体现在金融发展与贫困减缓关系的实证检验，尚未有直接反映金融发展与贫困减缓的经典理论。因此，本书透析贫困地区农村金融服务现状，审视金融减贫的作用机制与作用效果，有利于将金融发展的研究扩展到贫困领域，可以丰富金融发展理论的研究范围。

最后，以贫困地区农村金融经济发展数据为支撑，丰富了我国农村金融发展与贫困减缓的理论研究。以往大部分研究都是以整个国家的时间序列数据，或者不同省份的面板数据为样本，通过选取反映贫困程度的指标来讨论金融发展对贫困减缓的作用效果。一定程度上，缺乏了直接瞄准贫困地区农村金融经济发展现实的直观分析。而本书的研究则以 435 个国定贫困县数据为样本，运用倾向得分匹配法（PSM）、系统 GMM 模型、PVAR 模型及中介效应分析，讨论了农村金融发展对贫困减缓的作用效果、作用机制和实践效果。一定意义上丰富了我国农村金融发展与贫困减缓的理论研究成果。

（二）实践意义

一方面，测度并审视了贫困地区农村金融发展对贫困减缓的线性或非线性、长期和短期的作用关系，以及农村金融对贫困减缓的作用机制，总结了金融扶贫战略的实施经验。无论运用 GMM 模型还是 PVAR 模型，实证结果都显示金融发展与贫困减缓存在先抑后扬的"非线性关系"，即在短期金融发展对贫困减缓呈现负向冲击，而长期则具有正向影响。而这种负向影响很大程度是由于金融发展造成不同人群收入分配不均、享有金融服务机会不等，贫困地区金融生态环境较差，金融改革滞后所引起的。因此，应通过政策措施改善并引导欠发达地区金融市场健康快速发展，巩固金融减贫成效，发挥金融减贫的长期、持续动力。

另一方面，回顾不同时期我国扶贫政策的演变以及金融减贫战略的推进，考察贫困地区农村金融服务状况和金融减贫经验，有利于我们掌握不同时期农村贫困特征与致贫因素的变化，把握我国扶贫开发的阶段性要求和金融减贫的逻辑思路，为制定可行的区域经济发展战略和金融支农模式提供新的思路，为平稳实现脱贫攻坚到乡村振兴的过渡提供理论依据。有利于推动中国农村金融改革以及金融扶贫等政策的实施，有助于为贫困群体建立自我发展机制和参与反贫困事业提供有利的外部环境，同时也为农村金融创新提供重要的参考依据与经验借鉴，有效推进农村金融改革的持续前行。

第二节　研究目标和研究内容

一　研究目标

第一，通过梳理现代金融发展、农村金融、贫困与反贫困理论，以及贫困地区农村金融发展和金融减贫的相关文献，从理论上理清农村金融与贫困减缓的内在联系和作用机理，为研究金融减贫的作用机制和探索金融发展助推脱贫攻坚的实施方略提供理论支持。

第二，采用历史和现实相结合的方法，审视我国贫困特征的转化和减贫战略演变。明确在"精准扶贫、参与扶贫和造血扶贫"的扶贫宗旨下，我国实施金融减贫的可行性、必然性，通过回顾和考察农村金融减贫的演进历程与实践状况，为探索金融减贫长效机制奠定了现实基础。

第三，结合微观调查数据，分析我国贫困地区农户金融需求状况和金融机构供给状态，从供需两方面刻画贫困地区农村金融服务状况、困境表现及现实根源，为从宏观角度分析农村金融对贫困减缓的作用效果和作用机制，消解金融减贫效率不佳的状况提供现实考证。

第四，从宏观视角检验农村金融的贫困减缓作用效应，并将金融发展划分为不同层次，引入贫困程度、经济增长、收入分配、财政支出等核心变量，以及城市化、投资水平、转移支付、医疗水平等控制变量，比较分析金融发展规模和金融发展效率对经济增长、收入分配、减贫绩效的作用差异。

第五，通过探讨农村金融贫困减缓作用的直接和间接机制，了解农村金融发展对贫困减缓的作用机理，并将实证结果与理想状态作以比较，探索如何构建金融减贫长效机制，巩固农村金融减贫效果。

第六，结合国内外农村金融减贫经验和实证检验结果，审视农村金融减贫效果有限的内部根源，立足于贫困地区经济状况和贫困农民金融需求特点，提出完善农村金融减贫机制的策略路径，积极发挥农村金融的支农效力。

二　主要内容

根据本书的研究目标和文章研究逻辑，可将内容分为以下几个部分：

第一章：绪论。概述本书研究背景，提出所要研究的问题，并指明本书的研究意义。通过阐释研究目的和研究内容，确立本书的研究方法、研究数据和技术路线，最后指明可能的创新之处和不足。

第二章：文献述评。对目前已有的国内外相关研究从贫困和反贫困理论、金融发展理论、农村金融理论、金融发展和贫困减缓的作用关系、小额信贷的减贫效果、农村新型金融机构的减贫作用和贫困地区农村金融发展困境等方面进行归纳总结和相应评析，为后文各部分的研究进行理论铺垫。

第三章：贫困转向、扶贫策略演进与金融机构支持。采用历史和现实分析相结合的方法，首先从农村贫困的规模和结构方面，分析了农村贫困现状，总结出我国现阶段贫困特征与致贫因素的变化。其次回顾并评价我国不同时期扶贫战略和金融扶贫历程，分析了贫困地区农村金融服务供给现状，为探索金融减贫长效机制提供现实可行性支持。

第四章：贫困农户金融服务状况分析。以微观农户调查数据为基础，从分析贫困农民收支构成入手，分析描述贫困农户信贷需求特征。运用 Probit 模型，引入农户特征、收入与资产、农户支出、社会资本、金融活动情况和地区因素等自变量，实证检验了贫困农户信贷需求、信贷可得性以及影响信贷渠道的主要因素，从而分析贫困农村金融服务不充分的现状与根源。对状况的考察与分析既有助于明晰农村金融减贫效应不足的原因，也是本书实证检验和机理分析的基础。

第五章：贫困地区农村金融发展减贫效应计量验证。此部分一是基于 2018 年、2019 年西北四省 1957 户贫困农户调查数据，运用倾向得分匹配法（PSM）和"A—F"多维贫困指数，对农户信贷、发展潜力和多维贫困进行实证分析。二是选取我国集中连片特困区 435 个贫困县农村金融发展数据，在理论模型构建的基础上，引用面板向量自回归 PVAR 模型和系统 GMM 模型，引入贫困程度、经济增长水平、收入分配、财政支出水平等核心变量，以及农业生产条件、城市化、投资水平、转移支付、医疗水平、第一、第二产业发展情况等控制变量，定量分析农村金融发展与贫困减缓的线性或非线性、正向或负向的关系，以及长期和短期不同的作用效果。

第六章：农村金融发展的减贫机理。一是分析金融机构服务和金融工具创新对农户融资需求、抵御风险和技术更新等方面的直接影响。二是理论分析金融发展、经济增长、收入分配与贫困减缓相互作用关系，阐释金融发展通过经济增长与收入分配，间接作用于贫困减缓的作用渠道。三是设定金融发展与贫困减缓的理想作用机制模型，测度金融减贫的直接和间接作用大小与作用方向。并将中介效应检验结果与理想模型加以比较，从中反思农村金融减贫效果不足的机制根源。

第七章：国内外农村金融减贫案例考察。从国内和国外两方面阐述，不仅介绍欧美等发达国家金融减贫经验，也涵盖孟加拉国、印度尼西亚、玻利维亚、拉丁美洲等发展中国家微型金融、小额贷款、自助团体及农村保险等金融减贫经验。国内主要选取有代表性并取得一定成效的贫困地区农村金融减贫实例，并与前面章节现状分析相结合，讨论国内外农村金融减贫案例的意义。

第八章：农村金融减贫机制的路径选择。根据理论分析与实证检验的结果以及贫困地区农村金融发展与减贫经验的分析，提出完善农村金融减贫机制的政策路径。以期进一步提升我国欠发达地区农村金融发展水平，改变不平等的资源分配方式、不合理的金融体系。

第三节　研究方法、技术路线与数据来源

一　研究方法

（一）规范分析与实证分析相结合

规范分析被认为是实证分析的理论起点与最终归宿，但同时又需要实证经验研究作为支持。研究中对相关理论和文献进行归纳总结，

并在借鉴理论模型和研究方法的基础上,分析农村金融贫困减缓的效果、影响贫困农户金融需求的因素以及欠发达地区农村经济金融现状,这是实证中需要回答的问题,那么为什么会是这样的景象?其作用机理是什么?我国农村扶贫和金融减贫战略的内在演变逻辑是什么?这些问题需要在规范分析中予以解答。

(二)定性分析与定量分析相结合

对农村金融对贫困减缓作用机理的论述、我国不同时期扶贫战略和金融扶贫历程回顾、国内外农村金融减贫经验以及农村金融助推脱贫的政策措施讨论主要采用定性方法。与定性分析法相结合,在研究贫困地区农村金融机构供给状态、贫困农户金融服务需求状况、测算农村金融对贫困减缓的作用效果等方面则运用定量分析的方法。

(三)纵向与横向分析相结合

研究我国贫困地区农村金融发展状况,测算农村金融对贫困减缓的作用效果时,运用纵向与横向分析相结合的方法。不仅涵盖时间序列数据,也包括面板数据。从历史演进角度,跨时段分析农村扶贫战略和金融减贫历程,有助于把握演变轨迹与趋势特征。同时也对同一时段的数据进行城市水平、全国整体农村、贫困农村的对比,明确各区域之间的不同状况。

(四)文献归纳与实地调研相结合

归纳并梳理大量国内外文献是保证研究顺利进行的根基,深入贫困地区开展农村金融实地调研是确保研究严谨可靠的依据。研读前人研究的文献为本书框架设定、思路演进、模型设定提供经验,将搜集的实地调研数据和资料进行统计综合,采用实证方法,可使论证更具说服力。

(五)历史与逻辑一致方法

坚持从长期历史的视角对我国扶贫模式的变迁予以解读,从理论上分析这种历史变迁的过程实质上是贫困地区经济转型和贫困群体意识觉醒的演进过程,同时也是市场经济迅猛发展对扶贫模式创新的冲击。

二 技术路线

本书在借鉴农村金融理论、金融发展理论、贫困和反贫困理论,以及国内外相关研究成果的基础上，运用规范与实证分析、纵向与横向比较、定性分析与定量考察、文献归纳与实地调研结合等方法，针对我国贫困地区农村金融供需失衡、市场垄断明显、金融服务不足、金融资源抽离和金融机构"离农"等现实，从农村贫困状况和金融扶贫实践状况入手，分析农村金融对贫困减缓的直接和间接机制。并用实证方法测算农村金融对贫困减缓的作用效果，试图探寻完善农村金融发展的有力措施，强化农村金融的减贫绩效。即遵循以下的研究逻辑：金融减贫问题提出→金融减贫理论梳理→贫困农村金融减贫考察→金融减贫效应与机理计量验证→计量检验结果讨论→农村金融减贫案例分析→金融减贫路径选择政策建议。

三 数据来源

本书立足于考察我国贫困农村经济与金融发展状况的基础上，讨论农村金融发展对贫困减缓的作用效应。因此，选用数据尽可能对农村的贫困农户形成大范围覆盖。其中，第四章数据主要来源于课题组2018 年、2019 年西北四省 1957 户贫困农户调查数据。以及 2012 年北京大学中国家庭追踪调查（CFPS）数据，该数据涉及 25 个省、直辖市、自治区，16000 户样本农户。为了准确瞄准农村贫困人群，本书对 CFPS 数据进行有效甄别与筛除。首先剔除掉全部样本中城市家庭数据而筛选农村家庭数据，并进一步根据人均家庭纯收入分位数指标，将全部农户家庭数据划分为收入最高、中上、中下和最低四组，每组样本各占农户总体样本的 25%。将研究样本最终锁定于最低收入农户群体，共有 2742 个样本[①]。而第五章和第六章是本书计量分析的核心章节，选用数据涵盖国家集中连片特困区 435 个国定贫困县区的面板数据。数据来源于《中国区域经济统计年鉴》（2012—2019）、《中国县（市）社会经济统计年鉴》（2012—2019）、《中国农村贫困监测报告》（2006—2011），以及 2012—2019 年各省份统计年鉴。

---

① 2742 个样本中有 2524 户农户填写有效收入，其中有 1740 户农户 2012 年人均家庭纯收入低于 2000 元。而 2012 年国家低收入贫困标准为人均纯收入 2673 元，因此研究样本具有较好的"贫困"代表性。

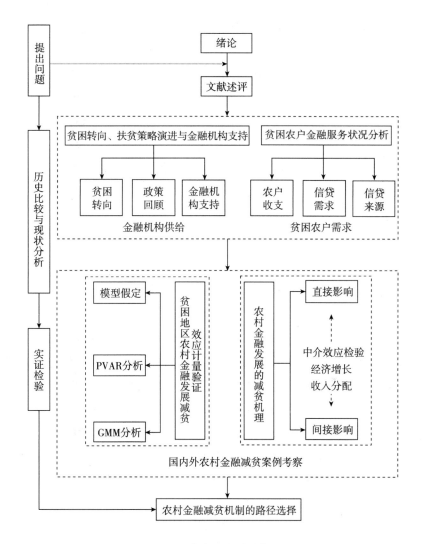

图 1-1　本书研究路线框架

第四节　可能的创新与不足

一　可能的创新

自金融发展理论创建以来，学术界研究重点集中于金融发展与经济增长的关系。直至 20 世纪 90 年代，才有学者开始关注金融发展对贫困减缓的问题。我国对此问题的讨论出现在 2006 年以后，但系统化的研究农村金融对贫困减缓的学术成果并不多见。因此，本书力求在以下几个方面做出探索性的研究：

研究视角方面，结合贫困农户、金融机构和县域金融三方面数据，以需求、供给和整体效应三个层次，审视考察贫困地区农村金融发展对贫困减缓的作用效果、作用机理和实践状况。其中，农村金融减贫效应的计量验证是对金融减贫实施效果的整体测度，农村金融供需分析是对整体效应检验的现实因素支持，农村金融减贫机理是对减贫效应不足的根源剖析。

研究内容方面，在验证农村金融发展减贫效应时，基于索洛生产函数，诠释贫困、中等收入和富裕人群的生产函数和资本积累过程，构建金融资源供给与贫困摆脱的路径实现模型，由此引入相关变量验证农村金融发展对贫困减缓的作用效果与作用关系。在分析农村金融发展的减贫机理时，基于金融发展理论和"PGI"理论，设定金融发展与贫困减缓的理想作用模型。并将计量检验结果与模型理想状态进行对比，深入探讨农村金融减缓贫困的直接和间接作用机理，反思农村金融减贫效果不佳的机制根源。在阐述农村贫困状况与金融减贫效应时，将历史分析与现状考察相结合，从贫困特征和致贫因素转向角度，厘清扶贫策略和金融减贫政策演进的逻辑链条，结合贫困地区经济结构转变、扶贫方式转化和农户金融需求分化等方面，思考贫困地区农村金融的改革方向与政策机制设计。

研究方法方面，运用中介效应检验法，以经济增长和收入分配作为中介变量，定量分析金融减贫的直接与间接作用效应。不仅弥补先前研究偏重定性分析的不足，而且将金融发展、经济增长、收入分配和贫困减缓列于同一系统，更好地反映彼此作用的层级关系和作用效果。此外，以系统 GMM 模型、面板向量自回归 PVAR 模型和倾向得分匹配法（PSM）多重分析贫困地区农村金融发展对贫困减缓的线性或非线性、正向或负向的关系，以及长期和短期不同的作用效果，综合呈现不同方法所得研究结果。

研究对象方面，直接定位于贫困地区和贫困农户，结合大范围样本实证检验和实地田野调研经验，还原贫困地区农村金融服务状态和金融减贫效应。所选数据涵盖集中连片特困区 435 个国定贫困县近十年研究数据、2018 年与 2019 年西北四省 1957 户贫困农户田野调查数据、2012 年北京大学中国家庭追踪调查（CFPS）数据中 2742 户贫困农户样本。相较于国内同类研究，本书更注重立足于贫困地区经济金融发展特点，探索农村金融发展的减贫效应与作用机理，并提出完善农村金融减贫机制的政策路径。

二　存在的不足

第一，本书所涉及的贫困地区农村金融数据较难收集，《中国农村贫困监测报告》《中国扶贫开发年鉴》和《中国县（市）社会经济统计年鉴》有关各贫困县金融的数据仅限于城乡居民储蓄存款余额、金融机构存款余额和金融机构贷款余额，对于各县市支农贷款投放规模、扶贫贷款发放数量、金融机构准备金比率、新型金融机构设立数量等相关数据均未涉及，因而本书金融指标具有一定的局限性。

第二，贫困测度指标的维度过于单一，随着贫困地区经济发展，贫困不仅表现为物质的匮乏，更表现为能力的欠缺、权利的缺失和发展机会贫乏。但受限于统计资料，本书仍仅从经济角度测度贫困。

第三，由于农村金融包含多种成分，政策性金融、商业金融和民间金融在贫困的减缓和作用机制上存在差异，但是本书在刻画农村金融对贫困减缓的作用机制时，并未对其进行具体区分。此外，未能从制度和历史角度追溯金融减贫的机制缺陷，将经验结果理论抽象为更为深入的观点，欠缺一定理论厚度和学术底蕴。

第二章　文献述评

　　金融扶贫作为"造血式扶贫"的重要途径，一方面通过提供各种金融产品和工具，满足贫困人群的金融需求；另一方面通过向贫困地区输送资金，培育贫困地区和人群的自我发展机制，降低返贫概率及改变被动的发展模式，从根本上扭转贫困地区经济落后状况。本章从金融发展理论、贫困与反贫困理论、农村金融发展理论、金融发展对贫困减缓的作用效果、贫困地区农村金融发展困境、小额信贷实施效果等方面，对国外和国内的相关文献进行回顾与梳理，在引用前人理论和思路方法的基础上，审视现有研究的不足之处，为后面章节所研究农村金融发展对贫困减缓的作用效果、作用机制以及减贫实践等问题提供丰厚的理论根基。

第一节　国外研究评介

一　贫困与反贫困理论

（一）马尔萨斯的人口抑制减贫论

　　学术界有关反贫困的研究文献相当丰富，相关研究成果已经形成较为独立和完整的体系。1789 年马尔萨斯（Thomas Robert Malthus）在《人口原理》中提出了两个公理，即食物是人类生存所需要，两性之间性欲为必然。从而在此基础上探寻贫困的原因：人口增长速度快于物资增长速度，前者以几何级数增长，后者以算术级数增长，导致过剩人口的出现和贫困的产生，这是不以人类意志为转移的客观规律。因此，若要消除贫困必须从根本上消除穷人，通过抑制人口增长来实现物资增长和人口增长之间的平衡。而抑制人口增长有两种办法，一是"道德抑制"，通过节育、晚婚等方式来抑制人口增长；二是"积极抑制"，通过疾病、饥荒、战争等方法让人口减少。马尔萨斯关于贫困的观点是消极的、片面的、机械的，不仅忽略了技术进步和生产力发展的重要作用，而且为资本主义制度开脱，掩盖了人民贫困的本质根源。因此，王亚南评价"马尔萨斯的人口论无疑是非常冷酷、反动和荒谬的"。

（二）马克思的反贫困理论

与马尔萨斯不同，马克思（Karl Heinrich Marx）从制度层面研究资本主义制度下贫困产生的原因以及反贫困路径，得出资本主义的生产方式是促化贫困的根源。由于资本主义的本质就是生产剩余价值，资本家通过占有无产阶级的剩余劳动而获得更多的剩余价值。剩余价值的一部分用于资本家的日常生活及挥霍，另一部分转化为资本，用于扩大再生产。扩大再生产带来了资本积累，而在追逐资本积累获取更多剩余价值的过程中，资本家会应用新技术来提高劳动生产率。从而不仅致使资本有机构成提升，劳动力需求相对减少，而且劳动力对资本供给绝对增加。其结果导致相对过剩劳动力的产生，涌现了大量的失业人口。因此，资本积累的后果必然是财富集聚于少数人手中与贫困落后并存。由此可见，马克思认为无产阶级贫困的根源在于资本主义制度本身，要改变无产阶级贫困的命运，显然不能依靠资本主义社会的发展，只有通过消灭私有制，摒弃雇佣劳动制，革新资本主义制度，推翻资产阶级统治，才能用新的制度来消除贫困。与马尔萨斯机械的研究不同，马克思揭示了无产阶级贫困化的趋势，并站在穷人的角度，为穷人的利益呐喊。然而，马克思反贫困理论也有自身局限性，其所处的时代是早期资本主义社会，对当前发展中国家和社会主义国家贫困问题并未研究探索。

（三）罗森斯坦·罗丹和讷克斯的平衡增长反贫困理论

20 世纪 50 年代开始，一大批发展经济学家针对贫困与反贫困问题进行广泛研究，不仅深化了反贫困理论，并将反贫困思想模型化，该阶段的思想非常注重资本和工业化的带动作用，强调稀缺的资本和投资的匮乏是持续低增长的主要因素。罗森斯坦·罗丹（Paul Rosen-stein-Rodan）提出以农业为主的发展中国家，摆脱贫困的出路就是通过大量使用资本，投入基础设施部门和其他相关部门，保证基础部门的先决发展，带动其他部门的配合发展，加速国家工业化进程，走出贫困困境。罗森斯坦·罗丹认为由于经济各部门是相互联系、相互依赖的，如果仅对单个工业部门投资，将不能形成大规模的投资效益。所以要对国民经济各部门同时施行大规模投资，并保证各部门按同一或不同的比例获得投资资金，从而形成"大推进式的平衡增长"。而讷克斯的（Ragnar Nurkse）观点与罗森斯坦·罗丹的极为相似，主张全面大规模地在经济各部门投资，推行平衡增长战略来消除贫困。并将发展中国家贫困根源归结为"一个国家因为穷所以穷"，正是由于一国贫穷，导致储蓄率低、资本匮乏、缺少投资，进而造成经济增长缓慢，陷入"贫困恶性循环"之中。而打破恶性循环的途径就是施行平衡增长战略，其有三方面原因：一是各部门平衡增长可以产生扩大市场规模形式的外在经济，进而导致递增收益。二是能够促进供给和需求平衡增长，使经济快速发展。三是各部门之间的相互依存性也要求各部门同时得到发展。讷克斯与罗森斯坦·罗丹的平衡增长理论都渗透着国家干预、制订全面的经济发展计划的思想。虽然对于欠发达国家的发展提供了一种战略思路，但现实中实行起来难度很大，而过多的国家干预又阻碍了市场机制的作用。

（四）纳尔逊的低水平均衡陷阱理论

与讷克斯"贫困恶性循环理论"非常相似，纳尔逊（Richard R. Nelson）将人口因素引入贫困分析之中。认为人口增长率和人均国民收入存在高度相关，当人均收入的增长率高于人口的增长率时，人民生活质量将提高，从而死亡率降低出生率提高，致使人口增长率上升，人口增长过快又会将人均收入拉回至原来的水平。因此，如同一个"低水平均衡陷阱"，只有进行"临界最小努力"的资本投资，使收入的增长高于人口增长，才能摆脱"贫困陷阱"，打破贫困的恶性循环。与讷克斯思想非常相近，莱宾斯坦（Harrey Leibenstein）的思想同样强调"临界最小努力"理论的重要性。认为要打破贫困，外界的刺激和内部的努力非常重要，而当外界刺激和内部努力程度小于临界点，则不能打破贫困恶性循环；当外界刺激和内部努力程度大于临界点，则可打破贫困均衡。

罗森斯坦·罗丹、讷克斯、纳尔逊和莱宾斯坦等早期发展经济学家的观点表明资本积累和投资规模的大小是阻碍经济发展和贫困减缓的主要瓶颈，而投资所需的资金作为重要的经济资源和财富，其获取不仅包括经济体本源的积累，更需要现代经济的核心"金融"融通整个社会经济活动，有效配置资金余缺，促使货币资金的筹集、流通和使用充分而有活力，打开"贫困恶性循环"链条，促进国民经济良性发展。

（五）舒尔茨的"人力资本理论"

第二次世界大战后"唯资本论"为许多发展中国家政府接纳，成为制定反贫困战略的理论指导。然而发展中国家贫困的致因并非仅是资本的匮乏，许多国家投资增加并未带来产出的快速提升，对于缓解贫困的效果不大。美国经济学家舒尔茨（Theodore W. Schultz）在关注农业经济研究的基础上，提出仅靠物质增加和劳动力投入带动经济增长已不能更好地服务于现代经济，知识、技能、素质、健康等人力资本的提高，对经济增长的贡献更为显著。舒尔茨同时对于资本进行了重新界定，认为资本包含物质资本和人力资本两种形式。人力资本也有量和质之分，量指劳动者数量，而质指劳动者身上所具备的知识、健康、技能、素质等。与传统经济发展理论不同，他认为发展中国家经济落后的根源并不是物质资本的短缺，而是人力资本的缺乏及人力资本投资的不足。

（六）缪尔达尔的"循环累积因果关系"理论

不同于以往新古典经济学家静态均衡的方法，1957年结构主义经济学家缪尔达尔从整体和动态角度进行讨论。他认为事物的发展呈现如下规律：初始变化→次级强化→上升或下降的结果→初始变化。并且社会经济的发展由多重复杂的因素共同影响，如政治、制度、文化、习俗、技术、资源等。产出增长只是经济发展的一个方面，经济发展更体现为整个社会、经济、政治、文化以及制度等各个方面的变化。各种因素之间呈现相互联系、相互影响、互为因果的关系，并通过"循环累积"的方式影响经济的发展。缪尔达尔（Karl Gunnar Myrdal）的研究从制度角度探寻了发展中国家贫困的原因，人均收入较低是国家贫困的原因，而低收入又是由社会、经济、制度、政治多方面综合作用的结果。他认为应通过改革制度来改变贫困的状况，如通过土地、教育、社会保障等制度的改革来实现收入均等，从而刺激穷人的消费，带来更多的投资，引致生产率和产出水平的提高，以及整个国家人均收入水平的提高。

（七）阿玛蒂亚·森的"赋权"反贫困理论

"赋权"是指"赋予权力、使有能力"，赋权的对象是失权的个体或群体。1981 年阿玛蒂亚·森（Amartya Sen）在《贫困与饥荒》中指出：无论经济繁荣或衰退时期，饥荒都可能发生。而实际中最严重的饥荒，是由于穷人未能获得充分的食物权利，即在生产粮食能力不变的情况下，即使权利关系矛盾有所缓解也会产生最严重的贫困和饥荒。因此，要改变贫困与饥荒，就应该回归至权利体系的调整。而权利关系决定着一个人是否有权利得到足够的食物以避免饥饿。从而森提出了非常重要的观点："贫困的根源在于权利的匮乏，要摆脱贫困，首先要保证穷人的食物权力。"通过制度革新，设立能够让穷人享有公平与自由，参与决策，并获取基本生活所需的医疗、教育和公共服务的权利。从权利角度而言，森对贫困问题进行了开创式的分析与研究，并且解释了"涓流理论"无法解释的问题，即经济增长下贫困不减反增的现象。这是由于穷人和富人所拥有的权利差距较大，穷人权利的匮乏使其难以分享经济增长的好处，反而使贫富差距进一步加大及地位更为悬殊，贫困更为加剧。

二 现代金融发展理论

西方古典经济学家将研究焦点集中于实体经济，认为金融虽然具有货币流通和资金融通的功能，但是在经济发展中的作用并不明显，甚至持有货币"面纱观"的思想。维克赛尔（Knut Wicksell）和凯恩斯（John Maynard Keynes）尽管肯定了货币对经济增长的实际作用，但并未系统地分析金融发展与经济增长之间的关系，也未体现金融对于经济增长的重要地位。直到 20 世纪中叶，约翰·G. 格林（J. G. Gurley）和爱德华·肖（E. S. Shaw）才专门辩证分析了金融与经济之间的作用，并提出"一国经济有效运行与否，很大程度上取决于金融制度效率"的观点，拉开了金融发展理论研究的序幕。

（一）金融结构论

20 世纪 50—60 年代，约翰·G. 格林、爱德华·肖、H. T. 帕特里克（H. T. Patrick）和戈德·史密斯（Goldsmith）等人的观点为金融发展理论的形成奠定了基础。1966 年，帕特里克试图分析金融发展与经济增长的作用关系，提出"需求追随"和"供给领先"两种金融发展方式。在经济发展初期，以"供给领先"型金融为主，而在经济发展高级阶段，"需求追随"型金融更有优势。对于落后国家，应采取金融优先发展的货币供给带动政策。

1969 年，戈德·史密斯出版著作《金融结构与发展》，奠定了金融发展理论的基石。首先，国家的金融结构是由不同类型的金融工具、金融机构和金融上层建筑与经济基础的关系而共同组成的。而金融的发展就是金融结构的变化，可包括金融工具多元化与金融机构多样化。其次，戈德·史密斯提出了衡量国家金融结构和金融发展程度的指标，如金融相关比率，反映国家或地区金融发展水平，具体是用一个国家全部金融资产价值与全部实物价值作比。再次，运用 35 个国家近 200 年数据的实证检验结果，总结了金融发展的 12 个基本规律。如金融相关比率有不断提升的趋势；金融相关比率达到 1—1.5 时会趋于稳定；欠发达国家金融相关比率多在 2/3 和 1 之间；长期内经济与金融发展之间存在相互促进、相互制约的关系等。金融结构论第一次独立地将金融发展引入经济增长的分析过程，并进行了较为系统的研究，其所提出的金融相关比率指标，仍是学术界衡量金融发展的重要依据，被称作金融发展理论的基石。

（二）金融抑制论

1973 年，罗纳德·麦金农（Ronald I. McKinnon）在《经济发展中的货币与资本》一书中提出了"金融抑制理论"。他认为金融因素和金融制度对于经济增长的作用并非是中性的，金融可以促进或阻碍经济增长，其关键取决于政府的制度选择。有些政府由于施行不合理的金融政策与制度，强制干预机构设置、金融市场准入与退出、资金运营方式等金融活动，从而扭曲了利率与汇率水平，致使在通货膨胀状态下，实际利率水平下降为负，人们储蓄意愿下降。并且政府推行信贷配给制度，信贷资源短缺，投资能力也减弱，进一步影响了经济增长，形成了所谓的"金融抑制"现象。金融抑制可通过以下几个方面影响经济增长，如控制存贷款名义利率，致使实际利率为负，抑制了社会对金融中介机构实际贷款需求存量；制定偏高的商业银行法定存款准备金率，对公部门实行低息贷款率，促使国内资源流向公营部门；通过税收和法律条文对市场的进入和退出严格管制，抑制私营部门的竞争。由于"金融抑制"阻碍了金融体系的健康发展，并且促使经济与金融陷入一种恶性循环。因此，应当推行"金融深化"改革，促进资源的优化配置和资本的积累。

（三）金融深化论

针对"金融抑制"阻碍经济增长、技术进步和资本累积的状况，爱德华·肖（1973）提出"金融深化"的理念，即金融资产以快于非金融资产积累的速度而积累，可体现在金融资产品种增加、金融资产流量以国内储蓄为主、金融体系规模加大等方面。呼吁发展中国家应该摒弃政府对金融的过多干预，推行金融自由化政策，使利率和汇率通过市场机制来更好地反映资本市场的供求状况。而放松管制后较高的利率水平，可以吸引更多储蓄与投资，从而带动经济发展。此外，要关注动员国内储蓄，有效抑制通胀，实现利率、储蓄、投资和经济的良性循环。由于麦金农和爱德华·肖都分析了金融抑制与金融深化问题，并得出了相似的结论，因此其观点统称为"麦金农—肖"理论。此后，许多学者延续他们的思想，从不同角度补充了"金融深化论"。如 Galbis（1977）从利率政策和投资角度进行分析，认为高利率会促使资金从效率低的部门转向效率高的部门，通过提升投资质量来促进经济增长。Fry（1978）也认为利率水平提高将降低过度的资金需求，提升投资资金的平均收益。

（四）内生金融增长理论

汲取 20 世纪 80 年代内生增长理论的思想，20 世纪 90 年代一批研究者突破"麦金农—肖"的理论分析框架，引入内生增长思想分析金融中介和金融市场的形成。一方面讨论了金融体系如何在经济发展过程中内生形成，如 Benciwenga 和 Smith（1991）认为金融中介的存在，不仅降低了社会资本结算的规模，节约了结算成本，同时，也让人们持有更多生产性资产，增加了生产性投资，促进了经济的发展。Stacey Schreft 和 Bruce Smith（1998）从不确定性角度分析了金融中介的形成，认为市场分割和信息不对称促使金融中介的产生。Dutta 和 Kapur（1998）则认为货币的流动性偏好和预防性需求，导致了金融中介的产生。另一方面，分析了金融中介与经济增长之间相互作用的关系。如 King 和 Rose Levine（1993）运用内生增长模型——AK 模型，分析金融发展对经济增长的作用渠道。这一时期的理论在内生增长理论基础上，批判并发展了"麦金农—肖"的观点，突破了原有的分析框架，从实证角度充实并发展了金融发展理论。

（五）金融约束论

20 世纪 90 年代，爆发了日本金融危机和亚洲金融危机。许多经济学家开始质疑"金融深化论"的可靠性，探寻金融市场失效的根源。其中，斯蒂格利茨（Joseph Eugene Stiglitz）提出了金融约束理论。政府通过实施控制存贷款利率水平、限制金融市场准入和管制直接竞争等一系列金融政策，在民间部门创造更多租金机会。通过租金创造和租金在生产部门和金融部门重新分配，从而激励金融部门、生产部门和家庭之间生产、投资和储蓄的积极性，促进经济协调发展。与"金融抑制论"和"金融深化论"不同，"金融约束"处于"金融抑制"和"金融自由化"的过渡阶段。而亚洲金融危机的爆发，更凸显了只有具备一定宏观经济环境和微观基础的国家，才适合通过"金融自由化"推动金融发展。对于发展中国家而言，选择性政府干预对金融发展更具重要性。

三　农村金融发展理论

农村金融的理论思想和政策内容受到不同时期现代金融发展理论

的影响，发展历程也可分为农业信贷补贴论、农村金融市场论和不完全竞争市场论三个阶段，其核心内容主要围绕农村信贷、农村金融体系建设以及政府在农村金融市场的作用地位等方面展开论述。

（一）农村信贷补贴论

20世纪80年代前，农村信贷补贴论产生并发展。其假设农村居民，尤其是贫困农户没有储蓄能力并缺乏储蓄意愿。农村经济发展滞后，农村居民收入水平低下，农村资金供给显著不足。此外，农业具有脆弱性、周期性、不确定性和收入偏低的特点，而农业信贷又具有担保抵押不健全、信用水平落后等特点，以追求商业利润为目标的商业性金融机构不会将农业作为服务对象。而在农村地区较为活跃的民间借贷组织，又由于贷款利率偏高加重了农村居民的生活负担。因此，需要政府向农村注入政策性资金，发放贴息或免息的政策性贷款。并且设立由政府控制非营利性的农村金融机构，为农村金融发展给予资金支持。根据这一理论，20世纪60—70年代，许多发展中国家建立了政策性金融机构，将大量贴息贷款运用于农业领域，一定程度上促进了农村的经济增长。但是，这一理论也同时带来了一些负面影响，如过分依赖政府外部资金，农村内部储蓄能力不足；贷款质量与效率不高，存在高违约和拖欠的现象；贷款对象目标偏移，贫困群体获贷机会较少等问题。

（二）农村金融市场论

由于农业信贷补贴论忽视了农户储蓄的能力，过度注重政府对农村金融市场的干预与控制，抑制了市场的活力。因此，20世纪80年代后期，伴随着麦金农和爱德华·肖的"金融抑制"与"金融深化"理论的广泛影响，"农村金融市场论"逐渐取代了"农业信贷补贴论"。这一理论以"金融深化"论为基础，注重市场机制的作用，具有浓重的新古典经济学思想。该理论认为金融制度的不合理是导致农村地区资金匮乏的根本原因。政府对于金融市场的过度干预与低利率，会影响农户的储蓄积极性和金融机构的运行效率，抑制了金融市场的健康发展。因此，应减少政府干预，尽量发挥金融市场自身作用。其主要政策观点包括：充分发挥农村金融中介的作用，调动农村居民储蓄积极性；运用市场机制决定利率水平，取消存贷款利率限制；不需要实行特定贷款制度；根据农村金融机构资金中介量、经营独立性和可持续性，判断农村金融是否成功；鼓励农村非正规金融的发展等。

（三）不完全竞争市场论

20 世纪 90 年代，"金融深化"的推行并未取得理想的效果，过度宽松的政策导致了印度尼西亚、泰国和韩国金融危机的爆发。完全依靠市场机制自身来调节金融市场发展是不行的，金融市场的稳定需要政府的适当干预。因此，斯蒂格利茨的不完全竞争市场论逐渐成为主流观点。该理论以不完全竞争和不完全信息为基础，认为市场失灵是普遍性问题，而政府在一定程度上干预市场、弥补市场失灵的不足是非常必要的。斯蒂格利茨总结了金融市场失败的原因，如金融机构与获贷方信息不对称、金融市场不完善、帕累托无效率等问题，并且认为可以通过以下措施推动金融市场发展：一是维持低通胀率的良好宏观经济环境；二是金融市场不成熟时，不主张利率自由化，而应通过政府的适当干预，保证实际利率为正；三是建立政策性金融机构；四是利用组内担保、信贷小组等方式缓解信贷过程的信息不对称性；五是政府引导非正规金融机构发展等措施。

长期以来，大量学者就贫困理论和金融发展理论进行了讨论和深化分析。贫困理论的研究集中于物质资本、文化习俗、人力资本、权利分配等方面，而金融发展的研究则集中于经济增长、收入分配和制度设定等方面。而将金融发展和贫困减缓结合在一起，系统性分析的学者并不常见，尚未有直接反映金融发展与贫困减缓的经典理论。

四　金融发展对贫困减缓的作用

由于研究角度、指标数据和选取方法的不同，许多学者对此问题的研究得出相异的研究结果。一些学者认为金融发展具有积极的减贫效果，并从直接影响和间接影响两方面加以论证。与此相反，有些学者则认为由于金融机构逐利性和收入分配不均，许多情况下金融发展对贫困减缓会起到消极作用。

（一）金融发展正向冲击的减贫效果

农村金融发展带来机构覆盖面和服务范围增加，金融产品种类增多，让更多的农户满足生产性和生活性融资需求。Michael Chibba（2009）表明包容性金融——减贫——千年发展目标的联系中，金融部门发展（正规金融和非正规金融）、金融知识、小额信贷和公共部门的支持起到重要作用。Doug Pearce 等（2004）也认为发展中国家金融部门明显有助于实现全球金融发展，特别有利于减缓贫困和饥饿，而最大的障碍在于农村金融市场的缺陷限制了贫困和生计的改善。Ruerd Ruben 等（2003）强调农业信贷对于气候恶劣、基础设施匮乏的洪都拉斯贫困地区的重要性。农村金融降低了农业风险、稳定了家庭收入和农业产量，并且为引用新技术提供了资金支持。由以上分析可知，国外学者普遍认为金融部门发展有助于改善贫困落后地区的经济状况。一方面，农户通过资金支持有助于促进贫困地区新技术引入和人才培育，完善基础设施，缓解贫困地区农业经营的脆弱条件；另一方面，农户通过金融部门的借贷和储蓄活动，可以抵抗农业经营脆弱、农户收入不稳定带来的风险，有助于农户平滑消费。

与此同时，一些学者关注金融发展以经济增长为中介，通过经济增长促使穷人自发从中受益的间接效应。关于经济增长、收入分配和贫困之间关系的探讨已经非常成熟，学者们将这三者之间的关系称为"PGI 理论"。从经济增长作为金融减贫的媒介入手，Dollar 和 Kraay（2002）的研究表明，无论在经济增长的正向或负向时期，经济增长与贫困减缓始终呈现正向相关。通过检验 42 个国家的样本数据，Jalilian 和 Kirpatrick（2002）也得到相似的结论，在一定的经济发展水平下，金融可通过经济增长实现贫困减缓。

尽管 20 世纪 90 年代前，学术界对于金融发展与收入分配的研究少有触及，但是两者之间确实存在密切影响。金融发展可以通过经济增长影响收入分配的效果，即金融发展可以促进部门或区域的经济增长，而经济增长的成果又会在不同的人群分配比例不同，进而造成穷人和富人收入水平的变化。如 Jalilian 和 Kirkpatrick（2002）通过分析二十多个国家的面板数据得知，金融发展每提高 1%，发展中国家穷人的收入将增长大约 0.4%。

与库兹涅茨提出的经济增长与收入分配存在"倒 U 形曲线"关系的结论相似，Greenwood 和 Jovanovic（1990）最早提出金融发展与收入分配存在倒 U 形关系。在金融发展初级阶段，穷人难以负担借贷成本，从而享有借贷机会不均等，贫富差距加大。而在成熟阶段，穷人的财富积累达到一定水平，使其获得金融服务的机会，贫富差距逐渐减少。继 Greenwood 和 Jovanovic 之后，Aghion 和 Bolton（1997）也得到相似的结论，金融发展和收入分配存在非线性关系，穷人从金融发展中收入的改善呈现周期性变化。此外，"涓流效应"的产生，也会缩小贫富差距。如 Matsuyama（2000）提出当金融发展跨越较低水平时，富人的投资效应会改善穷人的状态，从而逐渐消除社会不平等的现象。

（二）金融发展负向冲击的减贫效果

有学者就金融发展对贫困减缓的影响提出与上述文献相左的观点，认为农村金融对贫困减缓的有利影响是在特定条件下产生的，金融的不稳定性、金融自由化及收入分配差距过大对农村贫困群体会产生消极影响。Holden 和 Prokopenko（2001）指出，由于考虑成本、风险和规模经济等因素，贫困地区建立农村金融分支机构往往成本较高，高成本限制农民接触农村金融服务的机会，金融发展不利于贫困减缓。从金融体系的开放竞争程度考虑，Ranjan 和 Zingales（2003）认为如果金融体系是非竞争的，那么往往仅有富人受益，贫困农户存在信贷约束和金融排斥，金融减贫甚至出现负向效果。Stiglitz（1998）也得到相似的结论，认为金融市场不完善会抑制穷人借贷机会，减少了投资机会和获得收入的可能性，而高额的成本和信息不对称进一步抑制穷人从金融机构获得资金，金融加剧了贫富差距。从金融自由化角度考虑，Arestis 和 Cancer（2004）表明由于穷人获得金融服务的能力有限，金融自由化会促进资金过度投资于同一部门，资金配置效率低下，不利于穷人及相关部门的发展。而 Jeanneney 和 Kpodar（2005）则认为金融波动对贫困人群的影响更大。此外由于金融发展和收入分配存在非线性关系，Galor 和 Zeira（1993）表明当分配不均的影响大于经济增长的减贫效应时，金融发展反而对贫困减缓不利。

五　贫困地区农村金融发展困境

国外学者普遍认为金融部门发展有助于改善贫困落后地区的经济状况。一是资金支持有助于缓解贫困地区农业经营的脆弱条件，二是促进实现新技术的引入。但贫困地区农村金融市场的制度缺陷明显排斥贫困农户的贷款可获得性。为化解这一难题，大量研究认为应当进行金融体制与机制创新、避免政府直接补贴和干预以及开发多种适宜的金融产品。

Michael Chibba（2009）指出在"包容性金融—减贫—千年发展目标"的实现过程中，私营部门发展（包括金融和非金融类）、金融知识、小额信贷和公共部门支持将是关键影响。金融包容性是一个动态的多维进程，发展中国家应利用正规金融部门的共识、公共部门领导、私营部门发展、民间组织以及政策激励五方面改善金融机构对贫困人群的排斥。此外，为了扩展针对贫困社区与家庭的农村金融机制，许多国家将社区发展基金（CDFs）作为缓解贫困促进发展的有效方式，并认为它能发挥对弱势消费者提供公平服务的作用（Therese Ann Wilson，2012）。Ruerd Ruben 等（2003）指出像洪都拉斯西部这样气候恶劣、基础设施匮乏的地区，信贷供给对于恢复该地区的农业经营条件至关重要。农村金融降低了农业风险、稳定了家庭收入和农业产量，并且为引用新技术提供了资金支持。Getaneh Gobezie（2009）以非洲地区的贫困国家为例，指出资金援助往往由非金融专业人士经营，存在扭曲金融市场的倾向，"排挤"了可持续的小额信贷业务，甚至会破坏私人部门的领域，应通过市场机制来决定小额信贷利率水平。

六　贫困地区农业信贷需求影响因素

国外学者以不同区域农业信贷数据为研究对象，运用 Probit、Logistic、GMM 和 Tobit 等计量方法将农业信贷对农业发展的影响及农业信贷的需求因素进行实证研究，并对农业信贷的困境进行了较为深入的分析，形成的观点主要包括：

不同国家、地区的农业信贷均促进了农业发展，但作用机制及影响各不相同。Muhammad Amjad Saleem（2008）审视了农业信贷对巴基斯坦农业生产力的影响程度，发现信贷投放可有效促进农业生产总值，且信贷投放支持增加种子和化肥等投入品的作用最为明显。Abedullah 和 Mahmood（2009）以费萨拉巴德为例，说明信贷投放促使畜牧部门经济规模扩大为两倍，并使畜牧部门家庭月收入增长181%。在影响收入的因素中，家庭规模最明显，随后是信贷和受教育程度。Saimnnyaz 和 Zakir Hussain（2009）利用随机前沿（SFA）方法，分析巴基斯坦农场生产效率水平，发现教育水平、经营经验、养殖规模、文化习俗和农业信贷等变量对农业部门的生产效率有显著正向作用，其中农业信贷是影响农业生产效率的主要因素。

农业信贷针对不同群体的信贷计划效果不明显，受教育程度较高的农户成为政府计划的主要受益者。Pavel Ciaian（2009）研究欧盟共同农业政策的农业补贴对信贷农场的影响，发现大农场倾向于使用补贴增加长期贷款，而小农场利用补贴增加短期贷款，并且农业补贴对银行农业信贷具有挤出效应。Fakayode（2009）实证分析埃基蒂州农业信贷机构（ESACA）的转贷信贷计划效果，发现贷款受益者主要特征为年轻、有种植经验和受过教育的农民。Abid Hussain（2012）分析了巴基斯坦政府面向小农实施的粮食安全政策。结果表明：土地数量会增加小农获得贷款机会，且中等和上等小农容易获得正规贷款，低等小农主要依靠非正规贷款［低小农（≤1.0 英亩），中小农（1.01—2.50 英亩）和上层小农（2.51—5.00 英亩）］。

农业信贷需求因素较为复杂，农户存在需求抑制倾向。如 Anjani Kumar（2010）认为影响印度农户机构信贷的决定性因素包括教育程度、农场规模、家庭规模、种姓、性别、职业以及家庭特征等。Paul Mpuga（2010）则发现乌干达的农业信贷需求受地域、年龄、教育水平、职位、家庭资产以及其他居住特征的影响。与男性相比，女性运用信贷发生较少。Maru Shete（2011）分析埃塞俄比亚 Finoteselam（费诺特塞兰）镇农业信贷市场影响因素，指出高抚养负担、土地占有面积、家庭劳动力禀赋、参与非农生产等增加了家庭农业信贷市场参与度。Sukhpal Singh（2009）以旁遮普邦 11 个区的 600 户农户为例，研究结果表明影响农户贷款的主要因素有贷款成本、贷款手续、政府扶持等。可通过借贷信息和土地信息网络化、贷款申请表简化、贷款程序和审批时间标准化来改善信贷体系。

农业信贷额度小、成本高、创新不足和农户缺乏抵押品阻碍了农业信贷发展。由于银行对农户贷款风险赋值很高，保加利亚只有少数高素质具有抵押品的农民可以获得大部分银行信贷（D. Dohcheva，2010）。来自中国东北地区家庭的实证研究同样表明，农村信用社提供的生产信贷实际被用于消费和建房，致使合意的信贷数量与实际供给的数量并不相等，农业实际产出效果低于假定所有资金用于生产的情况（Gershon Feder，1990）。此外，农业团体贷款的实施效果不尽相同。智利的研究结果却相反，团体凝聚力可有效减少不良贷款，团体平均投资回报、预期回报风险的降低，以及家庭平均回报率对信贷偿还都具有显著影响（Soren Hauge，2010）。

七 贫困地区小额信贷减贫效果

经过多年的探索和实践，小额信贷已成为国内外一种重要的扶贫方式。小额信贷会在一定程度上促进农业生产和农村发展，但其发展存在缺陷，应进行有效监管。K. K. Tripathy 等（2010）审视了微型金融作为农村地区正式贷款替代手段的有效性和适宜性。认为组织的良好素质、充分并及时的贷款支持，以及贷款对象的合理识别是小额信贷计划成功与否的关键。此外，应保证微型金融贷款的获贷群体在一段时期的持续受益，使他们最终摆脱贫困。Muhammad Amjad Saleem（2008）审视了农业小额信贷对巴基斯坦农业生产力的影响。实证检验表明，信贷投放可有效促进农业生产总值，而种子和化肥的信贷作用最为明显。

部分学者认为小额信贷的实施有偏离贫困群体的倾向。如 Milford Bateman（2012）发现微型金融已偏离支持贫困农村社区的轨道，形成了远离贫困和不发达的金融模式。小额信贷存在自由主义趋势，金融机构注重吸取农村地区资金以促进自身迅速发展，却对农村减贫和发展没起到积极影响。Ana Marr（2012）持有相似观点，认为小额信贷对促进农民生活水平程度的作用具有不确定性。一方面，由于小额信贷规模和期限通常小而短而不适合大多数农业生产；另一方面，贫困地区缺乏基础设施，缺少市场和销售渠道，也降低了小额信贷发挥作用的能力。

不同国家仍存在诸多不同的因素制约小额信贷发展。位于南非首都比勒陀利亚的人类科学研究委员会发布的小额信贷报告（2002）研究了农村综合发展项目（IRDP）的政策和战略在津巴布韦、莫桑比克和南非的实施状况，认为应当通过三种途径推动小额信贷的有效发展：一是捐助者在进行资助时按照一定标准选取信贷机构；二是通过一整套合法的程序与科学评估体系促进小额信贷发展；三是重视基础设施建设。

第二节　国内研究评介

随着城市化、老龄化、气候变化、燃料和食品价格上涨等新问题的出现，贫困地区经济发展涌现出新的特点。2015 年，我国农村贫困人口仍有 5575 万人，贫困人口也具有返贫的可能性。因此，亚洲开发银行的 2020 战略依然确定减贫是当今开发银行的首要目标[①]。目前，我国学者关于此问题的研究，主要涉及以下四方面：一是探讨金融发展对贫困减缓的影响，二是研究贫困地区农村金融发展的制约因素，三是探讨小额信贷实践效果与服务目标，四是致力于研究新型农村金融机构扶贫的推广。

一　金融发展与贫困减缓的关系

许多学者认为金融发展对贫困减少有积极作用，金融的发展促进了贫困地区经济增长和收入分配改善，如郑长德（2008）、苏基溶（2009）等。郑长德（2008）认为金融发展可促进经济增长和收入分

---

① 国家统计局住户调查办公室：《2015 中国农村贫困监测报告》，中国统计出版社2015 年版，第 15 页。

配，但不利于降低贫困发生率，而金融中介发展却可以减缓贫困。苏基溶（2009）更测算出收入分配效应和经济增长效应对贫困家庭收入增长的贡献，前者约占 31%，后者约占 69%。丁志国等（2011）也表示农村金融发展可以减缓农民贫困，间接效应高于直接效应。因此，政府应该将重点放在农村金融作用的间接效应上，而不是简单片面地强调直接效应。崔艳娟、孙刚（2012）也支持金融发展的积极作用，但认为金融波动会抵消金融发展的减贫成效。郑长德（2008）运用格兰杰因果检验法测算了我国金融中介发展对收入分配和贫困减缓的作用关系。其认为金融中介发展可抑制农村贫困发生率，同时有利于促进经济增长和改善收入分配。吕永斌、赵培培（2014）运用2003—2010 年我国 30 个省份的面板数据，考察了农村金融发展的反贫困绩效。认为农村金融发展规模和效率对反贫困有不同的影响，前者为正向影响，后者为负向影响。伍艳（2013）以我国整体和不同区域的面板数据，分析了农村金融发展的减贫效应。结果表明中国农村金融发展与贫困发生率存在负向关系，东部地区农村金融发展减贫效应最强，而中部地区则最弱。林茹、栾敬东（2014）同样肯定了中国金融发展对贫困减缓的积极作用，并且认为金融发展规模和效率、经济增长、收入分配与贫困减缓之间存在着稳定的均衡关系。

部分学者认为金融发展与贫困减缓的关系并非线性，金融发展促进贫困减缓是在一定条件下产生的，随着时期长短、金融机构特点、农户收入水平和金融服务渠道不同，作用强弱也表现各异。杨俊、王燕和张宗益（2008）采用 VAR 分析方法，表明短期内，农村金融发展有利于农村贫困减缓，但效果不明显，长期则表现为抑制作用。整体来看，金融发展没有成为促进贫困减缓的重要因素。陈银娥、师文明（2010）利用时间序列数据，区分中国农村正规和非正规金融对贫困减缓的影响，研究显示金融波动和非正规金融发展都呈现负向影响，而正规金融发展的正向影响也非常微弱。米运生（2009）则从金融自由化角度进行分析，表明国有商业银行农村网点的撤销，致使农民难以享有金融发展的好处，农村相对贫困提升。师荣蓉等（2013）运用省际面板数据，分析了金融减贫的门槛特征。伴随人均收入水平的变化，金融发展的减贫功效显现在隐性累积、显性加速和隐性减速三个方面。与师荣蓉的观点相似，苏静、胡宗义（2014）运用面板平滑转换模型，从农村贫困广度、深度和强度三方面，讨论了农村非正规金融发展的减贫效应，认为其具有显著的门槛值特征。张兵、翁辰（2015）则选用空间面板模型讨论了农村金融减贫的空间溢出效应和门槛特征。此外，还有学者区分农村金融的不同渠道，对比分析正规金融和非正规金融不同的减贫效果。胡宗义、张俊（2014）以农村信用社借贷款余额作为农村正规金融的信贷指标，根据 PVAR 模型结果显示，由于农村正规金融供给、需求及金融制度存在缺陷，致使农村正规金融并未发挥很好的功效，甚至在降低贫困、缩小贫困农户与贫困线差距上具有一定消极影响。付兆刚、张启文（2016）选用面板平滑转换模型，也得到相同的结果，非正规金融抑制了贫困的发生，而正规金融反而会阻碍贫困减缓。以上学者的分析，多将金融发展作为整体，从金融发展规模、自由化和效率等角度，选取省际面板数据或者一定时期国家时间序列数据，运用计量方法检验了金融发展与贫困减缓的作用。

二　贫困地区农村金融发展制约因素

在贫困地区，农村金融运行与发展受到经济发展、交通状况、区域文化等因素的影响，体现出与富裕地区不同的特征与困境。

制度层面，由于欠发达地区经济发展具有特殊性，因此呼吁针对贫困特殊地区情况进行金融制度改革。王芳（2005）、中国人民银行成都分行课题组（2006）都具有相似的观点，认为应围绕贫弱地区农村金融需求的差异性，推动贫困地区农村金融制度创新。冉光和、赵倩（2012）、谷慎等（2012）则考虑不同区域的农村金融制度效率，表明中西部落后地区明显低于东部地区，因此需要针对欠发达地区设置差异化的金融制度，以此防止资金外流。杨育民等（2006）认为应以金融产权制度改革为先导，全面激活农村金融制度。高圣平、刘萍（2009）认为应对相关立法进行修改，不断扩大农村担保物的范围，推动农村金融法律制度改革。

供给层面，许多学者认为农村金融机构存在目标偏离贫困群体，贷款服务更多地为非贫困农户所获得的问题。程恩江、Abdullahi D. Ahmed（2008）基于中国北方四个贫困县的农户调查，发现中国贫困地区所试验的孟加拉国乡村银行模式的小额信贷项目不能自动地瞄准贫困地区的贫困人口，许多贫困农户将自身排除在小额信贷市场之外。林万龙、杨丛丛（2012）对仪陇贫困村互助资金试点的实证研究显示，相对于资金互助社供给抑制，有效需求偏低才是抑制贫困农户获得信贷扶持的主要因素。刘西川（2012）以四川省小金县四个样本村的发展互助资金为例。研究发现四个村级发展互助资金未能瞄准当地贫困群体，其原因是贫困群体缺乏生产性贷款需求。谢平、徐忠（2006）则强调通过公共财政的作用，完善贫困地区金融体系和金融制度。

需求层面，许多学者通过调查分析贫困农户信贷需求和信贷行为，探索影响贫困农户向正规和非正规借贷需求的因素。王定祥等（2011）认为贫困农户信贷需求以中短期小额需求为主，但实际发生借贷行为的贫困农户较少，从正规金融机构获得贷款的农户更少。刘西川、程恩江（2009）认为所调查农户信贷需求主要受到数量、成本与风险的影响。黄祖辉等（2007）认为工资性收入和非农经营收入分别对农户正规信贷来源有不同影响，前者显著为负，后者影响为正。刘明等（2012）以陕西、青海欠发达农村为例，认为关系型融资对不同的信贷来源作用效果不一致，虽然可以抑制民间金融的风险，但却滋长了正规金融的寻租活动。

以上通过对金融机构供给和贫困地区农户需求的考察，不难发现金融机构目标偏离贫困群体和贫困地区农户自身需求抑制，共同造成农户正规信贷市场参与程度低的局面。许多学者通过全国不同地区的实证检验，普遍认为欠发达地区金融资源配置效率低，对农村经济发展促进不足。此外，许多学者通过运用不同方法，如李明贤等（2011）、唐青生等（2009）采用主成分分析法，李季刚等（2009）基于金融资源论，温涛等（2008）运用数据包络法，对全国不同地区进行实证检验，普遍认为欠发达地区金融资源配置效率低，对农村经济发展促进不足。

三　小额信贷实践效果与服务目标

经过多年的探索和实践，小额信贷在中国已成为一种重要的扶贫方式。如果能更好地实施，它可以成为缓解贫困的一种有效手段。推广小额信贷成为全国各地对 2010 年一号文件精神的一种积极响应，将规范发展小额信贷作为在 3 年内消除基础金融服务空白乡镇的重要途径，在逐步填补农村金融市场空白的同时使小额信贷向微型金融发展，从而更好地发挥其支农功能。郭沛（2001）、张立军等（2006）通过实证检验和案例分析小额信贷与贫困减缓的关系，得到相似的结论：小额信贷有助于农户改善收入水平，缓解经济贫困状况。李新然（1999）也表明小额信贷可缓解有生产能力农民的资金困境，可以产生良好的扶贫效果。段应碧（2011）则注重发挥公益性小额信贷的带动作用。也有学者通过个案研究，分析小额信贷扶贫模式的意义，如孙天琦（2001）、徐珺（2003）等。

但是，小额信贷帮助穷人不能停留在理论层面，应得到更多的现实支撑。小额信贷发放应以扶贫为宗旨，信贷对象应以低收入人群为主。一些学者研究表明，小额信贷机构往往出现瞄准贫困目标的偏离。程恩江、Abdullahi D. Ahmed（2008）根据我国北方四个贫困县农户调查的数据，了解了我国小额信贷项目的覆盖情况。其结果表明 GB 模式在我国的推广并不能自动地瞄准贫困人群，要缓解小额信贷覆盖率低的问题，应通过减少对贫困人口的其他约束，以及设计满足贫困人群需求的小额贷款产品来实现。程恩江和刘西川（2010）又利用三个非政府小额信贷项目的调查数据，从农户信贷配给角度进行考察。研究发现，小额信贷有效缓解农户所面临的正规信贷配给问题，对数量配给和交易配给的影响较大，而对风险配给影响较小。

汪三贵（2001）、孙若梅（2006）和刘西川等（2009）根据不同地域的调研数据实证分析，总结了小额信贷目标偏移的问题。小额信贷以中等和中等偏上收入水平的农户为主要目标，贫困农户并未表现出显著的借贷行为。巴曙松、栾雪剑（2009）则提出通过小额信贷资产证券化缓解资金不足的瓶颈。通过以上分析可知，扶贫互助资金、小额贷款是解决贫困农户融资问题的重要途径。但是农村金融资源更多地流向中高收入人群，就连具有扶贫性质的贷款也出现目标偏移的状况。

四　新型农村金融机构扶贫的推广

在我国贫困地区，为农户提供贷款服务的机构，主要包括农村信用社和贫困村资金互助社两家。由于农村信用社改制后，更多地面向富裕户贷款，因此贫困村资金互助社成为事实上直接扶贫的主体。林万龙等（2008）强调村级扶贫互助资金的减贫功效。黄承伟、陆汉文（2009）认为贫困村发展互助资金，将政府财政资金交由农户按照互助合作、有偿使用的方式用于发展生产，是我国财政资金投入农村扶贫开发的具体形式的一种创新。但是，贫困村资金互助社试点中，同样也存在着一些问题，如贷款额度太小、期限太短、会计记录不规范、来自村干部的干预等（杜晓山、孙同全，2010）。进一步，与小额信贷发展类似的是，目标偏移问题也已经在部分机构中出现（郭永红、李国芳，2012；黄承伟等，2009）。与此同时，农村新型金融机构的目标定位不清，覆盖面、盈利性及可持续性等问题也涌现出来（谢升峰，2010）。

作为社区型贷款基金的一种类型，贫困村资金互助社的设立与运行，对于解决贫困村农户短期、临时性的资金需求，起到了积极的作用。进一步，由于服务局限于特定社区，信息成本低，贫困区资金互助社能更好地"沉下去"，因此，被称为农民"自己的银行"，成为金融扶贫的新途径（程恩江等，2010）。但是，程惠霞（2014）从新型农村金融机构试点5省26个机构覆盖地域的调查数据中发现，与农村金融"供给不足"相比，我国农村金融的"市场失灵"更多是由农村金融机构的"理性排斥"引起的。因此对于农村新型金融机构的治理，不能实行简单的总量供给措施，而应甄别、判断和监管金融机构的不当排斥行为。此外，加大政策扶持力度，拓宽资金来源，构建全面的风险防范机制，也是确保新型农村金融机构可持续发展的关键（高晓光，2015）。

第三节 文献评论

既有研究对贫困地区农村金融的减贫效应和模式进行了多方面探索，对农村金融减贫效果、减贫机制和发展困境形成多角度探讨，所得相关结论为深化该问题的研究起到了支撑作用。结合对农村金融实践的把握，如下问题需要在以后的研究中加以关注：

第一，需要将研究对象聚焦于贫困地区和贫困人群。以往研究虽关注金融发展的减贫效果及作用机制，但采用数据并未直接瞄准我国贫困地区，而多采用不同省份贫困指标（多为人均收入、人均消费等）衡量贫困程度，进而与金融发展等指标构建时间序列或面板模型，从整体测度金融发展对贫困减缓的关系。而即使同一省份，不同地区经济发展差异较大，笼统的研究不足以客观反映金融发展的减贫效应。因此，应集中关注贫困地区（如国家划定的连片扶贫特困区）的金融发展状况，更直接深入地揭示金融发展的减贫效果。

第二，对金融减贫作用机制的考察尚显不足。大量学者注重从实证角度探索金融发展和贫困减缓的线性或非线性、正向或负向的关系，但是对从农村金融的减贫作用机制考虑农村金融减贫效果不足，并且对何以不足、机制中哪些环节不畅阻碍减贫效果的讨论较少。

第三，研究指标未能准确测度贫困状况与金融发展现实。许多文献研究贫困的指标主要运用恩格尔系数、人均消费水平、人均收入水平、FGT 贫困指数等静态指标，忽视了贫困减缓的动态性以及机会贫困的测量。关于金融发展的指标，主要选取金融效率和金融规模两维度的估算，没有引入金融市场竞争程度，全方位考虑金融发展对贫困减缓的影响。另外金融指标没有"落地"于扶贫信贷或农业信贷的测量，控制变量的选取也没有凸显和针对贫困人民的经济生活。

第三章　贫困转向、扶贫策略演进
　　　　　与金融机构支持

　　中国作为世界最大的发展中国家，解决贫困问题是一项长期而艰难的任务。改革开放以来，我国先后制定并实施《国家八七扶贫攻坚计划（1994—2000年）》《中国农村扶贫开发纲要（2001—2010年）》和《中国农村扶贫开发纲要（2011—2020年）》，引导贫困地区实现经济发展、共同富裕和全面建成小康社会的奋斗目标。2015年《中共中央国务院关于打赢脱贫攻坚战决定》的颁布，更是宣告政府把扶贫工作上升至治国理政新高度。近年来，我国农村扶贫开发事业取得了世界瞩目的成就，人民收入水平大幅提高，绝对贫困全部消除。2015年年底，我国仍有14个连片特困地区，832个贫困县，12.8万个建档立卡贫困村，5575万贫困人口。① 与此同时，扶贫开发难度和艰巨性加大，我国进入了扶贫工作开发的攻坚阶段。2021年2月25日，习近平总书记在全国脱贫攻坚总结表彰大会上讲话，庄严宣告我国脱贫攻坚战取得全面胜利。在五六年内所有贫困人口的消除不仅需要有效的社会保障体系，更需要产业扶贫、易地搬迁扶贫、科技扶贫、金融扶贫等多种扶贫方式的配合。其中，金融扶贫既符合农户参与式扶贫的宗旨，又可根据农户需求提供相应金融服务，培养农户自我发展的能力。此外，产业扶贫、易地搬迁扶贫、科技扶贫的贯彻推行，金融资源的支持不可或缺。本章在分析农村贫困情况、贫困特征和致贫因素转向的基础上，回顾我国不同阶段农村扶贫举措及金融减贫实

---

　　① 《国务院扶贫办：脱贫摘帽不是终点，而是新奋斗的起点》，中国新闻网，2020年11月25日，http://www.chinanews.com.cn/gn/2020/11-25/9347053.shtml.

践，考察了贫困地区正规金融机构的服务支持。

第一节　农村贫困转向与扶贫策略演变

一　农村贫困规模与结构变动

（一）脱贫攻坚前农村贫困区域分布

1984 年我国将贫困人口相对集中的地区划分为 18 个地带，传承以往将连片特困地区作为扶贫工作主战场的思路，2011 年我国又绘制了新一轮扶贫路线图，确定了 592 个扶贫工作重点县，14.82 万个贫困村和 14 个连片特困地区。这些地区多分布在革命老区、民族地区和边境地区，属于自然条件特别恶劣的地区。这些地区虽然温饱问题得以基本解决，但后续发展动力不足，是我国新阶段扶贫开发的主战场。具体分布情况如附表 1 所示。①

14 个地区分布在我国西北和西南的高原、山地、丘陵、沙漠、喀斯特等地区，具有相对集中和连片分布的特点。比如我国东西部之间平原与山地接壤地带，西南喀斯特山区、西北黄土高原以及青藏高原。由于历史、政治、自然、民族等多种复杂因素的共同作用，这些地方生态脆弱，生产和生活条件恶劣，需要加大投入攻克集中连片贫困难题。整体而言，我国农村贫困地域分布具有以下特点：第一，贫困地区集中于少数民族聚集地和边境一带。如南疆三州地、四川藏区、西藏地区、乌蒙山区、滇黔桂石漠化区、滇西边境山区等，这些地区贫困发生率均在 18% 以上，其中四省藏区更是高达 24.2%。这些地区交通不便，信息闭塞，基础设施脆弱，公共服务水平低，民族文化习俗与现代生活方式呈现不相融之处，生产力发展滞后。第二，贫困地区生态脆弱，自然灾害频发。比如西北干旱区的六盘山区、有"生态癌症"之称的滇黔桂石漠化区、洪涝灾害和水土流失严重的罗霄山区、有"世界屋脊"之称的西藏地区和以沙漠、戈壁和山地为主

---

① 《2015 中国农村贫困监测报告》14 个贫困片区简介。

的南疆三州地。这些地区生产和生活条件十分恶劣，水土流失、泥石流、涝灾、滑坡、冻灾和荒漠化等灾害多发，加大了扶贫的难度。第三，贫困地区呈现由东向西、由北向南分布递增的趋势。比如大兴安岭南麓山区、燕山—太行山区和吕梁山区呈现散块状分布的状态，而六盘山区、秦巴山区、大别山区、武陵山区、滇黔桂石漠化区、罗霄山区和乌蒙山区地理分布相对集中。四省藏区、南疆三地州和西藏地区则逐渐连成一片，成为贫困程度最深、范围最大的地区。第四，贫困地区处于行政管理和经济布局的边缘地带，多具有跨省份的特点。正是由于贫困地区连片分布、相对集中的特点，因此必须动员社会一切资源，构建部门间的合作机制，以强大的合力组织大规模扶贫攻坚。一方面，中央采取分期分批推进的方式，相继推动武陵山区、乌蒙山片区、秦巴山片区等地区的扶贫计划；另一方面，针对每个片区的"长板"和"短板"，安排并部署各部门负责的扶贫地区。[①]

（二）农村贫困人口数量变化

改革开放以来，我国通用的扶贫标准包括绝对贫困标准和低收入标准，而前一种也被视为极端贫困标准。2008 年以前，我国选用绝对贫困标准作为扶贫工作标准，并不断进行调整。图 3-1 为 1978—2008 年我国农村绝对贫困人口和贫困发生率，1978 年农村绝对贫困人口为 25000 万人，贫困发生率达到 30.7%，贫困问题非常严重，农民大范围存在食品营养不良的状况。1986 年我国已将贫困人口缩减了一半，达到 12500 万人，贫困发生率也降至 14.8%。伴随我国扶贫事业持续稳定地推行，农村贫困人口和贫困发生率不断下降，2008 年农村绝对贫困人口已降至 1004 万人，贫困发生率达到 1%。充分说明我国扶贫开发战略取得了巨大成绩，按照绝对贫困标准衡量，我国绝对贫困已经基本消除。但这并不意味着我国扶贫战役的结束，实际上我国农村仍存在许多相对贫困的低收入人群，这些人群虽能解决温饱问题，但发展能力欠缺，难以真正脱离世代贫困的厄运。

---

① 《2012 改革攻坚：中国绘就新一轮扶贫"路线图"》，中新网，2012 年 5 月 31 日，http：//www.chinanews.com.cn/gn/2012/s-31/392888.7.shtml.

图 3-1　1978—2008 年农村绝对贫困人口和贫困发生率

资料来源：依据 2000—2011 年《中国农村贫困监测报告》的数据整理。

　　为了更好地开展新阶段扶贫开发工作，党的十七大报告提出"逐步提高扶贫标准"。2008 年起正式采用低收入标准作为扶贫工作标准。表 3-1 显示 2000—2010 年农村贫困人口规模及贫困发生率。一方面，十年期间贫困人口规模缩减了 6734 万人，贫困发生率也从10.2%降至 2.8%；另一方面，图 3-1 所示，2000—2008 年我国绝对贫困人口减缓速度有所放缓。1985—1989 年我国绝对贫困人口平均每年减少 300 万人；1990—1999 年平均每年减少 509 万人；2000—2008年平均每年绝对贫困人口减少 245 万人。

表 3-1　　　　2000—2010 年农村贫困人口规模及贫困发生率

年份	按低收入标准衡量			按绝对贫困标准衡量		
	标准 （元/人）	规模 （万人）	发生率 （%）	标准 （元/人）	规模 （万人）	发生率 （%）
2000	865	9422	10.20	625	3209	3.50
2001	872	9029	9.80	630	2927	3.20
2002	869	8645	9.20	627	2820	3.00

续表

年份	按低收入标准衡量			按绝对贫困标准衡量		
	标准（元/人）	规模（万人）	发生率（%）	标准（元/人）	规模（万人）	发生率（%）
2003	882	8517	9.10	637	2900	3.10
2004	924	7587	8.10	668	2610	2.80
2005	944	6432	6.80	683	2365	2.50
2006	958	5698	6.00	693	2148	2.30
2007	1067	4320	4.60	785	1479	1.60
2008	1196	4007	4.20	895	1004	1.00
2009	1196	3597	3.80			
2010	1274	2688	2.80			

资料来源：依据 2000—2011 年《中国农村贫困监测报告》的数据整理。

2010 年后我国再次调高了扶贫标准，将贫困标准定为年家庭人均收入 2300 元。按此标准，2011 年我国仍有 1.22 亿贫困人口，占农村总人口的 12.7%，占全国总人口近十分之一。截至 2014 年年底，农村贫困人口数量已降至 7017 万人，2010—2014 年年均减少近两千万人。2015 年减贫与发展高层论坛上，更提出我国将在五六年内减贫 7000 多万人的重任。伴随脱贫攻坚的有效开展，截至 2020 年贫困人口全部脱贫，贫困地区农村居民人均可支配收入增长到 12588 元。

表 3-2　　　2010—2020 年贫困人口规模及贫困发生率

年份	按低收入标准衡量		
	标准（元/人）	规模（万人）	发生率（%）
2010	2300	16566	17.27
2011	2536	12238	12.70
2012	2673	9899	10.20
2013	2736	8249	8.50
2014	2800	7017	7.2

续表

年份	按低收入标准衡量		
	标准（元/人）	规模（万人）	发生率（%）
2015	2855	5575	5.7
2016	2952	4335	4.5
2017	2952	3046	3.1
2018	2995	1660	1.7
2019	3218	551	0.6
2020		0	全部脱贫

资料来源：依据 2016 年 2 月 14 日新华社发布的《党的十八大以来扶贫开发工作成就启示》、2021 年《国务院政府工作报告》的数据整理。

伴随贫困开发事业的进行，贫困地区及贫困人口分布也发生较大幅度变化。据表 3-3 数据可知，总体而言，东部地区效果最为明显，贫困发生率从 2000 年的 2.9% 下降至 2019 年的 0.1%，国定贫困县个数也由 74 个变为全部取消。贫困人口则主要集中于西部地区，西部地区贫困人口数量比东部和中部地区贫困人数之和还要多。2019 年全国农村贫困人口中的 58.7% 集中于西部地区，32.9% 集中于中部地区，而东部地区仅占 8.5%。从各区域农村贫困人口占全国比重来看，2000—2019 年西部地区下降了 2.1%，东部下降了 1.7%，中部地区反而分别上升了 3.9%。

表 3-3　　　东中西部地区及全国农村贫困人口分布变化

项目	地区	2000 年	2005 年	2010 年	2014 年	2019 年
贫困人口规模（万人）	全国	9422	6432	2688	7017*	551
	东部	962	545	124	956	47
	中部	2729	2081	813	2461	181
	西部	5731	3805	1751	3600	323
贫困发生率（%）	全国	10.2	6.8	2.8	7.2	0.6
	东部	2.9	1.6	0.4	2.7	0.1
	中部	8.8	6.6	2.5	7.5	0.6
	西部	20.6	13.3	6.1	12.4	1.1

续表

项目	地区	2000 年	2005 年	2010 年	2014 年	2019 年
农村贫困人口 比重（%）	东部	10.2	8.5	4.6	13.6	8.5
	中部	29	32.3	30.3	35.1	32.9
	西部	60.8	59.2	65.1	51.3	58.7

注：＊由于 2010 年后我国将扶贫标准调高至 2300 元，按调高的标准贫困人口有所上升。

资料来源：依据 2000—2020 年《中国农村贫困监测报告》整理。

（三）农村贫困人口收入与消费趋势

1. 贫困地区农民收入水平与结构变动

一方面，贫困地区农民收入虽稳步增加，但仍处于较低水平。2019 年城镇人均可支配收入为 42359 元，全国农民为 16021 元，贫困地区农民仅有 11567 元，全国农民与贫困地区农民人均可支配收入之比为 1.385∶1。贫困地区农村居民收入名义增速快于全国农村 1.9 个百分点，相对差距继续缩小。另一方面，贫困地区农民收入结构呈现工资性收入和家庭经营性收入差距缩小，转移性收入和财产性收入快速增长的态势。与 2002 年相比，2019 年家庭人均经营收入占比从 61%下降至 36%，对应数值为 4163 元。家庭人均工资性收入为 4082 元，所占比重为 35.3%。家庭人均财产性收入为 159 元，所占比重为 1.4%。家庭人均转移性收入为 3163 元，所占比重为 27.3%。2019 年剔除物价因素，家庭人均财产性收入年增长速度为 16.5%，家庭人均工资性收入为 12.5%，家庭人均转移性收入为 16.3%，家庭人均经营性收入则仅为 7.1%。[1] 充分说明国家对于重点扶贫地区农户转移支出和产权制度改革的大力支持。产权制度改革盘活了贫困农户资产，拓宽了农户收入渠道。发放政策性补贴、退休金、养老金和医疗报销费等，也提升了农户收入水平。外出务工已成为农民增收的重要方式。

2. 贫困地区农民消费水平与结构变动

一方面，贫困地区农民消费水平有所提高，与全国农民平均水平

---

[1] 国家统计局住户调查办公室：《2020 中国农村贫困监测报告》，中国统计出版社 2020 年版，第 15—20 页。

相比，有差距缩小的趋势。2019 年全国农民人均消费支出为 13328 元，贫困地区农民为 10011 元。全国农民与贫困地区农民人均消费之比由 2002 年 1.60：1 下降为 1.33：1；[①] 另一方面，消费支出结构有所优化，尤其以恩格尔系数反映的贫困水平明显改善[②]。全国农户恩格尔系数从 2000 年的 49.2% 下降到 2014 年的 33.6%，2019 年继续下降到 30%。而贫困农户恩格尔系数从 2000 年至 2010 年仅下降了 0.3 个百分点，但 2010 年至 2019 年却从 64.4% 降至 31.2%，九年来下降了近 33 个百分点。[③] 我国贫困地区农户恩格尔系数已经低于联合国粮农组织所规定的贫困水平，说明近年贫困地区农民生活水平和消费结构已有明显改善，但是由于农民增收渠道狭窄、收入波动较大、生产经营具有较强风险，农民仍具有较高的储蓄倾向，用于生活改善和精神文化物质水平提高的支出仍然有限。

（四）农村贫困劳动力文化水平变动

随着我国农村义务教育经费保障机制改革的实施，不仅各地免除了中小学生学杂费，中小学公用经费基准定额也全部落实到位，大大降低了贫困农村教育负担。据 592 个国家扶贫开发工作重点县监测结果，2002—2019 年国家扶贫开发工作重点县劳动力文化程度如表 3-4 所示：首先，文盲、半文盲和小学学历所占比重持续下降，初中及以上学历比重上升。文盲、半文盲比例从 15.3% 下降至 8.4%，下降了 6.9 个百分点，小学劳动力比例也有所下降。初中、高中、中专及以上劳动力比例则分别上升了 3.6、2.3 和 2 个百分点。说明随着扶贫开发事业的推动，人们意识观念的改变和在外务工所需素质的提升，贫困地区农户也越来越重视学历。其次，劳动力的学历构成以初中和小学为主，中专及以上学历尽管提升速度最快，但所占份额依然最小。2019 年 42.4% 的劳动力为初中学历，小学和初中学历比例加总

①　国家统计局：《2020 年中华人民共和国国民经济和社会发展统计公报》，2021 年 2 月 28 日，http：//www.gov.cn/xinwen，2021-02/28/content_5589283.htm，2022 年 2 月 13 日。

②　根据联合国粮农组织提出的标准，恩格尔系数在 59% 以上为贫困。

③　国家统计局住户调查办公室：《2020 中国农村贫困监测报告》，中国统计出版社 2020 年版，第 302 页。

高达 79.3%，而中专及以上学历仅占 3.6%。说明现阶段劳动力素质偏低仍是贫困地区的显著特点，也是阻碍农民收入提升的关键因素。低学历的人群无法满足现代农业、农业产业化的用人需求，也无法更好地适应外出务工环境。

表 3-4　　　　国家扶贫开发工作重点县劳动力文化程度构成　　　单位:%

年份	文盲、半文盲	小学	初中	高中	中专及以上
2002	15.3	37.8	38.8	6.4	1.6
2004	14.0	35.8	41.4	6.7	1.9
2006	12.3	34.3	44.2	7.1	2.1
2008	11.1	33.4	45.2	7.7	2.7
2010	10.3	32.1	45.8	8.5	3.3
2012	9.0	33.4	45.6	8.6	3.4
2014	8.7	35.0	45.7	8.0	2.5
2019	8.4	36.9	42.4	8.7	3.6

资料来源：依据 2003—2020 年《中国农村贫困监测报告》的数据整理。

（五）贫困农村基础设施和医疗条件改善

2000 年后，贫困地区农村基础设施条件得到了迅速改善，2014 年贫困地区农村基本实现"四通"全覆盖。图 3-2 描述了 2002—2014 年扶贫重点县自然村公路、通信、电力等方面基础设施覆盖情况，2014 年贫困自然村通公路、通电、通电话和可接收电视节目的比例分别为 99.7%、99.5%、95% 和 95.1%，比 2002 年上涨了 27.5、6.5、42.4 和 11.2 个百分点。说明经过十多年的发展，国家扶贫开发工作重点县自然村基础设施状况已得到显著改善，通电、通电话、通公路和可接收电视节目基本实现全覆盖，更好地满足了贫困群体的生活需要。公路方面，尽管 2010 年仍有 12% 的贫困自然村无法畅通公路，但是近年来国家对于改善贫困村交通条件给予了高度重视，2010 年中央扶贫资金中有 10.6% 投入交通建设，其数额达到 63.9 亿元。因此，公路新增里程数高速发展，2002—2010 年增加公路 42.3 万千米，年均递增 7.5%。与公路、电视、通电相比，通信设施发展最快，通电话比例相较 2002 年增加了 80.6%，电话在贫困地区也已得到普及。

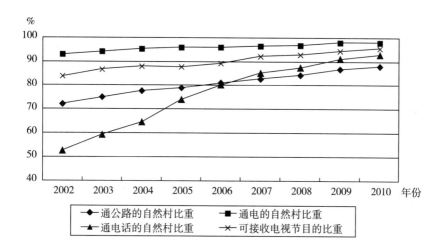

图 3-2　2002—2014 年国家扶贫开发工作重点县自然村"四通"情况

资料来源：依据 2003—2015 年《中国农村贫困监测报告》的数据整理。

表 3-5 反映了国家扶贫开发工作重点县医生和床位数以及参加新农合的农户比例，与 2002 年相比，2019 年贫困县床位数增加了 74.6 万张，明显改善了贫困县区医疗卫生基础设施。此外，国家扶贫开发工作重点县新农合覆盖面积加大，特别是 2006 年后参加新农合的农户比例大幅度提高。2002 年参加新农合农户比重为 2.6%，2005 年也仅达到 17.1%，2010 年这一比例骤升至 93.3%，虽然比全国平均水平 98.7%低了 5.4 个百分点，但是对于减轻贫困地区农户负担，解决农民看病难问题起到了很大程度的缓解作用。有卫生室的行政村比例从 69.0%上升至 96.1%，但是仍有 3.9%的行政村没有卫生室和医院，看病买药需要到邻村才能实现。

表 3-5　　　　　　国家扶贫开发工作重点县医疗卫生情况

年份	床位数 （万张）	医生数 （万人）	有卫生室的 行政村比例（%）	参加新农合的 农户比例（%）
2002	31.4	23.7	69.0	2.6

续表

年份	床位数 （万张）	医生数 （万人）	有卫生室的 行政村比例（%）	参加新农合的 农户比例（%）
2003	31.2	20.7	70.6	6.4
2004	31.4	19.6	72.9	8.6
2005	31.8	20.2	73.5	17.1
2006	33.4	20.0	74.0	37.7
2007	35.6	20.3	75.6	81.7
2008	40.8	22.1	77.4	87.4
2009	44.5	22.3	79.6	92.1
2010	49.3	23.0	81.5	93.3
2011	51.9	21.6	87.1	—
2012	59.8	23.3	92.9	—
2013	66.8	25.1	84.3	—
2014	74.0	—	86.8	—
2015	80.0	—	89.7	—
2016	86.0	—	91.7	—
2017	94.0	—	92.2	—
2018	100.0	—	92.9	—
2019	106.0	—	96.1	—

资料来源：依据 2003—2020 年《中国农村贫困监测报告》的数据整理。

二　农村贫困主要特征

（一）脱贫攻坚前期贫困分布区域集中，呈现较强的地缘特性

贫困的发生与自然条件、人文环境息息相关。由于我国许多地区地理位置相近、气候环境相似、传统产业相同、文化习俗相通、致贫因素相近，我国贫困人口呈现高度的区域相关性，主要分布在连片特困区。据统计，2011 年我国 11 个连片特困区共覆盖了 70%以上的贫困人口，若加入西藏、四省藏区与新疆南疆三地州，这一比例将继续上升。而 2014 年年底，全国农村 7017 万贫困人口中，六个省区[①]贫

---

① 六个省区包括贵州、云南、河南、广西、湖南、四川。

困人口均超过 500 万。[①] 显而易见，14 个连片特困区已成为我国扶贫战役的主战场，而恶劣的生态环境、复杂的致贫因素、固化的贫困文化，致使连片特困区扶贫成本增加而收效不大。因此，需要根据各片区贫困特点科学规划，加大力度调动省际和部门之间的资源和力量，分期分批重点推进扶贫方案实施。

（二）温饱问题已基本解决，缩小收入差距是主要任务

2014 年，"我国已基本解决农民温饱问题，迈入集中力量打好全面建成小康社会的扶贫攻坚战阶段。"[②] 图 3-1、表 3-1 和表 3-2 分别显示了按绝对贫困标准和低收入标准衡量的贫困人口和贫困发生率变化，不难看出 2008 年绝对贫困发生率已经降至 1%，说明消除绝对贫困已经告一段落。2010 年起，我国放弃绝对标准而采用低收入标准衡量贫困，按此标准，2015 年我国仍有 5575 万贫困人口，这些贫困人口往往分布在贫困问题最严重、条件最恶劣的贫困山区。此外，城乡居民收入差距加大的同时，贫困地区农村居民内部收入差距也呈现拉大的趋势。2019 年全国城乡居民收入比为 2.64∶1，对于国家扶贫开发工作重点县农民，从收入五分组数据来看，2019 年收入最高组别农民人均可支配收入达到 24113 元，最低收入组为 3410 元，两者之比为 7.07∶1，高于 2002 年的 4.6∶1。因此，提高相对贫困人口收入水平，稳定脱贫人口的收入水平是脱贫攻坚的下一步任务。

（三）贫困地区物质资源得到改善，产业发展有所加快

从自然环境来看，贫困地区主要集中于生产生活条件恶劣的高原、山地、丘陵、沙漠、喀斯特地区，这些地区生态环境脆弱，土地贫瘠匮乏，人均占有良田面积较低。比如 2010 年我国 265 个民族扶贫县人均耕地为 1.7 亩，其中水田、梯田、25 度坡耕地面积比重分别为 35.8%、8.2%、15.5%。较差的土地耕作条件不利于农业规模化和现代化经营，也阻碍了以农业收入为主的农户家庭经济状况的改善。[③] 此

---

① 刘永富：《打好扶贫攻坚战全面建成小康社会》，《光明日报》2014 年 10 月 17 日。
② 刘永富：《打好扶贫攻坚战全面建成小康社会》，《光明日报》2014 年 10 月 17 日。
③ 国家统计局住户调查办公室：《2011 中国农村贫困监测报告》，中国统计出版社 2011 年版，第 57 页。

外，贫困地区矿产资源和生物资源分布不均，有的地区自然资源富集，但资源开采和使用都呈现粗放式状态，不利于产业转型和可持续发展。而大部分地区则资源贫瘠，存在森林耕地面积退化、饮用水资源缺乏的状态。据统计，2014 年国家扶贫开发工作重点县饮用净化处理自来水的农户占 33.4%，仍有 17.7%的农户饮用水困难，甚至存在 7.4%的农户当年连续缺水时间超过 15 天。而到 2019 国家扶贫开发工作重点县饮用净化处理自来水的农户比例达到 60.9%，使用管道供水的农户比例为 89.5%，农民饮水质量虽得到改善。但相对其他地区，贫困地区仍会受到自然资源、人力资本和投入资金等各项资源的限制，贫困地区经济发展水平仍然很低，2018 年贫困地区生产总值 69560 亿元，名义值比上年增长 7.7%。其中，第一产业、第二产业、第三产业增加值分别为 14168 亿元、26501 亿元和 28891 亿元，分别增长 5.3%、4.9%和 11.6%。贫困地区产业结构不断优化，第一产业、第二产业、第三产业增加值占地区生产总值的比重分别为 20.4%、38.1%和 41.5%，第二产业、第三产业增加值所占比重比上年提高 0.4 个百分点。与 2018 年全国整体水平相比，贫困地区第一产业所占比重偏高，第三产业所占比重偏低。[①]

（四）贫困地区劳动力非农转化，外出打工收入增加。

土地资源有限，自然灾害频发，农业生产规模偏小，农产品价格偏低等因素共同制约了贫困地区农民依靠农业致富的可能。外出打工已成为贫困地区农民增加收入的主要方式，表 3-6 反映了不同性别劳动力外出打工情况。一方面，无论男性和女性，外出打工比例和月均工资水平都呈现持续上升的趋势，2010 年男性劳动力外出打工比例为 27.2%，女性劳动力也达到 13.7%。而 2002 年男性和女性劳动力外出打工比例分别为 19.8%和 8.7%。此外，男性月均工资水平从 395.7 元上升至 1327.4 元，女性从 311 元上升至 1149.7 元。而 2010 年贫困农户年人均可支配收入仅为 2003 元，说明外出打工可以有效

---

① 国家统计局住户调查办公室：《2020 中国农村贫困监测报告》，中国统计出版社 2020 年版，第 78 页。

缓解家庭经济压力，增加收入来源。另一方面，贫困地区劳动力从农业转移至非农业，男性第二、第三产业的就业比例高于女性。从表 3-7 按性别分组的劳动力就业结构来看，无论男性和女性第一产业就业比例都有所下降。2002 年男性第一产业就业比例为 80.7%，2010 年降至 69.4%。2002 年女性第一产业就业比例为 90.2%，2010 年降为 84.2%。从第一产业流出的劳动力流入第二、第三产业。从表 3-7 显示，2002 年男性劳动力第二产业就业比例为 9.9%，2010 年上升至 18.9%。2002 年男性劳动力第三产业就业比例为 9.4%，2010 年上升至 11.7%。与男性相比，女性劳动力在第二、第三产业就业比例也有所上升，但是整体数量低于男性。2002 年女性第二产业就业比例为 3.6%，2010 年上升为 7.9%。2002 年女性第三产业就业比例为 6.2%，2010 年上升为 7.9%。

表 3-6　　　　　　　　　　按性别分组的劳动力外出打工情况

年份	当年外出打工比例（%）		从事农业劳动时间（月）		从事非农业劳动时间（月）		月均工资（元/月）	
	男性	女性	男性	女性	男性	女性	男性	女性
2002	19.8	8.7	7.1	7.7	3.0	2.0	395.7	311.0
2003	19.3	8.9	7.1	7.7	2.9	2.0	412.1	295.3
2004	21.9	10.7	6.6	7.2	3.1	2.0	545.8	462.4
2005	22.9	12.0	6.2	6.9	3.3	2.2	646.3	547.6
2006	25.7	13.2	6.0	6.7	3.4	2.2	765.1	655.4
2007	26.7	13.6	5.8	6.6	3.5	2.2	841.3	739.0
2008	25.5	13.1	5.8	6.5	3.5	2.3	987.5	855.5
2009	26.6	13.6	5.7	6.4	3.6	2.3	1118.2	979.0
2010	27.2	13.7	5.6	6.4	3.7	2.4	1327.4	1149.7

资料来源：依据 2003—2011 年《中国农村贫困监测报告》的数据整理。

表 3-7　　　　　　　　　　按性别分组的劳动力就业结构

年份	第一产业（%）		第二产业（%）		第三产业（%）	
	男性	女性	男性	女性	男性	女性
2002	80.7	90.2	9.9	3.6	9.4	6.2

续表

年份	第一产业（%）		第二产业（%）		第三产业（%）	
	男性	女性	男性	女性	男性	女性
2003	79.7	89.7	5.3	3.3	15.0	7.0
2004	76.9	88.3	6.6	4.1	16.5	7.6
2005	74.8	86.5	7.7	5.3	17.5	8.2
2006	72.7	85.7	8.5	5.8	18.8	8.5
2007	71.7	85.2	16.4	7.0	11.9	7.8
2008	71.6	85.3	16.6	6.9	11.8	7.7
2009	70.2	84.4	17.4	7.2	12.4	8.4
2010	69.4	84.2	18.9	7.9	11.7	7.9

资料来源：依据 2003—2011 年《中国农村贫困监测报告》的数据整理。

（五）贫困群体权利贫困致使贫困阶层固化及代际传递①

贫困农民权利贫困可体现为政治参与率低、资源支配能力不足、经济选择权缺失、发展机会受限、社会权利无法得到落实与保障，具体表现为工作权、健康权、住房权、迁徙权、受教育权、参与权等未能充分实现。长期以来，农民参与基层人民代表大会和政治协商会议的代表数量有限，参与程度和积极性不足导致贫困群体无法有效维护与主张自己的政治、经济和社会权利，久而久之农民远离政治权利中心，为国家经济发展做出贡献的同时却无法享受应有权利。此外，国家发放的扶贫资金和贷款，也在实行过程中出现偏离贫困农户、资金投入使用效率低下的状况。

农民的权利贫困成为当代贫困的重要符号，农村贫困群体由于教育、工作、资源等方面机会和权利的匮乏，加之贫困文化根深蒂固的影响，致使农民收入水平提升，不同群体权利分配的差距也导致不同阶层收入差距的拉大。此外，由于父辈长期贫困，子女从出生就具有不利的生长条件和贫困环境。资金的短缺和过重的家庭负担，限制着父母对其人力资本投入和价值观念的培养力度，子女没有良好的条件

---

① "权利贫困"是指社会弱势群体无法充分享受政治、经济、文化和社会基本人权的一种贫困状态。

保证身体、心理和能力的全面发展，挣扎于父辈的贫困环境中无法脱离。

三 农村致贫因素的变化

国内外学者将贫困原因主要归结为三个方面，即经济贫困、能力贫困和权利贫困。其中经济贫困最早得以关注和研究，也是贫困问题的主要表现。而后两者更为强调社会制度和个人主观因素，体现为弱势群体由于被排斥在社会体制之外，自身发展动力不足，从而愈发丧失获取资源和发展的机会，难以摆脱贫困境地。我国经过多年扶贫开发的努力工作，现已完全消除绝对贫困，但是现阶段不同群体收入差距逐渐加大，减贫效果巩固仍需加强。我国在巩固扶贫成果的同时，如何减缓相对贫困、集中贫困，如何贯彻精准扶贫的宗旨，如何拓宽贫困群体发展的机会和能力，成为扶贫战役更为艰巨的任务。不难发现，我国扶贫工作重点转移的背后，伴随着农村致贫因素的变化。环境致贫、灾害致贫、医疗致贫、教育致贫这些传统的致贫因素被人们重视并设法改善的同时，能力贫困、权利贫困、文化贫困、机会贫困和信息贫困等因素被认为是贫困代际传递和固化沉淀的根源，是现阶段亟须攻克的焦点问题。

（一）权利贫困是当代贫困的深层根源

阿玛蒂亚·森认为贫困的根源在于贫困者缺乏发展机会和选择的自由，可归结为权利贫困和能力贫困。相关能力包括保持健康、接受教育和社会交往的能力，收入水平、政策制度、个人因素等都会对其产生影响。能力的缺失往往与收入不平等相关联，并且不会伴随经济的增长而消失。长期以来，农民是改革开放的受益者，也是改革开放成本的承担者。由于户籍制度、社会保障制度和土地制度的僵化及在城乡间的差别，与城市人群相比，农民在接受教育、医疗保障、获取工作机会和维系社会交往方面的能力更为缺乏，城乡收入差距也逐渐加大。如阿玛蒂亚·森所言，穷人并不是因为穷而穷，而是因为能力的欠缺与权力的剥夺，使得穷人被排斥在体制之外，贫困群体得以沉淀固化，无法享有公平的权利、政策和服务。因此，农民权利和能力贫困导致经济贫困，经济贫困又固化了贫困群体的社会地位，使得权利、能力贫困和经济贫困加以强化。

（二）贫困文化是当代贫困代际传递的链条

美国社会学家奥斯卡·刘易斯（Oscar Lewis）首先提出"贫困文化"的概念，指出贫困阶层具有与其他社会成员相隔离的文化价值体系与行为规范，是一种有别于社会主流文化的观念、价值和思想。贫困文化一旦形成，穷人便聚集于特属的文化圈层内，逐渐边缘化并脱离社会主流思想，封闭于自我适应的社会圈层内。其对自己后代产生显著影响，容易造成思维方式和行为观念的代际延续。保守落后的观念和文化习俗引导着人们生活行为方式，从根本上阻碍了人们的进取意识、创新思维及与社会发展接轨的新观念产生，深层影响着区域经济发展动力。

（三）物质条件贫困是贫困滋生的客观环境

物质条件是人们生存和发展的外部条件，是一个国家或地区快速发展的基础因素。物质条件既包括自然条件，也包括基础设施和资金投入。这些因素成为地区发展起飞不可跨越的因素，具有一定程度的决定作用。首先，我国贫困地区普遍分布在高原、山地、丘陵、沙漠、喀斯特等地形复杂恶劣地区，泥石流、风沙、滑坡、地震、旱灾等自然灾害更为频发，恶劣的生产和生活条件制约了人们认识自然、改造自然的能力，直接影响了贫困的改善。其次，贫困地区基础设施薄弱，严重影响了生产和生活的活动。如落后的交通设施和道路条件加大了与外界联系的难度，既不利于生产物资的运入，也不利于农副产品的运出，加大了农户的生产成本，限制了市场交易的范围。而通信设施及农业生产设施不足，不仅影响了信息的沟通和技术的引进，也造成了农业耕作和灌溉的低效，致使生产力水平低下，农产品滞销、难销及农业风险的发生。最后，资金贫困已成为贫困者扩大经营规模，扩大发展途径的重要瓶颈。一方面，由于农产品生产周期长、生产易受外界环境、农业技术引进等因素影响，需要更多的资金周转和投入；另一方面，贫困农户强烈的资金需求和金融机构惜贷慎贷及高门槛的贷款抵押，使得贫困农民贷款困难。贫困农民难以筹得启动资金，摆脱资金匮乏与财富积累困难的恶性循环。

（四）文化技能贫困是难以打破贫困循环的关键因素

随着社会经济的发展和国家政策的引导，进城务工已经成为贫困地区农民拓宽收入来源和摆脱贫困的主要方式。近年来，国家扶贫开发工作重点县农民外出务工的数量和收入都有显著提高，从 2002 年 1504 万人增加到 2010 年 2350 万人，年均增长 5.7%。外出务工的年均收入也从 2002 年 2695 元提高至 2010 年 9952 元，远远高于 2010 年（人均年可支配收入仅为 2003 元）。正是由于务工人群的变动，贫困地区农民收入结构也发生变动，工资性收入不断上升，增长幅度远高于经营性收入。[①] 但是外出务工在拓宽农民收入渠道的同时，也表现出外出人群收入的不稳定性。据统计，2010 年国家扶贫开发工作重点县每个外出劳动力年度内在外工作时间 7.8 个月，只比 2002 年增加了 0.5 个月，农民工无法摆脱"候鸟式"迁徙的命运，往返于进城务工和回家务农之间。农民工无法真正融入城市获得稳定生活，一方面由于城乡不同人群保障制度的差异，另一方面则是由于进城贫困人群文化素质偏低，以小学和初中学历为主，高中及以上学历人口仅占到 10%。低下的学历层次和素质水平，使农民工难以掌握现代务工技能、缺乏市场竞争观念和适应城市用工需求，制约了他们就业稳定和选择，限制了劳动力转移的效率，也阻碍了贫困农民通过非农转化摆脱贫困的可能。

四　农村扶贫策略演变与评价

（一）农村扶贫策略演进

新中国成立初期，由于长期的战乱和政局动荡，我国生产力发展受到重创，贫困成为全国普遍性问题，扶贫工作处于探索阶段，国家未成立专门的扶贫机构，未制定明确的反贫困计划，扶贫方式也以简单的救济式扶贫为主。这种暂时性的救济是社会普遍贫困和发展不足状态下的历史性选择，并未培养区域和个人的发展能力，无法从根本上消除贫困问题。因此，真正意义上的扶贫是在改革开放后才稳步推

---

① 国家统计局住户调查办公室：《2011 中国农村贫困监测报告》，中国统计出版社 2011 年版，第 56 页。

进的。回顾我国扶贫政策的演变，大体可以分为以下几个阶段：

1. 农村改革带动扶贫阶段（1978—1985）

改革开放初期，中国农村贫困问题非常突出，按 1978 年贫困标准，中国约有 2.5 亿农村贫困人口，贫困发生率达到 30.7%。此阶段，大范围贫困的根源在于经济体制的抑制及不平衡发展战略的选择。因而，围绕释放农民生产积极性的制度革新成为缓解贫困压力的突破口。政府相继出台一系列改革措施，如家庭联产承包责任制、提升农产品收购价格、促进乡镇企业发展和放松管制农村人口迁徙等。制度改革红利惠及贫困人群，农村贫困大范围改观。

这一阶段我国虽未成立专门的扶贫部门、确立明确的扶贫规划，但是依靠经济体制变革和经济增长效应，取得了最为显著的反贫困成绩。贫困人口急剧直下，从 1978 年的 2.5 亿人下降至 1985 年的 1.25 亿人，仅用七年时间就将贫困人口缩减了一半，年平均减少绝对贫困人口 1786 万人。此外，中国农村居民人均纯收入与粮食、棉花、肉类等农作物产量也快速增长。农村经济发展、农民收入状态和生活水平都呈现强劲的发展态势，我国扶贫方式也由改革开放前简单的救济式扶贫向政府引导型扶贫转变。

2. 政府主导开发式扶贫阶段（1986—2000）

经历了大规模扶贫和市场经济改革，许多农民生产和生活状态得以改善，但由于资源环境、文化习惯、地理位置等多方面原因，体制性改革和区域经济增长无法有效惠及顽固性贫困人群，贫困人口呈现向西部及偏远地区集中，向自然环境恶劣地区集中，向少数民族地区集中的趋势。针对这一时期贫困特点，我国政府开始制定一系列扶贫措施，实行有计划、有组织的扶贫工作。颁布《中共中央　国务院关于帮助贫困地区尽快改变面貌的通知》和《国家八七扶贫计划（1994—2000 年）》，成立专门的扶贫工作机构，制定扶贫方针、划定重点扶贫区域和贫困县，开展"项目式扶贫"并推出多种专项扶贫资金，我国扶贫迈入全面扶贫开发阶段。

这一阶段扶贫工作走向规范化和系统化，不仅各省、各县都成立了扶贫开发机构，制定扶贫工作规划，扶贫资金管理也严格化。此外，扶贫模式的实施也日趋多元化，如开展科技扶贫、对口支援、定点扶贫、国际合作等。按绝对贫困标准衡量，贫困人口从 1986 年 1.31 亿下降至 2000 年 3209 万人。

3. 整村推进开发式扶贫阶段（2000—2010）

21 世纪伊始，农村绝对贫困业已消除，易于脱贫人口基本脱贫，剩余 3000 万贫困人口呈现顽固性、贫困边缘徘徊性的特点。为了巩固扶贫成果，准确帮扶贫困人群，2001 年国务院颁布《中国农村扶贫开发纲要（2000—2010 年）》，制定我国 21 世纪扶贫战略"整村推进计划"。针对农村贫困人口规模缩小且分散于西部村庄而非贫困县的状况，国家将扶贫目标进行调整，在保留贫困县的同时，把扶贫目标细化至村，共确立 14.8 万个贫困村，592 个贫困县。此外，政府实行一系列惠农政策，如农村税费改革、义务教育"两免一补"、新农合医疗政策等。为改善贫困地区生产生活条件、达到小康水平奠定了基础。

这一阶段将扶贫目标瞄准至村，并将项目开发与整村推进相结合，将开发扶贫与村民参与相结合，推进了我国扶贫工作向精准式、参与式迈进。总体而言，我国农村贫困人口减少了 6734 万人，贫困发生率也由 10.2% 降至 2.8%。

4. 精准扶贫攻坚阶段（2011—2020）

由于世界金融危机和经济下行压力的影响，农民收入呈现波动性和脆弱性，农村返贫和相对贫困问题凸显。2011 年我国再次调整贫困标准，新扶贫标准为农民人均纯收入 2300 元及以下，扩大了扶贫工作的受众人群，贫困人口增加至 1.22 亿人。这一阶段贫困分布具有集中连片特困区域分布和个体贫困共存的状态。2011 年《中国农村扶贫开发纲要（2011—2020 年）》，明确将集中连片特困区作为扶贫工作主战场。2013 年年底，习近平总书记又提出精准扶贫的要求。2015 年年底，《中共中央国务院关于打赢脱贫攻坚战的决定》，明确把精准扶贫、精准脱贫作为基本方略。2015 年和 2016 年中央一号文件进一步坚定了扶贫攻坚的决心。

这一阶段，我国扶贫工作重点也面临转变，强调"连片特困区集中开发"和"精准到村到户帮扶"相结合，致力于根据不同村庄和不同贫困农户致贫原因制定扶贫项目规划、投放扶贫资源。整体而言，扶贫工作已进入脱贫攻坚的决胜阶段，农村贫困人口从1.22亿人缩减至5575万人，在取得成绩的同时面临五年内农村贫困全消除的重任。2021年2月25日，习近平总书记在全国脱贫攻坚总结表彰大会上发表重要讲话，庄严宣告我国脱贫攻坚战取得了全面胜利，现行标准下9899万农村贫困人口全部脱贫，832个贫困县全部摘帽，12.8万个贫困村全部出列，区域性整体贫困得到解决，完成了消除绝对贫困的艰巨任务，创造了又一个彪炳史册的人间奇迹。

（二）农村扶贫历程评价

纵观我国扶贫历程的四个阶段，扶贫策略的演变是根据农村贫困特征和贫困形态变化而不断深化调整的过程，是不断聚焦农村贫困矛盾而逐渐细化具体的结果。农村扶贫策略的变迁轨迹有以下几方面的转变：第一，我国扶贫工作遵循了由外在改革推动到内在能力驱动的逻辑演进。改革开放初期，政府主导制度性变革实现大规模扶贫。2000年以后，倡导"赋权于民"，调动社会各界力量广泛参与扶贫开发。第二，扶贫对象由农村整体贫困到帮扶重点区域，由贫困县至贫困村，最终将扶贫对象瞄准至贫困农户的不断细化过程。这种转变是实现不同阶段扶贫目标、提高扶贫开发效果的结果。第三，扶贫目标从保障极端贫困人口温饱问题向"两不愁三保障"、重视农村生态环境和发展能力、缩小发展差距的标准转变。第四，扶贫方式由救济式扶贫、制度型扶贫、输血式扶贫向开发式扶贫、参与式扶贫、精准扶贫、科技扶贫、易地搬迁扶贫、金融扶贫等多样化的扶贫形式转变。总体而言，我国已有7亿多人脱贫，扶贫开发成效显著。农村贫困地区收入、消费、文化教育、基础设施和医疗卫生等方面呈现水平提升与结构优化。然而，我国贫困地区与全国平均水平仍有较大差距，区域发展不平衡、贫富收入差距加大、贫困人群权利缺失、贫困阶层固化等问题仍较为明显。此外，扶贫工作还面临贫困精准识别、扶贫资源投放、扶贫项目选择、贫困人群参与、财政资金有限等困难。

　　对于诸多困难与挑战，需要借助多样化的工具完善农村扶贫工作机制。其中，金融具有配置资源、传递宏观政策效应、管理控制风险和支付与结算等功能，被列为我国六大扶贫机制之一，是破解扶贫难题的关键环节。一是金融扶贫体现了"开发式扶贫""参与式扶贫"和"造血式扶贫"的宗旨，突破了财政救济扶贫农户参与性不足、积极性调动不充分的缺陷。信贷资金的申请、审批和发放遵循市场经济的规则，利于培养贫困农户信用意识、投资意识和主动观念。二是有效实施金融扶贫利于瞄准帮扶对象。财政资金投放、资金监管和项目甄别上仍然无法突破僵化而低效的问题，通过产品创新、信贷机制创新及与互联网结合，金融扶贫在灵活性、多样性和服务性上会更具优势，容易贴合不同贫困程度农户的信贷需求。三是金融扶贫重在培育地区和农户可持续发展机制。如同孟加拉国小额信贷、玻利维亚阳光银行等国际金融扶贫成功案例，金融服务不仅缓解了贫困农户资金困难，而且主动引导农户甄选投资项目，培训农户生产和投资技术，培养了农户自我发展能力。四是金融扶贫支持产业扶贫、教育扶贫、科技扶贫、易地搬迁扶贫的有序开展。资金匮乏是贫困地区特征的主要体现，也是制约贫困地区产业、教育、科技和移民工程的主要障碍。金融通过信贷投放和保险功能，可以支持多样化扶贫方式的有效开展。综上所述，金融扶贫是遵循我国扶贫策略演进逻辑出现的，是符合我国扶贫开发宗旨的一种具体扶贫方式。我国的扶贫难题需要金融服务机制支持，也为金融扶贫提供了广阔的实践和发展空间。

第二节　农村金融减贫历程与金融机构支持

一　农村金融减贫的演进历程

　　伴随我国扶贫战略的演变和农村金融改革的历程，金融扶贫和普惠金融正逐步被人们认识并重视。农村金融减贫是我国农村金融改革的分支体现，其发展主要分为以下几个阶段：

（一）1978—1992 年：农村金融市场恢复及扶贫资金救济式发放阶段

配合整体经济改革的要求，我国逐渐恢复了农村金融体系，相应地设立功能各异的农村金融机构。比如中国农业银行重新恢复，农村信用社从政社合一的体制下剥离，邮政储蓄的起步发展，而民间无息、合会、高利贷、当铺、私人钱庄等非正规金融也蔓延并扩张。

这一时期农村金融减贫工作带有很强的政策性意味。一方面体现在农村金融机构的增设和农业类贷款的发放上，其中农业银行从 1986 年开始承担发放扶贫贴息贷款，支持种植业、劳动密集型企业、农产品加工企业以及基础设施项目的发展，从而带动贫困人口收入增长。另一方面，体现为"救济式"扶贫资金的发放：1980 年 2 月成立"支援经济不发达地区发展资金"，当年划拨 5 亿元；1982 年设立"三西"农业建设专项基金共 20 亿元；1984 年《中共中央　国务院关于帮助贫困地区尽快改变面貌的通知》，对于缺衣少被的严重贫困户，可向商业部门赊欠布匹、棉花和成衣，赊销贷款免息。伴随改革政策的推动和中央政府大规模扶贫投入，农村贫困人口快速下降。

（二）1993—2002 年：农村金融体制新格局形成及小额信贷启动阶段

在此期间，多层次农村金融新格局虽已初步产生，但是政策性金融业务受到极大限制，商业性金融大量撤离农村市场，邮政储蓄只存不贷吸储农村资金，而信用社逐渐成为农村市场的主力军，农村金融服务需求仍难满足。

这一阶段，为了解决贫困地区和贫困人群贷款难的问题，我国于 1993 年引入孟加拉国小额信贷模式，试点推进国外较为成功的小额信贷方式。其中 1993—1996 年为试点实验阶段，政府并未制定明确的政策和法规，主要依靠国际组织的协助和资金支持，在中国偏远落后地区划定试验区。1998 年《中共中央关于农业和农村工作若干重大问题的决定》提出要"总结推广小额信贷等扶贫资金到户的有效做法"。此外，为了进一步推广扩展小额信贷业务，中国人民银行于 1999 年和 2001 年先后颁布《农村信用社农户小额信用贷款管理暂行办法》和《农村信用社农户小额信用贷款管理指导意见》，加入农村信用社的力量，在各地全面推进小额信贷的开展。这一时期，由于政府力量的指引，小额信贷项目得到快速发展，许多低收入农户获得信贷支持。但是由于贷款利率偏低、还款率低，小额信贷机构甚至发生亏损现象，发展可持续性受到挑战。

（三）2003—2006 年：农村金融体系重构及小额信贷快速发展阶段

这一时期，农村金融体系改革和政策机制创新成为改革的主题。2004 年一号文件的发布意味政府将突破原有的主要局限于农村信用社和中国农业银行等农村金融机构体系的"存量"改革的决心。其中，农村信用社实现深化改革。邮政储蓄银行、中国农业发展银行和农业银行也分别进行存款利率、业务范围、股份化和商业化方面的调整与改革。此外，2006 年年底，银监会呼吁放宽农村地区新型金融机构的准入门槛，鼓励境内外资本、产业资本和民间资本投资组建村镇银行、贷款公司和农村资金互助社发展。这一举措，增添了农村金融体系中新型金融机构的力量。

这一阶段，小额信贷快速发展并逐渐走向商业化。正规金融机构农村信用社成为农户小额贷款发放的主要力量。2001 年全国 80% 的农村信用社开展了农户小额信贷，2006 年年底，农村合作金融机构农户贷款余额 9197 亿元。此外，2004 年至 2006 年中央先后发布三个一号文件，鼓励小额信贷组织资本和发起人的多元化。

（四）2007—2012 年：农村金融服务水平提升及新型金融机构发展阶段

根据以需求为导向的渐进式农村金融改革的要求，中央政府强调增强农村金融服务、开放农村金融市场以及创新农村金融组织。一方面，政府政策设计逐步认识到提升农村金融机构服务的重要性，并从制度层面和顶层设计上释放农村金融改革的潜在能量。另一方面，新型农村金融机构从试点推行转向快速发展。

这一阶段，由于政府对农村新型金融机构准入门槛的放宽以及发布的相关政策的指引，定位服务于欠发达地区的农村资金互助社快速发展。继全国 140 个村开展"贫困村村级互助资金试点"后，2007年银监会又印发《农村资金互助社管理暂行规定》，在全国 27 个扶贫省新增试点村 274 个。同年 3 月，吉林省梨树县百信资金互助社获批为第一家正规农村资金互助社。此后，资金互助社发展迅猛，从民间试点到遍布全国各地。但是由于高速发展背后政策管理制度的滞后，导致"非法集资事件"时有发生。因此，2012 年银监会"暂缓"审批资金互助社牌照，放慢资金互助社的发展速度。

（五）2013—2020 年：普惠金融发展及金融扶贫全面开展阶段

由于我国扶贫工作进入脱贫攻坚阶段，金融扶贫作为扶贫战略的重要部分，被提升至新的高度。与此同时，普惠金融被正式提出并强调发展。党的十八届三中全会提出发展普惠金融的理念，2014—2016年的中央一号文件进一步指向"发展普惠金融"到"大力发展农村普惠金融"，再到"强化农村普惠金融"。不仅体现了中央对发展普惠金融的重视，也体现了中央为贫困人群和小微企业，有效而及时地提供价格合理、便捷安全的金融服务的决心。与此同时，为了贯彻党的十八大、十八届三中全会精神，以及习近平总书记关于扶贫开发工作的重要指示，2014 年中国人民银行与相关部门联合发布了《关于全面做好扶贫开发金融服务工作的指导意见》，从"健全金融组织体系，创新金融产品和服务、夯实金融基础设施、优化金融生态环境等方面确定了扶贫开发金融服务的十项重点工作"。随后，为了落实《中共中央国务院关于打赢脱贫攻坚战的决定》中"精准扶贫、精准脱贫"的基本方略，2016 年中国人民银行等七部门联合印发《关于金融助推脱贫攻坚的实施意见》，从准确把握总体要求、精准对接多元化融资需求、大力推进普惠金融发展、充分发挥各类金融机构主体作用、完善精准扶贫保障措施和工作机制等方面提出了金融助推脱贫攻坚的政策措施。2014 年、2016 年《指导意见》与《实施意见》的发布，更为具体细致地安排部署了新形势下金融扶贫工作的实施方略。不仅强化了金融机构与各地发改委、扶贫、财政等部门的协调合作，也明确了金融助推精准脱贫的宗旨，促进金融扶贫进入具体化、系统化、精准化的实施阶段。

综上所述，农村金融减贫历程是我国扶贫策略演变过程和农村金融改革历程的分支体现。从扶贫贴息贷款到小额信贷推广、村镇银行、小额贷款公司和贫困村资金互助组织支持，再到《指导意见》与《实施意见》的发布，是从简单金融服务方式向系统化金融减贫体系的转变，是金融减贫具体形态不断丰富、系统和深化的过程。如何让金融减贫机制更好地作用于扶贫开发体系，如何让金融减贫贯彻"精准化"的宗旨，如何完善农村金融组织体系，如何创新金融服务产品与工具，如何引导信贷资金投向特色产业和重点项目都是需要突破的重点问题。

二　农村金融机构供给与支持

改革开放以来，伴随我国扶贫政策的演变和农村金融改革的历程，贫困问题得到有效的缓解。贫困地区减贫工作的推进离不开资金的注入，而大额的资金投入不能仅依靠国家财政资金和社会公益组织基金，更需要政策性金融、商业性金融、合作性金融以及民间金融的共同扶持。将金融发展与扶贫开发工作相结合，不仅能满足扶贫对象生产和生活的资金需求，也能更好地发挥"造血式"扶贫的功效，成为党和政府日益重视的减贫手段。

（一）农村金融服务供给主体

通过审视我国农村贫困的主要特征和致贫因素的变化，可发现农村人口规模、生产结构与收入结构都经历着转型与变动，贫困地区农村社会阶层也呈现多元化的特点。不仅包含依靠政府救济生活的特困农户，以种植业和畜牧业为主要收入来源的传统农户，进城务工的"两栖型"打工者，也包括承包较大规模土地从事农业产业化经营的农户和经营运输、商贸物流、小型工业的企业家，面对贫困地区农村各异的社会阶层，其资金需求数额、期限、利率、审批速度及借款用途都存在很大的差别，因此需要构建多元化的普惠型农村金融组织。我国农村金融组织构成如图3-3所示：

从图3-3可知，农村金融组织需要政策性金融、商业性金融、合作性金融和民间金融既相竞争又相融合，共同发挥支持农业和农村居民的作用。其中政策性金融作为非营利性的金融组织，除了保证粮棉

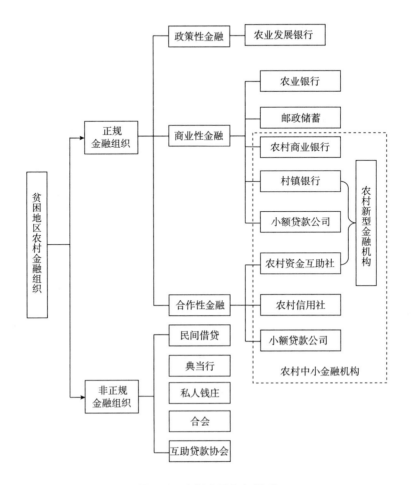

图 3-3 农村金融组织构成

油收购、农业基础设施建设、优势特色产业发展所需资金之外，还应主要维持农户生产和生活基本需求，并与中央及各级政府相配合，引导其他金融成分的扶贫工作。商业性金融以商业可持续发展为目标，其风险控制严格、信贷抵押要求较高。更倾向支持具有一定经济实力和创业意愿的农业产业化经营农户和经营运输、商贸物流、小型工业的企业家，保证其较大规模的资金投入。合作性金融以农村信用社和农村资金互助社为代表，其中农村信用社作为我国农村金融的主力军，占有绝对垄断的地位，应继续发挥其市场优势，致力于服务绝大部分农户和中小企业。而农村资金互助社作为农村金融体系的新兴力量，依靠其地缘、亲缘、贷款灵活、利率低、无需抵押物等优势，涌现了一批贫困村村级资金互助社，应大力服务于低收入农户，并实现扶贫到户的宗旨。民间借贷作为贫困地区农村不可或缺的力量，特别是来自亲朋好友的无息贷款，更成为所有农户小额贷款的首选方式，其灵活性和信息对称性更适合贫困农户的短期小额资金周转。

与其他地区相比，欠发达地区具有地理位置偏僻、生态环境脆弱、基础设施薄弱的特点，人口密度与经济发展程度均与发达地区存在差异，从而抬升了机构服务成本，降低了运营能力，制约着金融服务的深度与广度。因而全国出现农村金融服务空白乡镇主要在欠发达地区。结构构成上，欠发达地区农村的正规金融机构以农村信用社和邮政储蓄为主，其中农村信用社更占据垄断地位，导致农村金融竞争不充分，进而影响了农村金融服务水平。而非正规金融服务由于易得性、便利性和灵活性，具有广泛的市场需求。2010年国家扶贫开发工作重点县农户的当年借贷款中，有50.1%来自亲戚朋友间的借贷，47.4%来自金融机构，2%来自国家专项扶贫贷款。非正规金融在欠发达地区虽具有发展优势，但却具有关系型融资的偏向。

(二) 贫困地区金融发展总体水平

随着扶贫战略的开展和我国农村金融服务水平的提升，贫困地区农村金融机构数量和存贷款规模都有较大幅度提高。2000—2013年我国国定贫困县城乡居民储蓄存款余额、年末金融机构各项贷款余额及其年增长率如图3-4所示。从图中可以看出：2000年国家级贫困县区存款余额为3099.996亿元，2012年则上升至26452亿元，2007年前年均增幅在20%以下，而2007年以后年均增幅基本都在20%以上。国家贫困县区金融机构贷款余额也呈现阶段性上涨的趋势，2000年其数额为4035.6655亿元，2013年则达到19883亿元，2006年以前年均增长幅度在5%左右，2006年和2007年大幅上升至15%，经过2008年和2011年的波动下降后，又上升至25%以上。从整体而言，贫困县区居民存款余额表现为较为平稳的上升态势，这与我国扶贫战略的实施、贫困县区居民收入水平和经济状况改善有关。相较而言，金融机构贷款余额则体现为经历一定波动后大幅上升。其受国家政策引导、外界金融危机和国家经济运行形势影响较大，伴随 2006 年年底政府《关于放宽农村金融机构准入政策》的下达及一号文件中对提升农村金融服务的高度重视，2006 年后金融机构贷款余额明显大幅上涨，但由于国际金融危机的影响和国家经济下行的压力，2008 年和 2011 年则呈现较为明显的下降。

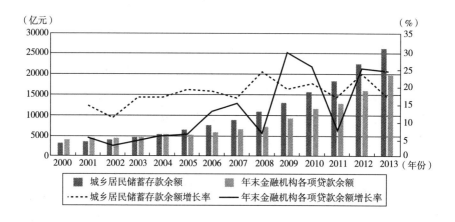

图 3-4　贫困县区金融存贷款余额及其年增长率（2000—2013 年）

资料来源：依据 2001—2012 年《中国县（市）社会经济统计年鉴》和《2015 中国农村监测报告》整理。

1. 贫困地区扶贫贴息贷款发放

扶贫贴息贷款作为最早支持贫困地区经济发展的金融工具，1986 年开始由中国农业银行承担发放工作，有效支持种植业、劳动密集型企业、农产品加工企业以及基础设施项目的发展。表 3-8 反映国家扶贫开发工作重点县资金历年投入情况：一方面，中央扶贫贴息贷款投入强度整体呈现下降趋势，其占扶贫资金总额相对比例从 40.97% 下降至 10.79%，投入绝对数额从 102.5 亿元仅增加至 153.3 亿元。十三年间相对比例下降明显，而绝对数量仅有近 50 亿元的增幅。另一方面，财政扶贫资金投入有所强化。中央财政和省级财政扶贫资金比例分别从 14.31% 和 3.96% 上升至 26.67% 和 8.81%，投入绝对数额分别从 35.8 亿元和 9.9 亿元增加至 379 亿元和 125.2 亿元。扶贫贴息贷款相对数额的缩减与政策调控相关，扶贫贴息贷款管理权限下放，"到户贷款"和贴息资金更由县级管理，发放机构也不仅限于农业银行。但是一系列改革完善扶贫贴息贷款管理机制和投放效率的措施，仍然无法解决贴息贷款目标偏移和回收率低的问题。扶贫贴息贷款直接"到户贷款"的比例较低，投向地区项目的比例较高，而项目发展好处溢向贫困农户具有间接性，难以直接扶持贫困农户生产和生活条件改善。因此，加大扶贫贴息贷款投放效率，增加财政贴息资金，完善管理机制和精确投放对象仍是需要攻克的问题。

表 3-8　　　　　　历年国家扶贫开发工作重点县扶贫资金投入

年份	资金合计（亿元）	中央扶贫贴息贷款累计发放额（亿元）	中央财政扶贫资金（亿元）	省级财政安排的扶贫资金（亿元）	中央扶贫贴息贷款累计发放比例（%）	中央财政扶贫资金比例（%）	省级财政安排的扶贫资金比例（%）
2002	250.2	102.5	35.8	9.9	40.97	14.31	3.96
2003	277.6	87.5	39.6	10.4	31.52	14.27	3.75
2004	292	79.2	45.9	11.6	27.12	15.72	3.97
2005	264	58.4	47.9	9.6	22.12	18.14	3.64
2006	278.3	55.6	54.0	10.8	19.98	19.40	3.88
2007	316.7	70.5	60.3	14.2	22.26	19.04	4.48
2008	367.7	84.0	78.5	18.9	22.84	21.35	5.14
2009	456.7	108.7	99.5	23.4	23.80	21.79	5.12
2010	515.1	116.1	119.9	25.4	22.54	23.28	4.93
2014	1420.9	153.3	379	125.2	10.79	26.67	8.81

资料来源：依据《2011 中国农村监测报告》和《2015 中国农村监测报告》整理。

2. 欠发达地区正规金融机构规模与结构

西部地区是我国贫困人口较为集中的地区，脱贫攻坚时期全国农村贫困人口 51.3% 集中于西部地区，其贫困人口数量近似于东部和中部地区贫困人数之和①。表 3-9 反映了西部省份正规金融机构分布情况，从中可以看出政策性金融、商业性金融、合作性金融机构在欠发达省份的分布规模与结构。不难看出：第一，西部省份内部金融机构覆盖存在不均衡。四川、陕西和广西为西部省份中金融机构绝对数量最多的省份，而西藏、青海与宁夏则为西部省份中金融机构绝对数量最少的省份。第二，金融机构构成以大型商业银行、邮政储蓄和小型农村金融机构为主，而政策性和新型金融机构市场份额较少。由于大型商业银行以国有银行为主，小型农村金融机构绝大部分则为农村信用社，它们多以商业营利为经营目标，而真正能够服务于低收入阶层的资金互助社、小贷公司及政策性银行则分布过少。第三，农村金融机构网点数量有所增加。小型农村金融机构为支农的主力军，以其为例，西部省份中四川、陕西、甘肃、云南、贵州、广西、内蒙古和重庆小型农村金融机构数量超过了其他类型金融机构，而西藏、青海、宁夏和新疆小型农村金融机构数量则低于大型商业银行。

表 3-9　　　　　　　　2019 年西部省份正规金融机构分布

省份	机构总数	大型商业银行	国家开发和政策性银行	股份制银行	城市商业银行	小型农村金融机构	邮政储蓄	新型农村金融机构
新疆	3623	1196	75	105	229	1228	642	140
宁夏	1432	476	16	47	149	382	201	160
青海	1132	423	27	36	84	371	180	8
甘肃	4694	1299	47	112	357	2238	581	60
陕西	7103	1900	84	448	538	2833	1245	31
云南	5552	2420	89	393	226	2239		168
贵州	5389	1085	74	121	530	2369	964	235
四川	14148	3304	115	537	958	5845	3057	294
重庆	4100	1329	39	296	280	1772	227	122
广西	6704	1885	66	186	587	2347	973	653

---

① 国家统计局住户调查办公室：《2015 中国农村贫困监测报告》，中国统计出版社 2015 年版，第 83 页。

续表

省份	机构总数	大型商业银行	国家开发和政策性银行	股份制银行	城市商业银行	小型农村金融机构	邮政储蓄	新型农村金融机构
西藏	695	587	1	6	4			
内蒙古	5956	1554	87	224	629	2393	810	246

资料来源：依据 2020 年西部各省份金融运行报告整理。

国内许多学者在研究金融排斥问题时都引入了地理因素，强调金融机构设置需要依赖于地形条件和公共交通系统设施。根据脱贫攻坚期 2014 年数据显示，我国贫困人口有 51.3% 都位于西部地区，特别是自然条件特别恶劣的青藏高原、沙漠化区、黄土高原和西南大石山区等地区。因此，此处引入地理因素考察不同省份金融机构单位面积分布情况，统计结果如图 3-5 所示：首先，西部地区各省份单位面积金融机构数量存在较大差异，西藏地区万平方千米金融机构数量为 5.51 个，而重庆地区万平方千米金融机构数量则可达到 647 个。西部省份中西藏、新疆、青海和内蒙古地区为单位面积金融机构数量最少的省份，万平方千米金融机构数量均不足 40 个。而这几个省份也是贫困原因最为复杂、贫困分布最广、自然条件最为恶劣的地区。经济发展的落后和自然条件的不足，阻碍了金融机构的设立，金融服务水平的低下更是进一步制约了当地的发展和人们贫困状态的脱离。而重庆、四川、陕西、贵州、广西等省份，万平方千米金融机构数量可达到 200 个以上，但与经济发达的东部省份仍有差距。其次，新型农村金融机构覆盖率仍然较低。虽然近年来新型农村金融机构在国家政策的倡导下快速发展，但由于融资渠道、监管、发展可持续性等问题的困扰，新型农村金融机构市场占有率仍然不足。图 3-5 中重庆、广西、四川、贵州和宁夏万平方千米新型金融机构数量可达到 3 个以上，而这些地区也是我国最早推行农村资金互助社等机构试点的地区。与之相较，其他西部省份万平方千米新型金融机构数量还不足 1 个，西藏和青海地区万平方千米新型金融机构只有 0.008 个和 0.014 个。

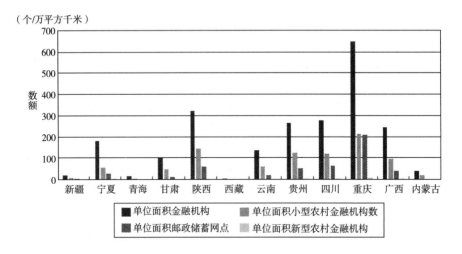

（个/万平方千米）

图 3-5　2014 年西部各省单位面积金融机构对比

资料来源：依据 2014 年西部各省份金融运行报告整理。

3. 新型农村金融机构供给分析

2006 年年末中国银监会决议放宽农村金融市场准入限制，村镇银行、贷款公司、农村资金互助社等三类新型农村金融组织相继成立，迈出了探索创新农村金融组织形式的步伐。相较于大中型商业性金融组织，新型金融组织服务更为灵活，更贴近农户需求。图 3-6 反映 2007—2014 年我国新型农村金融机构中村镇银行、贷款公司、农村资金互助社的数量变动情况，从图中可以看出：第一，新型农村金融组织整体数量不断增加，村镇银行占有绝对优势，村镇银行数量从 2007 年的 19 个上升至 2014 年的 1153 个，增加了 60.68 倍。2014 年新型农村金融机构共有 1216 个，其中村镇银行就达到 1153 个，所占比例高达 94.82%。此外，全国已有 1045 个县（市）核准设立村镇银行，县域覆盖率为 54.57%。第二，贷款公司和农村资金互助社的增加数量放缓，从图中显示自 2011 年起两者数量基本没变，贷款公司保持在 14 个，农村资金互助社保持在 49 个。这是由于存在部分不法资金互助社假借合作社名义或以合作社组织形式吸收公众存款或诈骗集资，致使银监会监管难度和监管成本增大，2012 年银监会发布"暂缓"审批资金互助社牌照的规定造成的。第三，新型农村金融机构资金主要投向三农领域和中小企业。据统计,2014 年新型农村金融机构将 92.9%以上的贷款投入"三农"和小微领域,更好地满足了农户和农村中小企业的资金需求。[①]

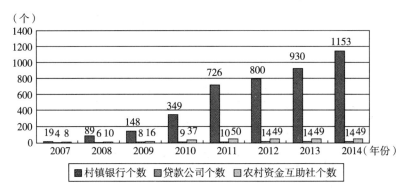

图 3-6 2007—2014 年新型农村金融机构数量统计

资料来源:依据 2007—2014 年《中国区域金融运行报告》整理。

考察我国新型农村金融机构的分布区域,可发现目前新型农村金融组织的发展偏向东部和中部发达地区,欠发达西部地区较为滞后,金融机构的不均衡分布阻碍了金融资源对贫困地区经济的支持。表 3-10 反映了我国新型农村金融机构的区域分布状况,2011 年年底东部、中部、西部和东北地区,新型农村金融机构数量分别为 223 个、162 个、201 个和 105 个。

表 3-10　　　　　　　2011 年新型农村金融机构区域分布

机构类型	东部	东北	中部	西部	合计（个）
村镇银行	207	94	152	182	635
贷款公司	2	2	2	4	10
农村资金互助社	14	9	8	15	46
合计	223	105	162	201	691

资料来源:依据《2012 年中国农村金融服务报告》整理。

———————————

① 中国人民银行农村金融研究小组:《2014 年中国农村金融服务报告》,中国金融出版社 2015 年版,第 13 页。

　　农村信用社、农村商业银行、农村合作银行、村镇银行和信贷公司是主要的传统金融服务机构，如表 3-11 所示，七年来机构数量从 5369 家增加到 5901 家，数量有所增长并且结构变化很大，农村信用社和农村合作银行数量大幅减少，转变为农村商业银行。而新型农村金融机构，村镇银行数量快速增长，由 635 家增加到 1562 家。

表 3-11 农村中小金融机构法人机构数

机构名称	2011 年	2012 年	2013 年	2014 年	2015 年	2016 年	2017 年
农村信用社	2265	1927	1803	1596	1373	1125	965
农村商业银行	212	337	468	665	859	1114	1263
农村合作银行	190	147	122	89	71	40	33
村镇银行	635	800	987	1153	1311	1443	1562
信贷公司	10	14	14	14	14	13	13
农村资金互助社	46	49	49	49	48	48	48
总计	5369	5286	5456	5580	5691	5799	5901

资料来源：依据《中国普惠金融发展报告 2018》整理。

第三节　本章小结

　　本章通过回顾贫困地区农村和金融减贫战略的演进历程，采用历史与现实分析相结合的方法，在梳理不同阶段农村扶贫策略的基础上，掌握农村贫困转向趋势和金融减贫的实践举措，从而审视贫困地区农村金融服务供给和贫困农村经济发展需求的现实表现。

　　第一，农村贫困面貌和致贫因素呈现新的特点，在贫困地区温饱问题已经得到解决的背景下，缓解农村地区发展不平衡、抑制贫富收入差距加大、纠正贫困人群权利缺失和贫困阶层固化等问题成为国家扶贫战略需要重点解决的问题。环境致贫、灾害致贫、医疗致贫、教育致贫这些传统的致贫因素被人们重视并设法改善的同时，能力贫困、权利贫困、文化贫困、机会贫困和信息贫困等因素被认为是贫困代际传递和固化沉淀的根源。而物质条件匮乏既是贫困的外在表现，又是贫困滋生的客观环境。

第二，金融扶贫面临机遇与挑战。农村贫困地区收入、消费、文化教育、基础设施和医疗卫生等方面已呈现水平提升与结构优化态势。加之政府政策指引、农村劳动力大规模转移、农业现代化渗透及农民生活经营和投资意识的增强，贫困农村生产条件和生产方式已有转变之势。然而，资金作为贫困农村和贫困农民生产发展最为匮乏的要素，制约了生产经营"最优要素投入比例"的实现，不足以满足农业转型和新农业发展的条件。此外，区域发展不平衡、贫富收入差距加大、贫困人群权利缺失、贫困阶层固化等问题仍为凸显。

第三，金融扶贫遵循我国扶贫策略演进逻辑而出现，其在扶贫开发中的贡献体现为四个方面：一是信贷申请、审批和发放信贷资金遵循市场经济的规则，利于培养贫困农户信用意识、投资意识和主动观念，贯彻"开发式""参与式"和"造血式"扶贫的宗旨。二是产品创新、信贷机制创新及与互联网结合，容易贴合不同贫困程度农户的信贷需求，利于瞄准帮扶对象。三是引导农户甄选投资项目，培训农户生产和投资技术，可以培育地区和农户可持续发展机制。四是通过信贷投放和保险功能，从而支持多样化扶贫方式的有效开展。

第四，贫困地区农户金融需求分化与金融组织功能缺失存在矛盾，特困农户、传统农户、"两栖型"打工者与小企业家多层次金融需求难以满足。此外，经济落后程度、人口与经济地理分布特点对金融机构分布产生了负向激励效果。欠发达地区金融机构结构以大型商业银行、邮政储蓄和小型农村金融机构为主，政策性金融机构与新型金融机构份额较少。

第五，贫困地区经济发展脆弱，难以自发演化出与之相匹配的金融市场体系，信息不对称和比较优势制约着金融机构在农村市场的延伸，进一步造成农村金融市场垄断和金融服务水平低效。农村信用社占据着农村信贷市场的垄断地位；政策性金融机构提供金融服务的空间存在很大局限；新型农村金融机构呈现不均衡发展态势；民间金融机构在贫困地区虽具有发展优势，却有依托亲友的关系型融资偏向。如何通过政策机制完善农村金融组织体系，发挥政策性金融机构、商业性金融机构、合作性金融机构和民间金融机构既相竞争又相融合的优势是农村金融改革创新亟须突破的问题。

第四章 贫困农户金融服务状况分析
——基于微观视角

本章从微观视角，选用 2012 年北京大学中国家庭追踪调查（CF-PS）以及 2013 年陕南农村经济金融调研组的调查数据，分析金融部门对农村经济运行载体——农户的金融服务状况。由于贫困农民闲置资金极为有限且理财意识淡薄，贫困地区农村金融活动有限。因此，本章以信贷服务作为贫困农户金融服务的代表，基于农户收入支出结构变化，从需求层面展现贫困农户信贷服务特征及影响信贷需求与信贷渠道选择的因素。反思贫困农村多元金融组织竞争格局尚未形成、金融工具创新和金融服务不充分、区域金融发展不平衡、信用体系和担保机制建设不完善、金融减贫目标瞄准偏离的状况。本章为第五章和第六章从宏观角度讨论金融发展对我国贫困减缓的作用效果及运行机制奠定现实基础。

第一节 调查设计与样本选择

一 调查样本选择

本章选用数据来源于 2012 年北京大学中国家庭追踪调查（CF-PS）以及 2013 年陕南农村经济金融调研组的调查数据，其中 CFPS 数据涉及 25 个省份，家庭总户数达到 16000 户。而陕南农村经济金融调研数据，为陕西师范大学农村金融研究团队于 2013 年 8 月和 10 月在陕西省商洛市、汉中市入户调研所得数据。调研地区均为国定贫困县，数据涵盖 809 户农户。为了准确瞄准农村贫困人群，把握低收入农户经济生活及金融服务状态，本章针对 CFPS 数据进行有效甄别与筛除。首先剔除掉全部样本中城市家庭数据而筛选出农村家庭数据，并进一步根据家庭人均纯收入分位数指标，将全部农户家庭数据划分为收入最高、中上、中下和最低四组，每组样本各占农户总体样本的 25%。本章将研究样本最终锁定于最低收入农户群体，共有 2742 个样本，目标农户调查样本收集分布情况见附表 2。本章样本覆盖面广，涉及全国东、中和西部 139 个县区。样本贫困农户共 2742 户，具有很强的代表性并且信息翔实。调研问卷涉及家庭基本情况、收支与储蓄信贷、金融服务、教育水平、人口迁移和健康等在内的诸多研究主题。对于贫困农户的金融活动，本章主要从农户信贷需求情况、农户信贷来源选择、影响信贷获取的因素，以及农户收入水平与信贷需求关系等方面进行分析。

二 家庭基本情况

第一，家庭人口组成方面，在所选取的 2742 户农户中，平均每户 4.08 人，户均男劳动力 1.74 人，女劳动力 1.24 人，户均劳动力人数 2.98 人，平均每个劳动力负担（供养）人口 1.37 人。样本中户主年龄分布在 21 岁至 80 岁之间，平均年龄为 47 岁。第二，教育分布方面，绝大多数农户为初中及以下文化，其中文盲、半文盲学历占 36.4%，小学学历占 30.2%，初中学历占 26.1%，高中及以上学历者仅占到 7.03%。与全国农民教育平均水平相比，贫困农民教育程度明显更低。第三，农业生产方面，2742 户农户中有 2134 户农户从事农业活动，但其农业机械化程度非常低，有 72.9% 的农户家中没有拖拉机、抽水机、脱粒机等相关农用机械。因此，样本区域仍然从事依靠手工劳作为主的传统农业耕作。此外，贫困农户的土地耕作条件并不优渥，有效样本中有 58.24% 的农户户均土地面积不足 4 亩，平均每人分得土地不足 1 亩。即使土地资源有限，但仍有大量的土地分布于生产条件恶劣的高原、高山和丘陵地区，土地耕作条件较差，不利于农业规模化和现代化经营。据统计，样本区域地形地貌中高山与高原地区占 24%，丘陵占 34.56%。第四，生活条件方面，贫困农户生活艰辛，所在区域基础设施和住房条件较差。经统计，样本农户中

16.51%的农户具有三代同住、临时架床、子女与父母同住一室等住房困难现象。53.81%的农户生活用水无法使用自来水，存在饮用江河湖水、山泉水、雨水和窖水等情况。18.2%的农户家中存在经常断电、甚至没有通电的情况。

第二节　贫困农户现金收支与信贷活动[①]

一　贫困农户收入和支出分析

（一）贫困农户收入分析[②]

第一，家庭经营性收入。随着我国经济的发展，城镇化和现代化进程的加快，农民收入结构呈现多元化趋势。据统计，家庭经营性收入虽然仍是农户收入的主体，但其增长速度与所占份额明显下降。2002 年贫困地区农民家庭人均经营性收入为 796 元，占家庭人均总收入比重为 61%。而 2014 年贫困地区农民家庭人均经营性收入为 2944元，所占家庭人均收入比重为 43.83%。2002—2010 年，家庭人均经营收入年均增长速度约为 10.4%，远低于人均工资性收入增速13.1%、人均财产性收入增速 20.6%和人均转移性收入增速 21.6%[③]。反观本章所选 CFPS 贫困农户样本数据，有效样本 2524 户农户[④]中有1754 户农户统计了家庭经营性收入，1192 户农户家庭经营性收入占比都在 50%以上，甚至有 787 户农户家庭经营性收入占比在 80%以上，有 250 户农户家庭全部纯收入都来源于经营性收入。说明无论是全国贫困重点县数据，还是 CFPS 贫困农户样本数据，家庭经营性收入仍是农户收入中不可或缺的一部分，是保证农户收入持续增长的

---

①　此部分已发表，见刘芳《贫困农户收支结构、收入水平与信贷活动趋向研究》，《农村金融研究》2017 年第 9 期。

②　此处家庭经营性收入、工资性收入、财产性收入和转移性收入来源于 2012 年北京大学中国家庭追踪调查（CFPS）数据中家庭数据库里对四种收入的统计与整理。

③　依据 2002—2011 年《中国农村贫困监测报告》计算整理。

④　这里的"有效样本"是指整体 2742 个样本中填写家庭经营性收入的样本，数量为2524 个。

基础。

第二，工资性收入。工资性收入的获取一是受雇于本地企业、组织和个人，通过提供有偿劳动而获得的收入；二是外出务工取得的收入。对于贫困地区农民而言，由于所处区域经济发展滞后，难以形成持续的产业发展机制，制约了贫困农民就地务工的机会，外出务工成为越来越多的农民改善收入状态、增加收入来源的主要方式。比较2002年和2014年贫困地区农民人均工资性收入，从435.5元上升至2175元，年均增速近20%。对比本章所选取的CFPS贫困农户有效样本数据，2737户农户①中953户农户具有工资性收入，其中199户农户工资性收入在1000元以下，204户农户工资性收入在1000—3000元，175户农户在3000—6000元，106户农户在6000—9000元，120户农户在9000—12000元，129户农户在12000—50000元，20户农户工资性收入在50000元以上。而对于家庭经营性收入，仅有138户农户收入大于10000元，收入高于50000元的仅有1户。说明尽管经营性收入仍是贫困农户收入的主体，但是工资性收入却是快速提升收入的主要途径②。一旦农户具有在外务工的机会，其收入增速必定加快，并且极有可能摆脱贫困。

第三，财产性收入。财产性收入包括多种形式，如土地出租和征用费用、股金、红利、利息等。但我国贫困农户财产性收入来源较少，许多宅基地、林地、金融资源，并未发挥收入功能，此外农村产权制度改革迟滞，农村土地、房屋、林权等资源并未盘活，导致财产性收入占家庭纯收入比重非常低下。2002年和2014年贫困地区农民人均财产性收入分别为12.5元和81元，年均增长速度可达20%以上，其占家庭人均纯收入份额分别为0.958%和1.2%。相较CFPS贫

---

① 这里的"有效样本"是指整体2742个样本中填写工资性收入的样本，其数量为2737个。

② 此处，工资性收入和经营性收入与陕南农户调查数据结果有较大出入。陕南农户调查中工资性收入占家庭收入比例可达到77.41%，远高于家庭经营性收入占比。不同的统计结果与地区生产经营特点和统计方法有关。陕南地区耕地资源稀缺，更为严重地制约了农户农业家庭生产的积极性和农业规模化、现代化经营的意愿，从而家庭经营性收入也偏低。

困农户有效样本数据，2737 户农户①中仅有 203 户农户填写财产性收入，不足样本量的 10%，并且 203 户农户中有 83 户农户财产性收入低于 500 元，仅有 22 户农户财产性收入高于 3000 元。从而得知，贫困农户尽管财产性收入增速较快，但其所占份额和数量仍然过小，应该完善农村产权制度改革和优化金融服务体系，保障农户从土地流转和金融产品中享有更多的获利机会。

第四，转移性收入。对于贫困农户，转移性收入包括各种粮食直补、退耕还林还草补贴、良种补贴、农户低保、亲友和社会组织机构馈赠等，以及近年来国家对于重点扶贫地区农户转移支出的大力支持。不管在政策性补贴，还是在退休金、养老金和医疗报销费等方面，都有较大幅度的提升。贫困农户家庭人均转移性收入也有较大幅度改善，由 2002 年的 61.2 元上升至 2014 年的 1517 元，年均增幅达到 25% 以上，是四类农户家庭人均收入中涨幅最快的部分，其所占家庭人均总收入比例也由 4.69% 上升至 22.58%。CFPS 贫困农户 2665 个有效样本②数据中，有 1913 户农户填写转移性收入，占总体样本的 71.8%。其中有 913 户农户家庭人均转移性收入不足 500 元，625 户农户家庭人均转移性收入在 1000—5000 元，仅有 22 户农户家庭人均转移性收入高于 5000 元。国家惠农政策的开展，加大了转移支付的支持力度，很大程度上保障了农户最低生活条件和基础设施、物资的供给，对于贫困农户有非常重大的意义。

（二）贫困农户支出分析

农户支出主要分为两类，一类是用于家庭生产经营方面的支出，另一类是满足农户生活需要消费的支出。

第一，家庭生产性支出。图 4-1 反映我国国定贫困县农户生产性支出构成情况，其中家庭人均经营性支出呈逐年上升趋势，从 2002 年的 449.2 元增长至 2010 年的 1098.9 元，年均增速可达到 18.07%。

---

① 这里的"有效样本"是指整体 2742 个样本中填写财产性收入的样本，其数量为 2737 个。

② 这里的"有效样本"是指整体 2742 个样本中填写转移性收入的样本，其数量为 2665 个。

人均农业支出、人均牧业支出始终占据家庭人均经营性支出的主体地位，并分别以年均 19.05% 和 18.24% 的速度稳健增长。人均林业支出，人均渔业支出，人均第二、第三产业支出所占份额仍然较低，2010 年分别为 2.4%、0.6% 和 8.1%，相较于 2002 年的 1.5%、0.4% 和 10.2%，上升空间并不大，其中非农产业支出还有缩水的现象。对比 2010 年家庭人均经营性收入 1756.2 元和家庭人均经营性支出 1098.9 元，家庭人均经营收入收支仅有 657.3 元的盈余，如若贫困农户其他收入来源渠道受阻，扣除人均生活费用支出，则难有富余资金用来改善生产条件和引进新的技术，家庭经营扩大再生产难以落实。此外，2010 年家庭人均经营性第二、第三产业支出分别为 27.6 元和 61.4 元，也从侧面反映了贫困地区农户非农贷款需求萎靡的状况。

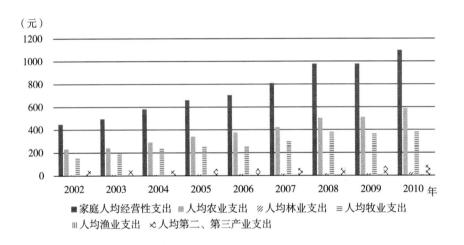

图 4-1　2002—2010 年国定贫困县农户家庭人均生产性支出

资料来源：依据 2002—2011 年《中国农村贫困监测报告》整理。

　　与全国贫困地区农民整体状况相比，2012 年北京大学中国家庭追踪调查（CFPS）中贫困农户农业、种植业及畜牧业支出情况如表 4-1 所示：首先，问卷中农户从事农业和种植业的支出包括种子化肥费、雇工费、机器租赁和灌溉费、农业生产其他费用几项，其中种子化肥费花费最高，户年均花费可达 3057.57 元，最小值为 0 元，最大值为 200000 元，占农业和种植业生产支出总额的 73.87%。而雇工费、机器租赁和灌溉费、农业生产其他费用户年均花费分别为 589.55元、271.73 元和 220.18 元。说明贫困农户仍以小规模传统方式从事农业生产，机械化和现代化程度很低，仅通过农业生产经营摆脱贫困状态存在很大障碍。其次，农户从事畜牧业的支出包括种苗费、雇工费、饲料费和畜牧业其他费用，户年均花费分别为 1549.76 元、53.20 元、2810.69 元和 230.11 元。与从事农业种植相近，种苗饲料是畜牧业生产性支出的主要组成部分。

表 4-1　　　　2012 年 CFPS 数据中贫困农户生产性支出构成

变量	观测值	平均值	离差	最小值	最大值
种子化肥费	1530	3057.57	8584.945	0	200000
雇工费	1538	589.55	4509.554	0	150000
机器租赁和灌溉费	1537	271.73	3873.995	0	150000
农业生产其他费用	1533	220.18	1051.827	0	25000
种苗费	1190	1549.76	7433.466	0	200000
雇工费	1200	53.20	1018.508	0	30000
饲料费	1177	2810.69	13545.55	0	200000
畜牧业其他费用	1143	230.11	3346.13	0	23700

资料来源：依据 2012 年北京大学中国家庭追踪调查（CFPS）数据整理。

第二，家庭消费性支出。伴随贫困地区农民收入的稳步上升，人民生活水平有所改善，农民日常消费支出提高，消费支出结构也发生变化。表 4-2 反映了我国定国贫困县农户消费性支出构成情况，家庭人均消费支出额从 2002 年的 1131.4 元上升至 2010 年的 2662.0 元，年均增长速度为 16.9%，略高于农民人均纯收入增速 12.2%。首先，食品消费支出虽占据生活消费支出的主体，但其所占比重即恩格尔系数却逐年下降，从 57.4% 下降至 49.1%，恩格尔系数下降也从侧面反映了贫困农民生活水平的提升。其次，据《2011 中国贫困监测报告》统计，尽管贫困人口的生活消费实现稳步增长，但人均消费支出仍不足全国水平的三分之一，贫困农户收支无法相抵的现象仍很严重，

2010 年贫困农户中有 52.6% 的农户生活消费支出高于纯收入。再次，用于提高生活质量的消费支出太少。2010 年贫困农户用于交通通信、文教娱乐和医疗保健的支出份额分别为 8.46%、6.66% 和 6.72%，与全国农民平均水平有很大差距。

表 4-2　　2002—2014 年国定贫困县农户家庭人均消费性支出构成

年份	生活消费支出（元）	食品消费支出（元）	衣着消费支出（元）	居住消费支出（元）	家庭设备用品及服务消费支出（元）	交通通信支出（元）	文教娱乐用品及服务（元）	医疗保健支出（元）	其他商品及服务支出（元）
2002	1131.4	649.5	69.3	126.8	33.6	44.9	121.2	65.4	20.8
2003	1220.1	655.6	69.6	154.5	45.3	67.2	137.4	69.5	21.1
2004	1391.9	740.1	74.2	164.7	49.0	85.0	177.4	77.9	23.6
2005	1528.5	793.2	86.3	192.5	55.8	105.6	182.2	86.9	25.9
2006	1679.6	840.3	95.8	242.1	67.5	135.4	168.4	100.8	29.4
2007	1931.3	980.1	111.8	289.3	79.8	160.6	114.4	161.5	33.7
2008	2200.3	1137.2	123.3	343.7	92.0	176.6	159.1	133.7	34.6
2009	2367.4	1155.6	134.1	413.3	108.7	194.7	167.3	155.3	38.5
2010	2662.0	1307.7	155.4	438.9	133.1	225.4	177.4	178.9	45.2
2014	5962.0	2201.0	365.0	1226.0	379.0	605.0	583.0	510.0	93.0

注：由于国家统计局未发布 2012—2014 年《中国农村贫困监测报告》，2012—2013 年相关数据无从查询。

资料来源：依据 2002—2015 年《中国农村贫困监测报告》整理。

　　2012 年 CFPS 数据中贫困农户消费性支出构成情况如表 4-3 所示：其一，与全国贫困地区农民整体状况相似，衣食住行仍是贫困农户消费性支出的主要构成，其中食品支出占据一半左右。但是农户食品支出的最大值为 105040 元，远低于家庭设备日用品、医疗保健、文教娱乐等支出的最大值。其二，贫困农户用于文教娱乐的支出较少，户年均值仅为 2090.47 元，而这其中大部分都用于教育子女的额外支出，实际用于精神生活的娱乐支出非常之少。其三，医疗保健仍是贫困农户生活消费支出的主要组成部分，户年均值达到 3309.39 元，高于衣着、居住、交通、文娱、设备用品等方面的支出，成为户均值仅次于食品支出的第二大支出。并且其最大值也达到了 300000

元，说明尽管在国家政策的指引下新农合改革力度加大，农民看病难问题得以缓解，但是由于具体实施和药品及病种覆盖程度的问题，有些购药及看病支出仍需农户自掏腰包。

表4-3　　　　　　2012年CFPS数据贫困农户消费性支出构成

变量	观测值	平均值	离差	最小值	最大值
居民消费性支出	2463	23584.24	26921.86	440	542510
食品支出	2614	10500.54	10449.21	230	105040
衣着支出	2705	960.14	1233.98	58	20000
居住支出	2677	1371.15	1798.05	0	26400
家庭设备日用品	2698	2704.02	14825.95	0	503750
医疗保健	2708	3309.39	11035.54	0	300000
交通通信	2694	1707.89	2296.55	0	26400
文教娱乐	2721	2090.47	5436.47	0	117800
其他消费性支出	2715	896.62	6898.44	0	300000
转移性支出	2728	393.45	2712.76	0	70150
福利性支出	2714	386.56	1737.96	0	33100
建房购房支出	2706	615.84	10649.66	0	460000

资料来源：依据2012年北京大学中国家庭追踪调查（CFPS）数据整理。

（三）贫困农户收支分析启示

上述分析可知，伴随我国经济结构转型和产业结构的变动，贫困农村内部经济结构和收入结构也发生了较大变动，从而对农业信贷有了新的要求。首先，工资性收入是快速提升贫困农民收入的主要途径。受土地资源约束和农产品价格波动的影响，家庭经营性收入所占比重持续下降，外出打工成为家庭增收的重要方式。特别在陕南耕地资源稀缺的地区，外出打工甚至成为农户收入的主要来源。这种"两栖型"打工者，对家庭农业生产兴趣不浓，因而信贷需求更多地体现于消费需求和商业投资中。其次，贫困农村也萌生出一批大规模承包土地从事农业产业化经营的新型农场主。而金融资源、货币资本作为重要生产要素介入农业部门，与农业传统生产要素土地、劳动力以及新技术、新的生产组织重新组合，是促进农业潜在机会成为现实农业产业的必备条件。因此，生产性信贷需求会是这些人群信贷需求的主体表现。再次，传统消费性信贷需求仍是信贷需求的构成主体，这是由于贫困农户消费性支出远远高于生产性支出而决定的。这一结论可从前文分析中得出，也由贫困农村大量分布传统农户的客观事实所支持。传统农户欠缺扩大生产和商业投资的意识和能力，日常消费是他们支出的主要方向，因而信贷需求也体现为消费性信贷。

农户收入和支出情况基本可以反映农户在贫困农村的阶层属性，也体现了他们的生产方式和生活状态，决定了信贷需求的主要表现。此外，农户的收入水平也极大范围影响了金融服务可得性及服务程度。

二 贫困农户收入、信贷可得性与借贷规模

为了更好地把握 2012 年 CFPS 数据中贫困农户有效样本农户人均收入水平变动对借贷行为的影响，我们依据所核算的农户人均收入水平，将填写有效收入的 2485 户农户分为十组。其分组情况如下：250 元以下为第 1 组，农户数量为 249 户，该组中位数农户人均收入为 120 元，组内农户人均收入为 119.71 元。250—500 元为第 2 组，农户数量为 241 户，该组中位数农户人均收入为 366 元，组内农户人均收入为 361.04 元。501—750 元为第 3 组，农户数量为 227 户，该组中位数农户人均收入为 625 元，组内农户人均收入为 629.45 元。751—1000 元为第 4 组，农户数量为 255 户，该组中位数农户人均收入为 887.75 元，组内农户人均收入为 885.12 元。1001—1300 元为第 5 组，农户数量为 254 户，该组中位数农户人均收入为 1132.5 元，组内农户人均收入为 1146.49 元。1301—1600 元为第 6 组，农户数量为 227 户，该组中位数农户人均收入为 1473.33 元，组内农户人均收入为 1461.04 元。1601—2000 元为第 7 组，农户数量为 287 户，该组中位数农户人均收入为 1810 元，组内农户人均收入为 1815.7 元。2001—2400 元为第 8 组，农户数量为 240 户，该组中位数农户人均收入为 2200 元，组内农户人均收入为 2205.16 元。2401—2800 元为第 9 组，农户数量为 272 户，该组中位数农户人均收入为 2590 元，组内农户人均收入为 2595.11 元。2800 元以上为第 10 组，农户数量为 233 户，该组中位数农户人均收入为 3100 元，组内农户人均收入为

3020.33 元。

（一）收入水平对获贷概率的影响

从前文分析可知，农户收入水平与信贷需求占比和正规金融机构获贷比例呈现一定的正相关关系，而正规金融机构也更偏向收入较高、信誉较好、担保抵押齐备的农户贷款。通过绘制图 4-2，试图呈现两者的相关性。一方面，贫困农户信贷积极性并不高，纵观十组不同收入水平的贫困农户，组内发生信贷农户的比例最高为 31.51%，最低为 20.27%，2012 年约有三成农户发生过借贷行为。另一方面，不同收入水平的农户在借款途径选择上存在较大差异，人均收入水平在 1300 元及以下的农户（图 4-2 中 1 至 5 组农户），其借款来源主要是民间无息贷款，从金融机构获批贷款农户占贷款农户比例仅在 24% 左右。反观人均收入水平在 1300 元以上的几组（图 4-2 中 6 到 10 组），从金融机构获批贷款农户占贷款户数比例约为 34%，即后五组比前五组贫困农户从正规金融机构的获贷比例高出约 10 个百分点。从而基本可以判定人均收入水平高低直接影响农户从金融机构获批贷款的比例，这与现实中农村金融机构偏好放贷人群相一致。此处需要特别注意的是，2010 年未调整贫困标准前，国家农村绝对贫困标准为 1274 元，

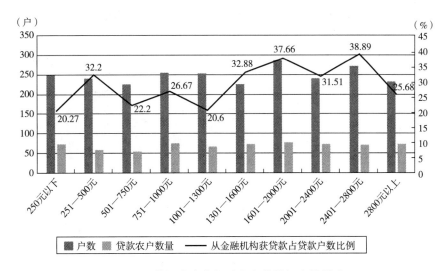

图 4-2　贫困农户收入对农户获贷概率的影响

资料来源：依据 2012 年北京大学中国家庭追踪调查（CFPS）数据整理。

人均收入水平1300元就接近于国家规定的绝对贫困标准，高于贫困线的组别的农户更易受到正规金融机构的青睐，金融机构面向贫困人群的服务空间有待提升。

（二）贫困农户人均收入水平对户均贷款规模的影响

既然农户收入水平与从金融机构获贷概率存在密切关联，那么不同收入水平农户的贷款金额又会存在怎样的差距？我们选取每组农户中位数人均收入、组内平均人均收入，以及平均贷款金额三个指标，得到图4-3。从图中可以看出户均贷款金额曲线随着人均收入水平的增加，呈现"U"字形的趋势。户均贷款金额最高的四组发生在人均收入水平为251—750元和2400元以上的区间，分别为第2组、第3组、第9组和第10组，其对应的平均贷款金额为41215.33元、55057.11元、40145.43元和46617.42元。而其余六组平均贷款金额差距不大，在22667.18元和33086.34元之间，大部分位于29000元附近。对实际趋势可以解释为：第一，人均收入较低的几组，由于农民人均收入不足1000元，甚至远低于国家的贫困标准，属于典型的生活艰苦、入不敷出的农户。这些农户往往没有储蓄，当期收入用于生活性支出就已算勉强，一旦遇到自然灾害、婚丧嫁娶或大额支出时只能通过外部借贷维持，因此信贷需求和信贷额度都较高。第二，对

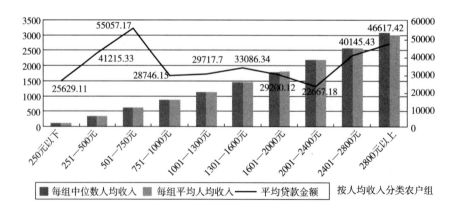

图4-3　贫困农户收入对农户获贷金额的影响

资料来源：依据2012年北京大学中国家庭追踪调查（CFPS）数据整理。

于人均收入水平处于上半段的贫困农户，其信贷来源更为广泛，从上文分析可知也更易获得正规金融机构的贷款。这部分人群除了生活性信贷需求，往往具有一定的生产性信贷需求，希望通过扩大资金规模，扩充自身生产经营条件和规模，甚至有商业性投资的打算。第三，人均收入水平处于中段的贫困人群，当期收入水平基本能够满足日常消费支出，但是资金积累金额又很难跨越追加生产投资和商业投资的门槛，大多维持现状经营与生活，生产性信贷需求受到抑制。

第三节　贫困农户信贷服务特征与影响因素

一　贫困农户信贷服务特征

通过我国贫困县区农户和 2012 年 CFPS 贫困农户的收入和支出分析，可以初步掌握农户现金流动情况。贫困农户收入以家庭经营收入和在外务工收入为主，存在很大的不确定性和收支波动性，在农产品销售时节和外出务工月份，往往能够维持正常的现金流入。而农闲和返乡停工时节，现金流入会大幅下降甚至停滞。特别是遇到难以预期的灾害、伤病和死亡时，农户无法通过计划储蓄的方式在短期内筹得大量资金和收入来抵消大额支出，从而诱发了相应的信贷需求。农户信贷作为弥补储蓄和收入不足的方式，可根据信贷资金使用的方向，分为生产性信贷和生活性信贷。根据 2012 年 CFPS 数据中贫困农户户年均生产性支出和消费性支出构成情况统计，可发现农户用于消费性支出的金额远高于生产性支出，如户年均农业生产支出值为 4138 元，而农户用于食品、衣着和居住的消费性支出就可达到 12833 元，后者为前者的约 3 倍。贫困农户消费性支出高于生产性支出，从而估计消费性信贷的可能性比生产性信贷要高。这也与 2013 年陕南经济金融调研组和朴之水、任常青、汪三贵（2003）、谢平、徐忠（2006），以及刘西川（2009）针对贫困农户信贷用途的研究结果一致。通过前文分析可以得知，贫困型农户从主要进行传统农业生产，向经营传统农业和兼职外出务工形式转变。并且随着土地制度的改革和农户思想方式的转变，一批从事农业产业化经营的农户和经营运输、商贸物流、小型工业的企业家也得以涌现。因此，伴随贫困农民收入结构的变动和农村金融改革的演进，贫困农民金融需求特征也呈现如下变化：

（一）贫困农户潜在借贷需求较高，以传统生活性需求为主

据刘明团队《2013 年陕南经济金融调研报告》指出[1]，有效观察样本为 809 户，其中有贷款需要的农户数为 391 户（约占 48.33%），没有贷款需要的农户数为 418 户（占 51.67%）。潜在贷款用途主要表现为建房置业（占贷款用途比为 40.34%），商业运营（15.7%），养殖（8.9%），子女教育（7.47%），婚丧嫁娶（8.46%），健康医疗（5.91%），运输工具（3.37%），种药化肥（3.34%），农副流动资金（1.3%），家具家电（1.08%），农机具（0.76%），其他用途（3.37%）（如图 4-4 所示）。从以上数据可以看出，农户贷款需求多样且分布不均，主要集中于传统生活需求方面。建房置业、子女教育和婚丧嫁娶三项潜在贷款占总需求比达到 34.3%。反观农业生产性信贷需求仅为 14.3%[2]，商业运营信贷需求为 15.7%。由此表明：一方面，当地农户意识观念仍然守旧，创业意识和投资意识较差，经济发展水平仍然滞留于满足传统生活需求。而建房、教育和婚丧嫁娶这些传统需求挤占了农户大量的资金空间，阻碍了农户摆脱贫困的步伐。另一方面，由于贫困地区耕地面积和自然生态环境的限制，以及土地制度的僵化，农户对于农作物种植扩大再生产兴趣不浓，人们更倾向于向养殖畜牧投资，而农业种植扩大经营的意愿不足。

（二）信贷需求实际满足率低，以小额贷款为主

据前文陕南经济金融调研报告分析，贫困地区样本农户 2013 年有 48.33% 的农户有贷款需求，但 2013 年当年发生贷款户数为 101 户，仅占总调查户数的 12.47%，即只有四分之一的农户满足了实际

---

[1] 刘明、刘芳：《2013 年陕南经济金融调研报告》，中国数量经济学会会议论文，武汉，2013 年 10 月，第 78 页。

[2] 农业生产性信贷需求为养殖、种药化肥、农副流动资金和农机具四项潜在贷款比例之和。

的贷款需求，四分之三的农户有信贷需求却受到信贷约束。而获贷农户中贷款额度在 40000 元以下的农户为 59 户，占总贷款户数 58.42%；40000—100000 元的农户为 35 户，占 34.65%；100000 元以上的农户为 7 户，占 6.93%。以上数据表明，样本贫困区域农户信贷以小额贷款为主，并且存在一定的信贷约束。究其原因：一方面贫困地区普遍收入较低，收入存在不确定性和较大的波动，有很大的信贷风险并且还款压力较大，容易造成金融机构慎贷、惜贷的状况；另一方面贫困地区农户自身抵押品不足，人脉圈以低收入者居多，社会资本缺乏，并且信贷需求以传统生活需求为主，导致贫困地区农户难以达到金融机构审批要求。

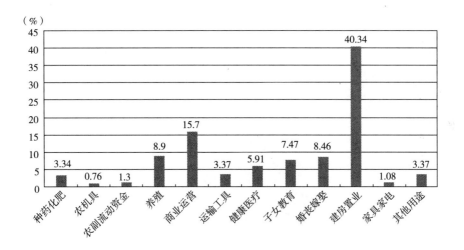

图 4-4　农户潜在贷款用途

资料来源：依据刘明团队《2013 年陕南经济金融调研报告》数据整理。

（三）民间金融是贫困农户信贷主要途径，正规金融机构贷款集中于信用社

图 4-5 显示了 2012 年 CFPS 数据中贫困农户中信贷来源渠道，2742 户贫困农户中发生信贷的农户为 805 户。其中有 67.95% 的农户选择亲友无息贷款，2.48% 的农户会选择民间有息借贷。综合两者，贫困农户从民间金融的借贷比率达到 70.43%。而从银行、信用社申

请贷款的农户占比为 29.07%，其中更有一半以上的农户最终选择信用社。0.37%的农户会选择其他方式借贷，0.12%的农户则忘记了信贷来源。在样本贫困农户中，绝大多数农户更倾向于亲友无息贷款。说明"关系借贷"仍然是当地较为普遍的借款方式，而这也与《2011中国农村贫困监测报告》统计结果一致，2010年国家扶贫开发工作重点县农户的当年借贷款中，有 50.1%来自亲戚朋友间的借贷，47.4%来自国有金融机构，其中 2%是国家专项扶贫贷款。贫困农户选择民间无息借贷和信用社作为信贷市场资金供给的主要来源，究其原因在于：第一，民间关系借贷具有不需要抵押担保、期限灵活、手续简单等特点，便于贫困农户资金的获取。第二，贫困农户受到信贷供给和需求的双重约束，一方面由于资本和收入低下，缺乏抵押和担保条件，难以向正规金融机构申请并获批贷款，或者所得贷款数额和期限受到限制；另一方面，由于正规金融机构规避信贷风险和追求商业化收益，贷款利息设置过高，导致贫困农户受迫于信贷成本压力，不愿向金融机构申请贷款。

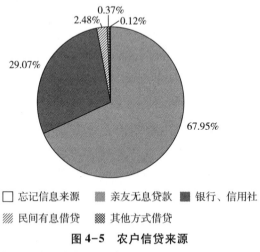

图 4-5　农户信贷来源

资料来源：依据 2012 年北京大学中国家庭追踪调查（CFPS）数据整理。

（四）高借贷成本诱发需求型信贷约束，抵押物不足产生供给型信贷约束

据刘明团队《2013 年陕南经济金融调研报告》数据，分析农户

不选择正规金融机构贷款的原因：48.78%的农户认为不需要；9.79%的农户认为贷款利率高；10.84%的农户因为无抵押品、担保；7.69%的农户怕自己还不了；4.8%的农户认为即使申请也不会批；2.8%的农户认为在金融机构无熟人（图4-6）。除去没有贷款需要的农户之外，阻碍农户向金融机构贷款的诱因表现为利息偏高和抵押物欠缺。

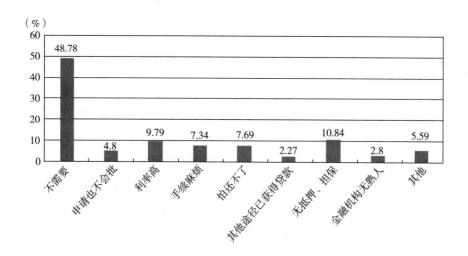

图4-6 制约农户申请正规金融机构贷款的因素

深入调查有正规金融机构信贷经历却未获批贷款的104户农户，45.00%的农户选择"无有效担保"，14.29%的农户选择"自身信用问题"，15.71%的农户选择"与信贷员不熟"，20.71%的农户选择"其他"。分析可知：一方面，高贷款利率和信贷成本抑制了许多农户借贷创业或扩大农业经营的积极性，降低了农户向金融机构申请贷款的频率；另一方面，抵押或担保成为金融机构商业放贷的门槛限制，抑制了农户信贷诉求，使农户转向民间信贷渠道。因而，高信贷成本和抵押物不足分别成为需求型和供给型信贷约束的主要诱因。其深层原因在于农村金融组织体系不完善和农村金融市场缺乏竞争造成农村金融服务水平低下。

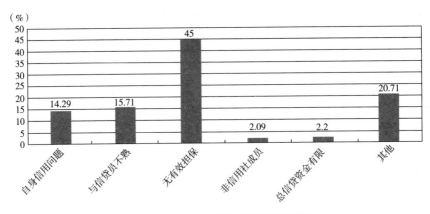

图 4-7　农户未向金融机构贷款的原因

（五）贫困农户获得贷款的数额增加，但获贷比例下降

表 4-4 反映了国家扶贫开发工作重点县全部农户、个体工商户、种养业大户和贫困户等不同类型农户得到贷款的比例和户均金额，从表中可以看出，整体而言从金融机构得到贷款（不包括扶贫贷款）的农户数量下降，但户均贷款规模有较大幅度的增加。相较于 2007 年，2010 年全部农户得到贷款比例下降了 1.2%，种养业大户得到贷款比例下降了 1.2%，贫困农户得到贷款比例则下降了 1.3%。其中，贫困农户得到贷款比例降幅最大，比全部农户平均水平还要多下降 0.1 个百分点。种养业大户获贷比例虽有所回落，但却经历了 2009 年 1.4% 的较大涨幅。而个体工商户得到贷款比例却比 2007 年上涨了 0.8%。由此可以看出：贫困地区农户获得贷款，尤其是贫困户获得贷款的比例下降。主要由于贫困农户收入偏低、收入不稳定性和波动性较强，家庭财产和储蓄不足阻碍了获批贷款的比例。此外，由于经济发展和物价上升，人们对货币的名义需求量增加，政府也倡导调高农户小额信贷的额度，贫困县区各类农户所得贷款金额都有明显上升。

表 4-4　扶贫重点县不同类型农户得到贷款的比例和户均金额

年份	全部农户		个体工商户		种养业大户		贫困户	
	得到贷款户比例（%）	户均贷款金额（元）	得到贷款户比例（%）	户均贷款金额（元）	得到贷款户比例（%）	户均贷款金额（元）	得到贷款户比例（%）	户均贷款金额（元）
2007	4.2	5614.4	3.4	8100.0	8.0	5888.8	3.3	5114.0

续表

年份	全部农户		个体工商户		种养业大户		贫困户	
	得到贷款户比例（%）	户均贷款金额（元）	得到贷款户比例（%）	户均贷款金额（元）	得到贷款户比例（%）	户均贷款金额（元）	得到贷款户比例（%）	户均贷款金额（元）
2008	3.3	8322.3	4.1	24531.4	7.6	8094.3	2.2	5421.3
2009	3.9	10575.4	4.8	22226.6	9.4	13942.6	2.7	7382.6
2010	3.0	12633.4	4.2	23306.8	6.8	15845.9	2.0	7985.3

资料来源：依据 2008—2011 年《中国农村贫困监测报告》整理。

（六）贫困地区农户还款主动性提高，各类借贷逾期未还款比例下降

伴随银行征信系统的设立和农户信用意识的提升，越来越多的农户注重对自身信用的维护，据图 4-8 国家扶贫开发工作重点县农户年末借贷款余额中逾期未还的比例显示，各类贷款逾期未还比例都呈现整体下降趋势。其中国家扶贫贴息贷款和其他扶贫贷款的逾期未还比例下降速度最快，分别从 2002 年的 61.3% 和 71% 下降至 2010 年的 17.5% 和 14.5%，下降了近 50 个百分点。而来源于亲戚朋友和银

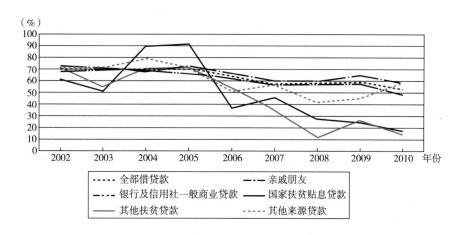

图 4-8　国家扶贫开发工作重点县农户年末借贷款余额中逾期未还的比例

资料来源：依据 2003—2011 年《中国农村贫困监测报告》整理。

行及信用社一般商业性贷款的逾期未还比例下降速度最慢，仅从 2002 年的 72% 和 67.6% 下降至 2010 年的 58.4% 和 48.6%。由此说明：其一，由于国家扶贫贴息贷款和各类扶贫贷款投放力度的加大，贷款金额、贷款期限和项目选择上更为合理，贷款效率有所提高。其二，商业贷款由于利率设定较高，致使收入较低且不稳定的贫困农户，即使获得商业金融机构贷款审批，也背负过重的信贷成本，难以按时还清所欠贷款。

（七）扶贫贷款存在"目标偏移"现象，瞄准效果并不理想

扶贫贷款定位于中低收入人口，旨在带动低收入贫困人口收入的增加，其主要根据上年人均收入水平确定发放对象。相对于商业贷款，扶贫贷款更具政策性、贴息性、优惠性等特点。表 4-5 显示国家扶贫开发工作重点县 2006—2010 年扶贫贷款瞄准情况，此处将人均纯收入低于 2000 元、2001—3000 元和高于 3000 元的人群划定为贫困地区低收入人群、中等收入人群和高等收入人群。可发现：其一，近五年扶贫贷款发放给 2001—3000 元和高于 3000 元的农户比例大幅上升，分别从 2006 年的 19.5% 和 14.6% 上升至 2010 年的 38.2% 和 41.2%，翻了 1 倍有余，特别是 2010 年这两部分人群共获得 79.4% 的扶贫贷款。其二，近五年扶贫贷款发放给 1000 元以下和 1000—2000 元的农户比例有所下降，分别从 2006 年的 17.9% 和 47.9% 下降至 2010 年的 10.7% 和 9.9%。不难发现扶贫贷款存在严重的偏移现象，2010 年贫困农户人均纯收入为 2003 元，国家绝对贫困标准为 1274 元。但是 79.4% 的扶贫贷款发放给人均收入高于 2000 元的中高收入人群，20% 的扶贫贷款留给低收入人群，甚至只有 10% 的贷款真正发放给国家贫困线标准以下的人群。

表 4-5   **扶贫贷款瞄准情况**

年份	发放对象人均收入（元）	人均收入低于1000元（%）	1000—2000元（%）	2001—3000元（%）	高于3000元（%）
2006	1635	17.9	47.9	19.5	14.6
2007	1998	11.0	46.6	22.0	20.3

续表

年份	发放对象 人均收入（元）	人均收入低于 1000 元（%）	1000—2000 元 （%）	2001—3000 元 （%）	高于 3000 元 （%）
2008	2228	13. 4	35. 3	21. 7	29. 6
2009	2833	13. 0	20. 3	33. 9	32. 8
2010	3761	10. 7	9. 9	38. 2	41. 2

资料来源：依据 2007—2011 年《中国农村贫困监测报告》整理。

二　贫困农户信贷服务影响因素[①]

影响农户信贷行为的因素，不仅包括农户个体的经济差异，所在区域经济发展程度和金融生态环境，也包括农户拥有社会资本情况。此处引入农户户主年龄、教育程度、家庭规模、收入水平、家庭资产情况、储蓄水平、所在村庄经济发展程度、自然地貌、距离商业中心远近和家庭成员社会关系等指标，统计描述各微观与宏观因素对农户信贷活动的影响。

（一）户主年龄与信贷服务

据 2012 年 CFPS 数据中 2680 户贫困农户有效样本[②]数据，表 4-6 显示不同年龄阶层贫困农户信贷服务状况。可发现伴随着年龄的增长，贫困农户的信贷需求强度和正规金融机构的提供贷款比例呈现逐渐下降的趋势，而从民间借贷的农户比例却呈现逐渐上升的趋势。30 岁及以下农户信贷需求率可达到 32.60%，31—40 岁和 41—50 岁信贷需求率为 31.55% 和 31.33%，而 51 岁及以上的农户信贷需求率明显降至 27.42%。这是由于中青年农户家中迎亲婚礼、建房置业和教育培训的概率较高，短期内大额支出往往造成收不抵支，产生较强烈的信贷需求。与老龄农户相比，中青年农户也更易从正规金融机构获得贷款，30 岁及以下农户从正规金融机构的获贷比例为 35.60%，31—40 岁为 33.30%，41—50 岁为 28.43%，51 岁以上降至 26.65%，从而反映正规金融机构信贷对象也具有一定的年龄偏向。而户均信贷金额中，31—40

---

　　① 此部分原载于《江苏农业科学》2018 年第 15 期《农户信贷需求与融资渠道偏好的影响因素分析》一文。

　　② 这里的"有效样本"是指整体 2742 个样本中填写年龄和借贷情况的样本。

岁和 41—50 岁农户最高，可达到 39204.85 元和 35980.39 元。

表 4-6　　　　　　　不同年龄阶层贫困农户信贷服务情况

户主年龄段	样本数（个）	有信贷需求农户户数（户）	有信贷需求农户占比（%）	正规金融机构提供贷款比例（%）	民间借贷农户比例（%）	户均信贷金额（元）
30 岁及以下	181	59	32.60	35.60	62.70	29689.70
31—40 岁	466	147	31.55	33.30	65.30	39204.85
41—50 岁	651	204	31.33	28.43	71.08	35980.39
51 岁及以上	1382	379	27.42	26.65	72.82	32487.32

资料来源：依据 2012 年北京大学中国家庭追踪调查（CFPS）数据整理。

（二）受教育程度与信贷服务

通常认为受教育程度的高低对于信贷需求的产生和正规金融机构提供贷款比例存在一定关联。表 4-7 反映了不同受教育程度贫困农户信贷服务状况。农户受教育程度和信贷需求并未呈现明显关联，各类受教育程度贫困农户信贷需求率都在 28% 左右。而教育程度的高低却明显影响农户从正规金融机构的获贷概率和获贷金额，文盲、半文盲农户正规金融机构提供贷款比例为 28.82%，户均信贷金额为 29342.20 元。小学农户正规机构提供贷款比例为 25.71%，户均信贷金额为 23427.57 元。高中、中专、技校农户可达到 38.78% 和 38000 元，而大专及以上最高，可达到 100% 和 70000 元。这是由于受教育程度越高，农户就业水平和劳动技能掌握情况较好，思想意识较为先进，对金融知识的了解也较为深入。因而，偏向从正规渠道申请贷款的同时，也容易受到正规金融机构的青睐。

（三）家庭规模与信贷服务

表 4-8 反映了贫困农户家庭规模与信贷服务状况，整体而言农户家庭规模与信贷需求比例呈现正向关系，家庭规模为 7 人及以上的农户信贷需求程度最高，可达到 32.43%。2 人及以下家庭信贷需求最低，其值为 27.98%。这是由于农户家中人口越多，家庭经济压力越大，贷款用途越丰富，从而产生信贷需求比例也越高。而对于信贷渠

道的选择，家庭人口为 6 人和 7 人及以上的农户正规金融机构提供贷款比例最高，分别为 41.18% 和 33.30%，而从民间借贷获贷的比重较低，分别为 57.84% 和 66.70%。这是由于家庭规模越大，掌握当地社会资本的可能性越大，同时农户中分布着不同年龄层次的人口，信贷需求种类丰富。

表 4-7　　　　　　　不同教育程度贫困农户信贷服务

户主教育程度	样本数（户）	有信贷需求农户户数（户）	有信贷需求农户占比（%）	正规金融机构提供贷款比例（%）	民间借贷农户比例（%）	户均信贷金额（元）
文盲、半文盲	998	288	28.85	28.82	70.83	29342.20
小学	828	245	29.60	25.71	73.88	23427.57
高中、中专、技校	170	49	28.82	38.78	61.22	38000
大专及以上	24	2	8.33	100	0.00	70000

资料来源：依据 2012 年北京大学中国家庭追踪调查（CFPS）数据整理。

表 4-8　　　　　　　贫困农户家庭规模与信贷服务

家庭规模	样本数（户）	有信贷需求农户户数（户）	有信贷需求农户占比（%）	正规金融机构提供贷款比例（%）	民间借贷农户比例（%）	户均信贷金额（元）
2 人及以下	697	195	27.98	21.54	77.44	27746.67
3 人	410	124	30.24	29.84	69.35	47065.23
4 人	559	164	29.34	28.66	71.34	28918.90
5 人	451	136	30.16	27.94	72.06	34252.40
6 人	366	102	30.87	41.18	57.84	30113.60
7 人及以上	259	84	32.43	33.30	66.70	45148.87

资料来源：依据 2012 年北京大学中国家庭追踪调查（CFPS）数据整理。

（四）收入来源构成与信贷服务

贫困农户收入主要分为家庭经营性收入、工资性收入、转移性收入和财产性收入四类，表 4-9 反映贫困农户收入来源与信贷服务状况的关系，无论信贷需求比例、正规金融机构提供贷款比例和户均信贷金额都呈现一致的规律性，即以工资性收入为主的农户比例最高，以家庭经营性收入为主的农户比例最低。从信贷需求程度而言，以工资性收入为主的农户信贷需求比例可达到 34.91%，以家庭经营性收入为主和以财产性收入为主的农户信贷需求比例分别为 30.82% 和 30.41%，而以转移性收入为主的农户信贷需求程度最低，仅达到 25.84%。从信贷来源而言，以工资性收入为主的农户从正规金融机构获取贷款的比例达到了 45.95%，明显高于家庭经营性收入农户的 29.09%、转移性收入农户的 26.81% 和财产性收入农户的 25.00%，均高约 20 个百分点。从户均信贷金额而言，以工资性收入、家庭经营性收入、转移性收入和财产性收入为主农户分别为 47202.20 元、37030.76 元、26657.80 元和 23050.34 元。由于以工资性为主的农户更多地参与外出务工，从事非农产业，收入水平、教育程度、年龄结构和思想理念明显优越于其他农户，因此具有较强的信贷意识，受正规金融机构信贷约束的程度也低于其他农户。

表 4-9 贫困农户收入来源与信贷服务

收入来源	样本数（户）	有信贷需求农户户数（户）	有信贷需求农户占比（%）	正规金融机构提供贷款比例（%）	民间借贷农户比例（%）	户均信贷金额（元）
家庭经营性收入	1327	409	30.82	29.09	70.90	37030.76
工资性收入	106	37	34.91	45.95	54.10	47202.20
转移性收入	534	138	25.84	26.81	73.19	26657.80
财产性收入	93	32	30.41	25.00	75	23050.34

资料来源：依据 2012 年北京大学中国家庭追踪调查（CFPS）数据整理。

（五）收入水平与信贷服务

表 4-10 反映贫困农户收入水平与信贷服务状况的关系，表中根据农户家庭户均纯收入数额，将贫困农户收入划分为 5 个区间。可发现农户收入水平与信贷需求占比和正规金融机构提供贷款比例呈现一定的正相关，伴随农户收入水平提高，农户信贷需求有所增加，户均家庭纯收入在 2000 元及以下和 2001—4000 元的农户，信贷需求占比分别为 26.50% 和 25.27%，从正规金融机构获贷比例分别为 25.00%

和 26.09%。反观家庭户均纯收入在 4001—6000 元、6001—8000 元
和 8000 元及以上的农户，信贷需求占比分别为 31.26%、33.06% 和
32.18%，从正规金融机构提供贷款比例分别为 32.06%、30.93% 和
33.64%。由此表明贫困农户收入水平越高，正规金融机构越倾向于
向其贷款，这与农户的还款能力相适应。而贫困农户收入水平越低，
越易受到正规金融机构的排斥，转而向民间借贷的比重较高。2000 元
及以下和 2001—4000 元的农户，有七成以上向民间金融借贷。

表 4-10　　　　　　　　　贫困农户收入水平与信贷服务

收入区间	样本数（户）	有信贷需求农户户数（户）	有信贷需求农户占比（%）	正规金融机构提供贷款比例（%）	民间借贷农户比例（%）	户均信贷金额（元）
2000 元及以下	649	172	26.50	25.00	73.84	43485.69
2001—4000 元	546	138	25.27	26.09	73.19	33735.62
4001—6000 元	419	131	31.26	32.06	67.94	29256.21
6001—8000 元	245	81	33.06	30.93	68.07	28124.30
8000 元及以上	665	214	32.18	33.64	65.42	33647.46

资料来源：依据 2012 年北京大学中国家庭追踪调查（CFPS）数据整理。

（六）农户所持现金和存款水平与信贷服务

农户储蓄水平对信贷服务状况会产生明显影响，一般而言，农户
手中现金和存款越多，越易抵抗收支不平衡带来的现金波动，通过内
源性资金填补资金空缺。表 4-11 显示了贫困农户所持现金和储蓄水
平与信贷服务状况，表中根据农户家庭户均现金及存款数额，将贫困
农户划分为 5 个区间。与表 4-10 所分析贫困农户收入水平与信贷服
务状况的关系相似，伴随农户所持现金及存款的增加，农户从正规金
融机构获贷的比例增加，从非正规金融机构获贷的比例减少。农户所
持现金及存款在 2000 元及以下者，其从正规金融机构获贷比例为
24.60%，从民间借贷比例为 74.50%。反观农户所持现金及存款在
20000 元及以上者，其从正规金融机构获贷比例为 40.23%，从民间

借贷比例为 58.62%。说明农户的储蓄水平是影响信贷来源的重要因素，也是获取正规金融机构信贷审批的有利条件。此外，表 4-11 明显表现伴随农户储蓄水平提高，农户信贷需求有所下降，2000 元及以下者信贷需求占比为 36.70%，而 20000 元及以上者信贷需求占比则降至 17.90%。

表 4-11　　　　　贫困农户所持现金和储蓄水平与信贷服务

现金及存款区间	样本数（户）	有信贷需求农户户数（户）	有信贷需求农户占比（%）	正规金融机构提供贷款比例（%）	民间借贷农户比例（%）	户均信贷金额（元）
2000 元及以下	1218	447	36.70	24.60	74.50	32472.11
2001—5000	440	154	35.00	33.77	66.23	41414.42
5001—10000	333	64	19.21	28.13	70.31	26650.33
10001—20000	262	53	20.23	33.96	66.04	25692.19
20000 元及以上	486	87	17.90	40.23	58.62	40823.49

资料来源：依据 2012 年北京大学中国家庭追踪调查（CFPS）数据整理。

（七）东、中和西部地区贫困农户信贷服务的表现

我国不同地区经济发展水平、金融服务水平、人们生活习惯和信贷观念都存在较大区别，因此信贷需求也呈现不一样的特点。表 4-12 反映东、中和西部地区贫困农户信贷服务状况，表中所示西部地区贫困农户信贷需求比例最高，可达到 32.05%，同时信贷金额也最多，达到 35328.47 元，之后为中部地区和东部地区。而西部地区也是三大区域中收入水平最低、贫困程度最深、贫困农户最多的区域。较高的信贷需求也反映了其贫困农户经济生活的脆弱性，难以通过内源的储蓄和资产抵抗大额支出带来的经济波动。从信贷来源来看，三大区域的贫困农户都倾向于从民间借贷来缓解资金压力，东部、西部和中部地区民间借贷农户比例分别为 82.87%、59.15% 和 74.75%。相较而言，西部地区贫困农户从正规金融机构获贷的积极性更高，其比例可达到 39.85%。

表 4-12　　　　　　　　东、中和西部地区贫困农户信贷服务

不同区位	样本数（户）	有信贷需求农户户数（户）	有信贷需求农户占比（%）	正规金融机构提供贷款比例（%）	民间借贷农户比例（%）	户均信贷金额（元）
东部地区	787	216	27.45	16.67	82.87	319613.57
西部地区	1245	399	32.05	39.85	59.15	35328.47
中部地区	704	202	28.69	19.31	74.75	27569.50

资料来源：依据 2012 年北京大学中国家庭追踪调查（CFPS）数据整理。

第四节　贫困农户信贷可得性影响因素与信贷渠道选择

根据前文分析可知，农户和金融机构信贷行为通常会遇到二元选择，如是否有信贷需求，是否向正规金融机构贷款，是否向非正规金融机构贷款，金融机构是否愿意提供贷款。与线性模型处理连续变量不同，此处变量为二元变量或离散变量，因此对农户信贷需求、正规信贷行为和非正规信贷行为等变量赋值为 0 和 1，选择二项分布的 Probit 模型对其影响因素进行计量估计。

假设农户信贷需求受到农户个体的经济状态，所在区域经济发展程度和金融生态环境等因素的影响，而这些解释变量都可以包含在向量 X 中，构成最简单的线性概率模型 $y_i = x'_i \beta + \varepsilon_i$，其中 ε_i 服从两点分布而非正态分布，而经济个体选择可产生两种结果，即 y 有 0 和 1 两种取值。则 y 两点分布的概率为：

$$P(y = 1 \mid x) = F(x, \beta)$$

$$P(y = 0 \mid x) = 1 - F(x, \beta) \tag{4-1}$$

若 $F(x, \beta)$ 为标准正态累积分布函数，可使 y 的预测值介于 0 和 1 之间，并且可得 Probit 标准模型：

$$E(y \mid x) = 1 \cdot P(y = 1 \mid x) + 0 \cdot P(y = 0 \mid x)$$

$$= P(y = 1 \mid x) = F(x, \beta)$$

$$= \Phi(x', \beta)$$

$$= \int_{-\infty}^{x'\beta} \phi(t)\,\mathrm{d}t \tag{4-2}$$

其中 $F(x, \beta)$ 为随机变量需要服从标准正态分布的累积分布函数，Probit 标准模型采用极大似然法（MLE）进行估计。

结合上述分析，此处借鉴王定祥、田庆刚（2011）在《贫困性农户信贷需求与信贷行为实证研究》一文中的模型设定思路，具体回归方程如下：

$$Y_j = C_j + \beta_{ij} X_{ij} + \varepsilon_i \tag{4-3}$$

其中 C_j 为常数项，X_{ij} 为解释变量向量，包含了多种影响因素，β_{ij} 为解释变量的系数向量，ε_i 为随机误差项。$j = 1,2,3$，$i = 1,2,3,\cdots,n$，Y_1 表示贫困农户的信贷可得性，其取值为 1 则农户有信贷意愿并获得贷款，取值为 0 则农户未得到贷款。Y_2 表示贫困农户信贷渠道，如果农户从正规金融机构贷款，对其赋值为 1，从民间贷款，则赋值为 0。而 Y_3 表示农户实际获得的信贷金额。n 为 Y_1、Y_2 和 Y_3 对应的解释变量个数。解释变量选择与赋值情况如表 4-13 所示。

表 4-13   **变量描述与赋值情况**

变量类型	变量名称	取值说明
因变量	贫困农户的信款可得性 Y_1	1＝农户得到贷款　0＝农户未得到贷款
	贫困农户信贷渠道 Y_2	1＝从正规机构贷款　0＝从民间贷款
	农户信贷金额 Y_3	贫困农户 2012 年实际获得贷款金额
自变量		
农户特征	户主 年龄 X_1	农户户主岁数 1＝小于 30 岁　2＝31—40 岁　3＝41—50 岁　4＝51—60　5＝60 岁以上
	户主 教育程度 X_2	1＝文盲、半文盲　2＝小学　3＝初中　4＝高中和中专　5＝大专及以上
	家庭规模 X_3	常住人口数
	耕地面积 X_4	分得土地亩数

续表

变量类型	变量名称	取值说明
农户收入和资产	家庭人均收入水平 X_5	1=小于 500 元 2=501—1000 元 3=1001—1500 元 4=1501—2000 元 5=2001—2500 元 6=2501—3000 元 7=3000 元以上
	家庭主要收入来源 X_6	1=家庭经营性收入 2=工资性收入 3=其他
	家庭流动资产情况 X_7	家庭储蓄和现金 1=小于 1000 元 2=1001—2000 元 3=2001—5000 元 4=5001—10000 元 5=10001—20000 元 6=20000 元以上
	家庭固定资产情况 X_8	土地和房产价值 1=小于 50000 元 2=50001—100000 元 3=100001—150000 元 4=150001—200000 元 5=200001—250000 元 6=250000 元以上
农户支出	家庭生活消费支出水平 X_9	生活消费支出占总支出百分比
	家庭生产性支出水平 X_{10}	生产性支出占总支出百分比
	家庭医疗和教育水平 X_{11}	医疗和教育支出占总支出百分比
	家庭支出水平 X_{12}	1=小于 3000 元 2=3001—5000 元 3=5001—8000 元 4=8001—11000 元 5=11001—15000 元 6=15000 元以上
个人社会资本	是否党员 X_{13}	1=党员 2=非党员
	待人接物情况 X_{14}	根据采访评价 1—7 分
	在本地社会地位 X_{15}	根据自我评价 1—5 分
家庭金融活动情况	是否借款给他人 X_{16}	1=有借款给他人 0=无借款给他人
	家庭债务水平 X_{17}	债务占年收入比重
地区情况	村庄所在地貌 X_{18}	1=平原 2=丘陵 3=高原 4=其他
	村庄所处位置 X_{19}	1=西部 2=中部 3=东部
	村庄繁华程度 X_{20}	日常方式距离商业中心时间（分钟）1=小于 20 2=21—40 3=41—60 4=60 以上
	基础设施情况 X_{21}	人们生活用水 1=自来水 2=井水、山泉水、湖水 3=雨水、窖水 4=其他

一 贫困农户信贷可得性影响因素

此处，依据 2012 年 CFPS 数据中贫困农户有效样本数据，以贫困农户信贷可得性作为解释变量，运用标准 Probit 模型进行实证检验，其结果如表 4-14 所示。为了判断所设模型是否合理，此处分别列出似然比统计量（LR chi2（18）= 64.49，Prob>chi2 = 0.0000），以及运用 estat clas 命令预测准确百分比。统计模型以 100% 的概率拒绝系数为 0 的原假设，并且可达到 68.96% 的正确预测比例，说明除常数项外，其他系数联合显著，模型具有较好的解释能力。

表 4-14　　　　　影响农户信贷可得性因素的估计结果

因变量	Y_1 贫困农户信贷可得性			
自变量	相关系数	标准方差	z 值	$P>\mid z\mid$
X_1	−0.029457	0.030502	−0.97	0.334
X_2	0.0221047	0.036926	0.6	0.549
X_3	0.0176171	0.020919	0.84	0.4
X_4	0.0003533	0.000812	0.44	0.663
$X_5{}^{**}$	0.0368904	0.019603	1.88	0.05
X_6	−0.020206	0.043672	−0.46	0.644
$X_7{}^{***}$	−0.083865	0.018707	−4.48	0
$X_8{}^{***}$	0.078864	0.02024	3.9	0
X_9	0.2959458	0.41788	0.71	0.479
$X_{10}{}^{***}$	0.0377193	0.013565	2.78	0.005
$X_{11}{}^{*}$	−0.318306	0.179733	−1.77	0.077
X_{12}	−0.004172	0.030407	−0.14	0.891
$X_{13}{}^{*}$	−0.15906	0.097686	−1.63	0.092
$X_{14}{}^{*}$	−0.04699	0.029256	−1.61	0.1
X_{15}	0.0436623	0.032118	1.36	0.174
X_{16}	0.0580137	0.042818	1.35	0.175
X_{17}	0.0282054	0.033255	0.85	0.396
X_{18}	0.0178477	0.056416	0.32	0.752
_cons	−0.878704	0.556991	−1.58	0.115

续表

因变量	Y_1 贫困农户信贷可得性		
样本数量	1398		
LR 统计量	64.49		
Prob>chi2	0.0000		
Pseudo R2	0.0366		
预测准确百分比	68.96%		
似然函数值	−847.58		

注：（1）表中数据由 stata11 软件 Probit 命令估计。（2）＊＊＊、＊＊和＊分别表示符合 1%、5%和10%的显著性水平。

由表 4-14 影响农户信贷可得性因素的估计结果表明：

第一，贫困农户资产状况显著影响农户信贷可得性。无论用储蓄和现金衡量的家庭流动资产 X_7，还是以土地和房产价值表示的家庭固定资产 X_8，都可在 1% 的显著性水平上影响贫困农户的信贷需求，其中农户家庭流动资产 X_7 起到负向作用，而农户家庭固定资产 X_8 则产生正向促进作用。这是由于农户手中所持现金和存款越多，越易通过内源资金填补空缺，平滑消费性或生产性资金支出，从而降低了信贷的需求程度。同时，农户所持家庭固定资产价值越高，其信贷抵押条件越充分，越易受到正规金融机构和民间借贷者的青睐，从而增强其信贷信心，减少需求抑制型的信贷约束。

第二，贫困农户收入和支出水平也是影响农户信贷可得性的显著因素。其中，家庭生产性支出水平 X_{10} 在 1% 的显著性水平上影响农户信贷需求，且系数为正。贫困家庭人均收入水平 X_5 在 5% 的显著性水平上统计显著，系数为正。而贫困农户家庭医疗和教育水平 X_{11} 则在 10% 的显著性水平上统计显著，但系数为负。说明家庭生产性支出占比越高，农户扩大生产规模经营及投入生产支出的意愿就越强，也具有更强烈的信贷倾向，并且更易受到信贷支持。这也表明伴随贫困农户特征转变和意识觉醒，生产性信贷需求正逐渐增加。此外，人均收入水平越高，农户信贷意愿也越强，这与前文统计描述分析结果一致，收入水平越高的农户所受供给型和需求性信贷抑制的可能性减小，信贷需求多元化并意愿强烈。而家庭医疗和教育水平 X_{11} 则在 10% 的显著水平上产生负向影响，这是由于随着农村医疗保障和义务教育普及的推进，缓解了贫困农民医疗和教育方面的部分压力，而对于大病难病以及更高层次的教育，贫困农户往往采取消极的"大病拖""知识无用"的态度，不愿进行更高的投入。

第三，贫困农户社会资本对于信贷需求与可得性也有不容忽视的影响。据表 4-14 可知，X_{13} 代表受访人员是否为共产党，X_{14} 表示受访人员待人接物情况，这两个指标都可反映受访人员社会资本情况。其在 10% 的显著性水平上统计显著，且系数为正。说明具有一定组织资源，人际关系良好的农户，更容易与当地威望高信誉强的群体认识，同时邻里和睦会产生一种信号传递，申请贷款时会有更多的担保资源，有助于信贷的满足。

第四，贫困农户家庭特征和所处地区情况对信贷可得性的影响不大。从表 4-14 实证结果而言，代表农户家庭特征的因素如户主年龄 X_1、户主教育程度 X_2、家庭规模 X_3 和耕地面积 X_4，以及代表地区发展状况的因素如村庄所在地貌 X_{18}、村庄繁华程度 X_{20} 及基础设施情况 X_{21} 均未通过 10% 的显著性水平检验，相对于农户资产、收入、支出和社会资本等因素，其对贫困农户信贷可得性满足的影响不明显。

二　贫困农户信贷渠道的影响因素

为了考察农户信贷资金的来源渠道，此处对借贷来源偏好作为虚拟变量进行赋值。如果农户倾向于民间借贷，对其赋值为 0；如果农户倾向于向信用社等金融机构贷款，则赋值为 1。如果农户同时倾向于民间贷款与金融机构，则同样赋值 1。通过运用标准 Probit 模型，实证检验了 2012 年 CFPS 数据中填写信贷来源的贫困农户样本数据，所得结果如表 4-15 所示。此处，似然比统计量 $LR\ chi2$（18）= 83.93 且 Prob>chi2 = 0.0000，说明所设模型以 100% 的概率拒绝了系数为零的原假设。而预测准确百分比可达到 72.89%，说明模型解释能力较好。

通过表 4-15 计量结果分析，可发现户主教育程度 X_2、农户家庭流动资产情况 X_7、农户家庭固定资产情况 X_8、农户家庭生产性支出

水平 X_{10} 及村庄繁华程度 X_{20} 均表现为正向促进作用，而村庄所处位置 X_{19} 则表现为负向作用，具体分析如下：

表 4-15　　　　　　　　　影响农户信贷渠道的估计结果

因变量	Y_2 贫困农户信贷渠道			
自变量	相关系数	标准方差	z 值	$P> \mid z \mid$
X_1	0.041558	0.05884	0.71	0.48
X_2^{**}	0.166912	0.07155	2.33	0.549
X_3	0.01014	0.03989	0.25	0.799
X_4	0.003784	0.003283	1.15	0.249
X_5	0.041658	0.038468	1.08	0.279
X_6	0.089299	−0.02	0.984	0.644
X_7^{**}	0.071944	0.035147	2.05	0.041
X_8^{*}	0.064927	0.037234	1.74	0.081
X_9	0.987243	0.956312	1.03	0.302
X_{10}^{*}	0.028928	0.016512	1.75	0.08
X_{11}	−0.31266	0.34153	−0.92	0.36
X_{12}	0.043983	0.058561	0.75	0.453
X_{13}	−0.18477	0.18871	−0.98	0.328
X_{14}	0.049371	0.056591	0.87	0.383
X_{15}	−0.05976	0.059712	−1	0.317
X_{16}	0.001245	0.000951	1.31	0.19
X_{18}	−0.05414	0.091219	−0.59	0.553
X_{19}^{***}	−0.58782	0.10108	−5.82	0
X_{20}^{**}	0.122794	0.062594	1.96	0.05
X_{21}	−0.08583	0.096345	−0.89	0.373
cons	−1.70822	1.223067	−1.4	0.163
样本数量		450		
LR 统计量		83.93		
Prob>chi2		0.0000		

续表

因变量	Y_2 贫困农户信贷渠道		
Pseudo R2	0.1458		
预测准确百分比	72.89%		
似然函数值	−245.83		

注：（1）表中数据由 stata11 软件 Probit 命令估计。（2）***、**和*分别表示符合1%、5%和10%的显著性水平。

第一，贫困农户家庭特征中户主教育程度 X_2 显著影响农户信贷渠道 Y_2。其可通过 5%的显著性水平下统计检验，且系数为正。说明户主教育程度越高，越容易获得银行、信用社等正规金融机构的贷款，而这一结果也与现实情况及前文统计描述结果一致。一般而言，学历较高的农户具有较稳定的收入来源，并且投资意识和信贷理念都较强。他们往往具备一定的生产经营能力和技术操作水平，具有扩大生产经营规模和进行商业运营投资的意愿。因此，相对于低学历农户，正规金融机构也更偏向预期收益较高、风险较低的高学历人群。从而，高学历农户从正规金融机构的获贷概率明显增强。

第二，贫困农户资产状况仍是影响农户信贷渠道的重要因素。家庭流动资产情况 X_7 和家庭固定资产情况 X_8 分别通过了 5%的显著性水平和 10%的显著性水平检验，并且系数均为正值。与影响农户信贷需求的负向作用不同，家庭流动资产情况 X_7 对于信贷渠道选择也具有正向影响。说明农户资产状况是衡量农户财力状态和还款能力的重要指标，农户所持现金、储蓄及房产价值越高，农户越容易达到正规金融机构资信审核的要求，也具有更好的抵押贷款条件，其从正规金融机构获贷可能性也越高。

第三，贫困农户支出状况中家庭生产性支出占比 X_{10} 可正向影响农户信贷渠道 Y_2。据表 4-15 可知，X_{10} 仅在 10%的显著性水平下统计显著，对于农户信贷渠道 Y_2 具有一定正向影响。这是由于，产生生产性信贷需求的人群一般具有强烈的扩大收入来源及收入水平的意愿，具备一定的生产经营能力和经验积累，比生活性信贷更具获利空间。正规金融机构审批贷款时，相较于生活性贷款需求，更倾向于用于生产性支出的信贷。

第四，贫困农户村庄所在地区状况对于农户信贷渠道也具有显著影响。分别运用村庄处于东部、中部和西部省份，以及日常方式距离商业中心时间进行衡量村庄所处位置 X_{19} 和村庄繁华程度 X_{20}。不难看出，村庄所处位置 X_{19} 在 1% 的显著性水平下统计显著，系数为负。而村庄繁华程度 X_{20} 在 5% 的显著性水平下统计显著，系数为正。说明村庄处于东部地区、距离商业中心越近，越容易受到正规金融机构的支持。这是由于我国贫困地区和贫困人口主要集中于西部地区，金融机构分布数量和服务水平低于东部地区。相较于西部地区贫困农户的片状密集分布，东部地区贫困村庄和贫困农户分布较为分散，更易受到周围经济发达地带的辐射作用，贫困农户财富状态和收入水平有所改善，从正规金融机构获贷概率提高。

三 影响贫困农户信贷金额的因素

贫困农户信贷需求的满足，不仅包含正规和非正规金融机构信贷可得性，也包含农户实际获得资金额度是否能满足其需求。而农户的实际获贷金额受到家庭特征、收入支出与资产水平、社会资本及地区状况等诸多因素的影响，表 4-16 反映了影响贫困农户信贷金额因素的实证分析结果，此处依据 2012 年 CFPS 中填写信贷金额的贫困农户样本数据，运用线性 OLS 进行估计。其中，R^2 为 72.3，说明模型具有较高的拟合优度，而 F 统计量为 124.89，对应的 P 值大小为 0.0000，拒绝原假设所有回归参数都为 0，模型自变量联合显著。

由表 4-16 影响农户信贷金额因素的估计结果表明：

表 4-16 影响农户信贷金额因素的估计结果

因变量	Y_3 贫困农户信贷金额			
自变量	相关系数	标准方差	z 值	$P > \lvert z \rvert$
X_1	1331.45	1416.63	0.94	0.348
X_2	1874.991	1789.577	1.05	0.295
X_3	330.8682	909.4918	0.36	0.716

续表

因变量	Y_3 贫困农户信贷金额			
X_4	−7.90867	33.86223	−0.23	0.815
X_5*	1700.265	937.2951	1.81	0.07
X_6	−2913.56	2165.941	−1.35	0.179
X_7	203.4827	888.6041	0.23	0.819
X_8***	5337.379	937.1999	5.7	0
X_9	1832.549	5569.374	0.33	0.742
X_{10}**	806.5589	390.1388	2.07	0.039
X_{11}	−1245.57	8030.09	−0.16	0.877
X_{13}	−1884.5	4721.863	−0.4	0.69
X_{14}**	2727.574	1413.383	1.93	0.05
X_{15}	−763.111	1444.794	−0.53	0.598
X_{18}	−1131.13	2147.542	−0.53	0.599
X_{19}	−2090.49	2371.814	−0.88	0.379
X_{20}	903.3119	1588.137	0.57	0.57
X_{21}	−2717.74	2507.71	−1.08	0.279
_cons	−3590.35	17866.02	−0.2	0.84
样本数量	505			
LR 统计量	124.89			
Prob>chi2	0.0000			
Pseudo R2	0.1458			
预测准确百分比	72.30%			
似然函数值	−245.83			

注：（1）表中数据由 stata11 软件 reg 命令估计。（2）***、**和*分别表示符合 1%、5%和 10%的显著性水平。

第一，贫困农户家庭固定资产情况 X_8 显著影响农户信贷金额 Y_3。与影响农户信贷可得性与农户信贷渠道的因素不同，家庭流动资产情况 X_7 并不具有统计显著性，而家庭固定资产情况 X_8 在 1%的显著性水平下显著，并能产生正向影响。说明农户拥有土地价值与房产价值越高，财富状况和资信状况良好，所获实际贷款金额也越高。

第二，贫困农户收入水平和生产性支出占比也对实际信贷金额产生正向影响。从表4-16可知，农户家庭人均收入水平 X_5 和家庭生产性支出水平 X_{10} 分别在10%和5%的显著性水平下统计显著，且符号为正。对于收入水平和生产性支出占比相对而言较高的农户，其资金用于生产性投入的意愿更强，所需扩大经营规模的资金越多，预期获利和实际获贷金额也越高。

第三，贫困农户待人接物情况 X_{14} 可一定程度影响信贷金额 Y_3。表4-16中农户待人接物情况 X_{14} 可通过5%的显著性水平检验，并且产生正向影响。这是由于待人接物情况越高的农户人际关系和邻里状况越好。不仅容易获得信贷担保人，满足正规金融机构信贷担保条件，也容易从亲朋好友处满足资金需求。

第五节　本章小结

与上一章从供给层面，选用贫困地区农村金融机构数据考察我国金融减贫实践不同，本章通过微观农户视角，从需求层面讨论了贫困地区农村金融服务现状。

选用数据来源于2012年北京大学中国家庭追踪调查（CFPS）以及2013年陕南农村经济金融调研组的调查数据。本章旨在掌握农村经济运行最小单位——农户的收入支出结构、信贷需求特征、信贷需求的影响因素及农户收入与信贷可得性及信贷用途的关系。本章试图从需求层面反映贫困地区农村金融服务不足的症结所在。

第一，贫困地区金融需求和供给呈现数量和结构的错配，抑制金融减贫效应的发挥。从供需数量分析，贫困农户潜在借贷需求较高，但实际满足率较低；资金需求数量较高，但贷款额度较小；贫困农户还款积极性有所提高，但扶贫贷款仍偏离最需帮扶的贫困群体。从供需结构分析，贫困农户明显偏向消费性信贷，以建房置业、子女教育、婚丧嫁娶和健康医疗为主。而金融机构偏向生产性贷款，注重贷款的预期收益空间。此外，金融产品的设计更倾向一般储蓄和理财方面，对于支持贫困地区特色产业、重点产业建设、农户移民搬迁和婚丧嫁娶等方面的产品创新不足。

第二，贫困地区农村金融"包容性"和"普惠性"仍然欠缺，对贫困农户的金融"排斥"倾向阻碍资金流向贫困群体。运用 Probit 模型，引入农户特征、收入与资产、农户支出、社会资本、金融活动情况和地区状况等自变量，计量分析了不同变量对农户信贷可得性、信贷渠道及获贷金额的影响。发现收入水平、资产状况、生产性支出比例是影响贷款可得、正规金融机构支持和贷款金额的共同因素。上述诸种因素也正是贫困农户短时期内难以改变的三方面金融抑制诱因。创新贫困地区农村金融减贫体制与机制，推进贫困地区农村金融发展的包容性和普惠性是金融改革的重要方向。

第三，贫困地区阶层分化决定农户收支状况、生产方式、生活状态和金融需求具有不同属性，针对特困农户、传统农户、"两栖型"打工者、新农场主与小企业家共存，消费性信贷需求远高于生产性信贷需求的现实，需要立足农业经济结构变化和农户家庭经济状况变动特点，在"转型"的思维下构建有差别的贫困地区农村金融制度机制，协同发挥政策性金融、商业性金融、合作性金融和民间金融对不同阶层农户的扶持优势。

第四，贫困地区金融服务供给和需求抑制并存，正规金融机构具有甄别和筛选优势，偏向贷款给家庭规模较大、受教育程度较高、申请生产性贷款、从事非农产业、收入水平较高及所持现金更多的农户家庭。非正规金融是贫困农户信贷主要途径，可以有效运用"社会资本"规避信贷双方信息不对称状况，但却具有明显的"关系型借贷"倾向。对于工业化、农业现代化滞后的贫困农村地区，非正规金融和新型农村金融的发展具有一定优势。

第五，高借贷成本诱发需求型信贷约束，抵押物不足产生供给型信贷约束。正规金融机构规避信贷风险和追求商业化收益，贷款利息设置过高，导致贫困农户受迫于信贷成本压力，不愿向金融机构申请贷款从而形成需求型信贷抑制。贫困农户由于资本和收入低下，缺乏抵押和担保条件，难以向正规金融机构申请并获批贷款，或者所得贷款数额和期限受到限制。信贷约束造成贫困地区存贷比失衡、资金利用效率较低、对地区经济和贫困农户支持不充分等问题。而深层根源在于农村金融体制改革落后于贫困地区经济发展转型要求，农村金融组织体系不完善和农村金融市场竞争不充分造成农村金融服务水平低下。

第五章　贫困地区农村金融发展减贫效应计量验证

　　我国脱贫工作已进入新时代，这一阶段如何攻克深度贫困地区、巩固扶贫成果、培育脆弱农户自我发展与抵抗风险能力，做好乡村脱贫与乡村振兴战略的有效衔接成为后脱贫时代的主题。绝对贫困消除并不意味着贫困根源的阻断和相对贫困不复存在。相反，收入提高对农户健康、教育、生活、资产和经济机会的改善是一个较漫长的渗透过程，在这一过程中农户追求经济利益稳定、新需求满足、发展机会拓宽和能力提升，既是影响贫困地区可持续发展的关键，又会制约全面建成小康社会和乡村振兴战略的推进。《关于全面做好扶贫开发金融服务工作的指导意见》和《中共中央　国务院关于打赢脱贫攻坚战三年行动的指导意见》等文件表明：新时期扶贫工作，金融扶贫已不仅仅停留在理论探讨层面，而是一种重要制度安排和扶贫手段。金融扶贫中更应关注信贷投放是否精准服务贫困户，特别是用于贫困户的生产经营性贷款和贫困户所在的企业贷款。

　　前面章节梳理不同阶段农村扶贫举措和金融减贫实践脉络，结合微观农户数据考察贫困地区农村金融服务状况及症结所在，发现贫困地区农村金融体制滞后、机构分布不均衡、供需数量与结构错配和非"包容性"发展造成农村金融市场竞争不充分、服务低效率和金融抑制现象凸显。本章一方面基于2018年、2019年西北四省1957户贫困农户调查数据，运用倾向得分匹配法（PSM）和"A—F"多维贫困指数，对农户信贷、发展潜力和多维贫困进行实证分析。另一方面选取2005—2013年我国集中连片特困区435个贫困县农村金融发展数据，在理论模型构建的基础上，引用面板向量自回归PVAR模型和系统 GMM 模型，引入贫困程度、经济增长水平、收入分配、财政支出水平等核心变量，定量分析农村金融发展与贫困减缓的线性或非线性、正向或负向的关系，以及长期和短期不同的作用效果。

第一节　农户信贷、发展潜力与多维贫困脱离

一　模型设定与推论

结合后脱贫时代绝对贫困弱化，而农户多维贫困存在的背景，从农户自身发展潜能的驱动角度分析信贷支持对农户多维贫困脱离的影响，并从下述三个方面进一步分析：一是农户构建多维贫困指数（MP）和农户多维贫困阶数（PKN）两个指标反映农户多维贫困程度，从整体和个体角度分析信贷支持对农户多维贫困弱化的作用。二是构建农户发展潜力指数（FA），分析信贷对不同发展潜力农户的多维贫困化解情况。三是运用倾向得分匹配法（PSM）来克服系统性偏误问题，测算信贷支持减缓对农户多维贫困的净效应。

假设在某贫困地区存在 N 户农户，每户农户的贫困程度由 MP 来表示，而贫困有多个维度，包括经济、健康、教育、生活条件贫困等，因此 $MP = Z\ (PK_1,\ \cdots,\ PK_j)$。为了引入索洛函数和简化研究，先考虑最能体现农户贫困状态的经济贫困。W_i 为每户农户拥有的起始财富，它的高低可代表农户的经济贫困状态，$i = 1,\ 2,\ \cdots,\ n$。农户的生产函数可表示为：

$$Y_i = AK_i^{\alpha}L_i^{1-\alpha} \tag{5-1}$$

其中 K_i 为投入生产的资本数量，L_i 为投入生产的农户劳动力数量，α 为参数且大于 0，A 为生产效率，生产效率的高低与农户发展潜能 P 与使用的生产技术 A_0 有关，对于同样的生产技术，农户发展潜能与综合素质越高，越具有生产效率，因此 $A = PA_0$。

农户 i 投入生产的资本 K_i 包括自身拥有的财富 H_i 和通过借贷得到的资金 M_i，因此 $M_i = K_i - H_i$。假设农户借贷资本利率为 r，农户生产获得利润为 π，农户生产利润函数可表示为：

$$\pi = AK_i^{\alpha}L_i^{1-\alpha} - r(K_i - H_i) - wL_i^{1-\alpha} \qquad (5-2)$$

假设贫困农户生产依靠自身家庭劳动力，而家庭劳动力数量 L_i 在短时间内不变，为常数。从而 $L_i^{1-\alpha}$ 中 α 为参数，L_i 为常数，令 $B = L_i^{1-\alpha}$，B 为正常数。又由于家庭劳动力工资 w 作为隐性成本无需支付即 $w = 0$，从而农户生产利润函数可进一步表示为：

$$\pi = ABK_i^{\alpha} - r(K_i - H_i) \qquad (5-3)$$

当农户利润最大化时，式5-3 以 K_i 为自变量一阶求导可得：

$$\frac{\partial \pi}{\partial K_i} = AB\alpha K_i^{\alpha-1} - r = 0 \qquad (5-4)$$

因而贫困农户利润最大化时借贷利率取值为：$r = AB\alpha K_i^{\alpha-1}$

$$(5-5)$$

其中，B 为常数，α 为参数，K_i 为资本投入，A 为生产效率受农户发展潜力 P 和农户生产技术 A_0 共同影响即 $A = PA_0$。

式5-5 可进一步写为：$r = PA_0 B\alpha K_i^{\alpha-1}$ $\qquad (5-6)$

$$P = \frac{r}{A_0 B\alpha}K_i^{1-\alpha} \qquad (5-7)$$

从而可知：第一，当农户自身发展潜力较低：$P < \frac{r}{A_0 B\alpha}K_i^{1-\alpha}$ 时，相较于其自身发展潜力，农户借贷成本过高，所要支付高于其信贷资金投入收益的利息成本，农户会选择放弃信贷资金用于生产。除非农户遇到疾病、灾害、住房等重大事件时，才会触发其消费性信贷需求。但消费性信贷需求会挤占资本 K_i 的生产性投入，并且消费性信贷不会带来收入增加，反而产生利息支出，不利于收入增加、资本积累，从而直接影响收入贫困和资本贫困的改善，间接影响健康、教育、生活条件和经济机会贫困。

第二，当农户自身发展潜力较高：$P \geq \frac{r}{A_0 B\alpha}K_i^{1-\alpha}$ 时，农户具有较强的发展潜力，农户信贷资金投入生产取得的边际收益高于利息成本，农户会选择信贷用于生产，直至由于资本边际收益在递减规律作用下，借贷资金的数量达到 $P = \frac{r}{A_0 B\alpha}K_i^{1-\alpha}$ 时为止，此时农户生产达到利润最大化。由于农户信贷资金主要用于生产性投入，并且资本边际收益高于边际成本，为未来农户收入增加和资本积累带来了可能，直接抑制了收入贫困和资本贫困。而农户经济条件的改善又会间接影响农户对更高生活品质的要求，注重健康、教育、生活条件的改善，以及经济机会信息的获取，更利于打开"贫困恶性循环"链条。

从上述理论和模型的分析可以得到以下推论：

第一，发展潜力较高的农户倾向于将资金投入生产经营，有利于直接抑制收入贫困和资本贫困，间接改善健康、教育、生活条件和机会贫困，从而助力农户多维贫困脱离。

第二，农户信贷资金边际收益和边际成本（r）之间的关系，会影响农户信贷资金用途，当信贷成本 r 过高时，会抑制农户生产性信贷需求，不利于农户收入贫困和资本贫困的改善。

第三，信贷充分发挥减贫作用，需要农户自身发展潜力和综合素质的提高相配合。信贷对农户多维贫困的影响不尽相同，一般而言，对收入贫困和资本贫困的影响更为直接，对健康、教育、生活条件和机会贫困为间接影响。

二　数据来源与变量选取

（一）数据来源

数据来源于课题组于 2018 年和 2019 年对西北贫困地区农户经济与金融的田野调查，调研数据采用分层抽样和随机抽样方法获得。首先，选取甘肃省、青海省、宁夏回族自治区和陕西省四个西北地区代表性省份。其次，确定所调查的国定贫困县，如康县、乐都县、同心县和商洛县，并从中随机抽取 35 个村庄。最后从各村庄中随机选取60 个左右样本农户，农户样本共计为 2000 户，剔除其中信息缺失的农户，本节有效样本为 1957 户。

（二）农户多维贫困测度

借鉴 Alkire 和 Foster（2011）"A—F 双界线法"的思路，采用收入、健康、教育、生活、资产和经济机会六个方面测度多维贫困，具体细化为十个指标。通过等权重法，对多维贫困指标进行加总。首先，构建多维贫困指数，测度农户贫困维度以及剥夺临界值。分析农户在多维贫困指标上的表现。其次，根据 6 个维度 10 个指标加权平均，测算各农户的多维贫困剥夺得分分数，依据剥夺临界值分析农户是否陷入多维贫困。当观测样本为 n 个时，第 i 个农户可以由 m 个反映贫困维度的指标来表示。农户在每个贫困维度上的指标由 x_{ij} 来体现，其中 $x_{ij} \in R_+$（$i=1, 2, \cdots, n, j=1, 2, \cdots, m$），表明样本 i 在第 j 维贫困指标的得分。t_j 为每个指标所赋予的权重。测度样本 i 是否陷入多维贫困，一是分析第 i 个农户在贫困指标 j 的表现，当 $x_{ij} < z_j$ 时，则 $g_{ij} = 1$，当 $x_{ij} \geq z_j$ 时，则 $g_{ij} = 0$。其中 z_j 表示农户 i 在贫困指标 j 的剥夺临界值。g_{ij} 为农户 i 在贫困指标 j 的剥夺状态值。二是计算每个样本农户的贫困总体剥夺得分值 $F_i = \sum_{j}^{m} t_j g_{ij}$（$F_i \in [0, 1]$），由于联合国将多维贫困剥夺临界值 L 的标准设为 0.33，因此当农户贫困总体剥夺得分值 $F_i \geq L$ 时，则农户 i 可识别为多维贫困。具体指标设置和贫困发生率如表 5-1 所示。

表 5-1   多维贫困维度及各项指标说明

维度	指标	剥夺临界值	贫困发生率（%）
收入（1/6）	家庭人均收入（1/6）	按 2018 年全国居民五等份收入分组，低收入组人均可支配收入为 6440 元，低于此标准被视为收入贫困，赋值为 1	32.81
健康（1/6）	医疗支出占比（1/12）	2018 年人均医疗保健支出占比为 8.5%，超过此值则赋值为 1	36.9
	疾病致贫（1/12）	农户自我认定致贫原因为疾病，赋值为 1	
教育（1/6）	教育程度（1/6）	家庭成员（大于 15 岁）平均受教育年限小于 9 年，赋值为 1	53.4
生活（1/6）	拥有消费品及生活设施（1/12）	拥有少于 2 件生活设施，赋值为 1	35.05
	恩格尔系数（1/12）	食物支出占比超过 60%，则赋值为 1	
资产（1/6）	自有房屋面积（1/6）	小于平均值的一半，赋值为 1	21.21

续表

维度	指标	剥夺临界值	贫困发生率（%）
经济机会（1/6）	户主技能	没有耕作外的其他技能，赋值为 1	44.05
	劳动力数量	家庭劳动力数量小于 1 人，赋值为 1	
	职业发展潜力	家庭没有大专以上的人员，赋值为 1	

注：括号内数值表示该贫困维度和指标的权重。

表 5-2　　　　　　　　样本农户多维贫困分布情况

贫困维度	贫困发生率（%）	贫困维度	贫困发生率（%）
完全不贫困	4.21	四维贫困	26.26
一维贫困	5.11	五维贫困	11.24
二维贫困	21.21	六维贫困	1.33
三维贫困	30.64	累计合计	100

注：此处选用收入、健康、教育、生活、资产和经济机会六个维度显示农户贫困分布，当农户低于某一维贫困临界值时，农户则陷入该维度贫困。农户低于几个维度临界值，则界定为几维贫困。

综上所述，收入贫困、生活条件贫困已经得以改善，但是教育贫困和经济机会贫困的发生概率较高，是需要持续关注和进一步解决的问题。

（三）变量选取

1. 因变量

农户多维贫困的衡量选用农户多维贫困指数（MP）、农户多维贫困阶数（PKN）考察农户贫困状态。此处两个变量计算步骤见上文。

2. 自变量

本节自变量主要包括四种类型。第一类变量是农户信贷情况。第二类变量是农户家庭资源禀赋情况。第三类变量是农户户主特征变量。第四类变量是农户生活环境变量。具体变量设置及统计描述如表5-3所示：

表5-3 变量说明及统计描述

类别	变量名称	变量定义	均值	离差值	最小值	最大值
因变量	农户多维贫困指数（MP）	农户多维贫困的综合测度	0.359	0.196	0	1
	农户多维贫困阶数（PKN）	一维贫困=1；二维贫困=2；三维贫困=3；四维贫困=4；五维贫困=5；六维贫困=6	2.211	1.098	0	5
自变量						
农户信贷情况	农户信贷可得性（Loan obtain）	农户有申请贷款意愿又获得贷款=1，农户未成功申请到贷款=0	0.182	0.386	0	1
农户家庭资源禀赋情况	家庭总收入等级（HIR）	农户家庭收入排序并划分为10等级	2.967	2.267	0	10
	家庭主要劳动力数（FLN）	农户家庭具有劳动能力的人数	2.222	1.067	0	8
	耕地面积（AREA）	农户耕作土地总面积	10.529	19.506	0	300
农户户主特征	户主民族（EG）	少数民族=1；汉族=0	0.871	0.336	0	1
	户主性别（GEN）	男=1；女=0	0.868	0.339	0	1
	户主技能（SKI）	传统农业耕作技能=0；具有其他经营技能=1	0.707	0.455	0	1
	户主年龄（AGE）	户主实际年龄（岁）	51.434	11.217	16	86
	户主教育程度（EDU）	小学及以下=1；初中=2；高中=3；大专及以上=4	1.639	0.77	1	4
农户生活环境变量	农户所在省份（PRO）	甘肃省=1；青海省=2；宁夏回族自治区=3；陕西省=4	2.342	1.156	1	4
	村庄离县区距离（DIS）	农户村庄到县区的距离（千米）	28.626	26.291	7.3	123
	县区金融发展水平（FIR_1）	（县金融机构存款余额+县金融机构贷款余额）/县地区生产总值	3.3498	1.528	5.254	1.444
	县区经济发展水平（GDP）	县人均生产总值（元）	22081.32	11204.72	9318	35100

三　计量结果与分析

（一）计量方法

农户能否获得金融机构贷款取决于农户资源禀赋和农户特征，而农户自身因素会直接影响农户贫困状况，即使检验结果得出信贷支持对农户多维贫困减缓有积极影响，也无法直接测算出净效应。因此为了更好地避免样本选择性误差和变量遗漏问题，本节选用倾向得分匹配法（Propensity Score Matching，PSM）来克服普通最小二乘法存在的系统性偏误问题。1983 年 Rosenbaum 和 Rubin 提出倾向得分匹配法，基于构建"反事实"分析框架，最大限度地模拟随机试验，校正选择性误差，实现实验组和控制组特征变量的可对比。这种方法运用在本节具体步骤包括：

1. 计算倾向得分

倾向得分是在既定协变量 X_i 情况下，在样本中随机抽取农户 i，使用 Logit 模型测算农户获得信贷支持的条件概率。

$$P(X_i) = Pr\{D_i = 1 \mid X_i\} = \exp(\beta X_i)/[1+\exp(\beta X_i)]$$

其中虚拟变量 $D_i = \begin{cases} 1, & i \text{ 在实验组，获得信贷支持} \\ 0, & i \text{ 在控制组，未获得信贷支持} \end{cases}$

其中 $\exp(\beta X_i)/[1+\exp(\beta X_i)]$ 为 Logit 模型的累积分布函数，β 为匹配变量的参数向量。

2. 样本匹配方法选择

计算 $P(X_i)$ 的估值之后，需要选择合理的方法对样本进行匹配。目前，常用的方法包括 K 近邻匹配法、半径匹配与核匹配法。本书也选用上述三种方法进行样本匹配。

3. 平衡性检验

当进行平衡性检验时，如果样本匹配促使控制组与实验组均值偏误下降，控制组与实验组个体特征变量差异消除，平衡性检验得以通过，表明农户贫困状况差异是由信贷支持带来的。而"共同支撑假设"检验通过，表明实验组依据倾向得分值，可以相匹配控制组的农户。

4. 平均处理效应的测算

根据倾向得分值计算控制组和实验组的农户贫困指数差异，得到平均处理效应，即信贷支持对农户多维贫困化解的净效应。

$$ATT = E\{Y_{1i} - Y_{0i} \mid D_i = 1\}$$

$$= E\{Y_{1i} \mid D_i = 1, \ P(X_i)\} - E\{Y_{0i} \mid D_i = 0, \ P(X_i)\} \qquad (5-8)$$

其中，Y_{1i} 表示受到信贷支持的农户 i 的贫困状态，Y_{0i} 表示未受到信贷支持的农户 i 的贫困状态。

（二）计量结果检验

1. 农户信贷获得的影响因素分析

首先，通过选用 Logit 模型，对获得信贷支持的农户和未获得信贷支持的农户，进行倾向评分估测，表 5-4 列出了 Logit 模型的估计结果。

表 5-4　　　　　　　　农户信贷获得的影响因素估计结果

因变量	农户信贷可得性			
自变量	相关系数	标准方差	z 值	$P > \lvert z \rvert$
PRO	2.466	0.301	8.19	0.770
EG	−0.115	0.195	−0.59	0.555
GEN	0.170	0.183	0.93	0.352
SKI	0.163	0.151	1.08	0.281
FLN	−0.087	0.065	−1.35	0.178
$AREA$	−0.005	0.004	−1.26	0.207
AGE^{***}	−0.033	0.006	−5.24	0
EDU	0.072	0.087	0.83	0.405
DIS^{***}	−0.012	0.004	−2.83	0.005
$lnGDP$	0.426	0.940	0.45	0.651
HIR^{***}	−0.048	0.031	−1.57	0.006
FIR_1^{***}	1.876	0.465	4.03	0
$\_cons$	−16.178	10.958	−1.48	0.140
样本数量	1952			
LR 统计量	293.11			

续表

因变量	农户信贷可得性	
Pseudo R2	0.158	
Prob>chi2	0	
似然函数值	−782.105	

注：＊＊＊表示相关系数在1%的水平上通过了显著性水平检验。

表5-4结果表明家庭总收入等级 HIR、户主年龄 AGE、村庄离县区距离 DIS、所在县区地金融发展水平 FIR_1 等因素在1%的显著性水平下通过统计检验，其中家庭总收入等级、农户所在县区金融发展水平对农户获得信贷具有正向影响，户主年龄、农户村庄离县区距离具有负向影响。这一结果与现实情况相吻合，收入水平越高、教育情况良好的农户越易受到金融机构的青睐，而农户所在县区金融发展程度和农户地理位置越便利就越容易助力农户取得普惠金融服务。

2. 匹配质量检验

估计结果的有效性需要检验匹配质量，本节依据共同支撑假设和平衡性假设检验匹配效果。图5-1和图5-2分别显示在 K 近邻匹配法下，实验组和控制组在匹配前后的得分倾向值的核密度分布。由图5-1（匹配前）可知，不同的匹配概率值区段下，匹配前控制组和实验组的核密度分布概率曲线表现相异。当匹配概率值小于0.2时控制组曲线在实验组之上，并且控制组曲线整体呈现下降的趋势，而实验组曲线呈现上升的趋势。当匹配概率值大于0.2时，控制组曲线和实验组曲线呈现共同的下降趋势。由图5-2（匹配后）可知，实验组和控制组得分倾向值的核密度分布重心重叠区域增加，两组曲线分布趋势相近。从而可知，通过匹配的实验组和控制组的得分密度的差异降低，共同支撑假设得到满足。

3. 平衡性检验

平衡性检验主要分析匹配是否可以降低实验组和控制组的各变量差异。依据表5-5平衡性检验结果，匹配前实验组和控制组各变量的标准误差比例和 t 检验结果表明组间变量存在明显差异。而匹配后除

变量 *FLN* 和 *AREA* 匹配后标准化偏差的绝对值略高于5%，分别为
5.5%和5.4%之外，其余各变量匹配后标准化偏差的绝对值均低于
5%。此外，在5%的显著性水平下，匹配后实验组和控制组各变量 *t*
检验的结果均不显著，说明实验组和控制组变量差异可以很好消除，
平衡性条件得以实现。

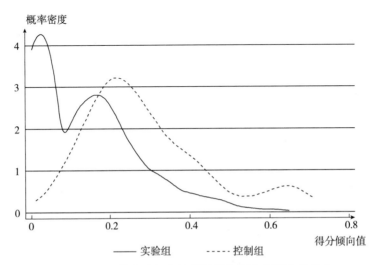

图 5-1 匹配前实验组和控制组倾向得分概率密度分布

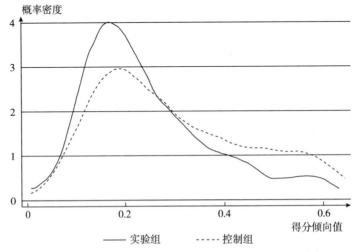

图 5-2 匹配后实验组和控制组倾向得分概率密度分布

表 5-5　　　　　　　　匹配前后变量平衡性检验结果

匹配变量		均值		标准误差（%）	误差降低比例（%）	t-test	
		处理组	控制组			t	p>t
PRO	匹配前	2.7535	2.2508	44.2		7.54	0
	匹配后	2.7535	2.7486	0.4	99	0.06	0.953
EG	匹配前	0.7591	0.89592	-36.8		-7.05	0
	匹配后	0.7591	0.75677	0.6	98.3	0.07	0.942
GEN	匹配前	0.84314	0.87273	-8.5		-1.49	0.136
	匹配后	0.84314	0.83203	3.2	62.4	0.4	0.688
SKI	匹配前	0.7535	0.69592	12.9		2.16	0.031
	匹配后	0.7535	0.75425	-0.2	98.7	-0.02	0.982
FLN	匹配前	2.1232	2.2464	-12.1		-1.97	0.049
	匹配后	2.1232	2.0671	5.5	54.4	0.77	0.444
AREA	匹配前	13.161	9.9512	16.5		2.81	0.005
	匹配后	13.161	14.21	-5.4	67.3	-0.7	0.485
AGE	匹配前	48.045	52.206	-38.2		-6.4	0
	匹配后	48.045	47.971	0.7	98.2	0.09	0.931
EDU	匹配前	2.6359	2.642	-11.8		-2.14	0.092
	匹配后	2.6359	2.5786	5.4	-56.4	0.66	0.518
DIS	匹配前	39.826	26.138	48.7		9.07	0
	匹配后	39.826	40.711	-3.1	93.5	-0.38	0.701
lnGDP	匹配前	9.7981	9.8638	-12.1		-1.97	0.49
	匹配后	9.7981	9.7922	1.1	91.1	0.16	0.876
HIR	匹配前	2.8908	2.99	-4.5		-0.75	0.455
	匹配后	2.8908	2.8499	1.9	58.8	0.25	0.802
FIR1	匹配前	3.3993	3.3361	4.2		0.71	0.48
	匹配后	3.3993	3.413	-0.9	78.4	-0.13	0.898

（三）信贷支持对农户多维贫困减缓的计量分析

此处分别采用最近邻匹配、半径匹配和核匹配三种匹配方法，考察计量结果的稳健性、显著性水平和处理效应大小，判定信贷支持是否可以降低农户多维贫困指数、多维贫困阶数，计量结果如表 5-6 和

表5-7所示。整体而言，三种匹配方法所得结果在农户多维贫困指数、多维贫困阶数上方向一致为负号，并且均通过5%的显著性水平检验，说明农户获得信贷支持有利于其摆脱多维贫困。为了考察不可观测变量对结果的影响，此处选用 Rosenbaum 边界检验分析模型和计量结果的稳健性，对农户多维贫困指数的检验中，Γ 值最大为3，最小为2.2。对多维贫困阶数的检验中，Γ 值最大为3.4，最小为2.8。说明不可观测变量基本不会改变计量结果的稳健性，倾向得分匹配法较为适用。

1. 信贷支持与农户多维贫困指数

表5-6显示农户信贷对农户多维贫困指数（MP）的估算结果，将农户特征变量匹配后，运用三种匹配方法得到的处理效应（ATT）值分别为-0.0242、-0.0099和-0.0096，并在1%的显著性水平下统计显著，说明农户获得信贷支持的概率增加1%，其多维贫困综合指数将下降2.42%、0.99%和0.96%。而未将农户特征变量匹配前，获贷农户与未获贷农户的 ATT 值在10%的显著性水平下也未统计显著。因此，若不采用得分倾向匹配法（PSM），农户其他特征变量会影响农户信贷对农户多维贫困指数的结果，PSM 法可降低样本选择性偏误的内生性问题。

表 5-6   **信贷支持对农户多维贫困指数的影响**

被解释变量	匹配方法	样本	ATT	农户获得信贷支持	农户未获得信贷支持	标准误	t 值	Rosenbaum
农户多维贫困综合指数（MP）	最近邻匹配（匹配个数为5）	匹配前	0.0079	0.3655	0.3576	0.0115	0.64	
		匹配后	-0.0242***	0.365	0.3892	0.0548	-3.63	3
	半径匹配（匹配半径为0.01）	匹配前	0.0079	0.3655	0.3576	0.0115	0.64	
		匹配后	-0.0099***	0.365	0.3748	0.0537	-2.72	2.3
	核匹配	匹配前	0.0079	0.3655	0.3576	0.0115	0.64	
		匹配后	-0.0096***	0.365	0.3746	0.0536	-2.7	2.2

注：1. *** 表示在1%的水平上通过了显著性水平检验。2. Rosenbaum 边界敏感分析，其结果表示在10%显著水平的临界 Γ 值，由 stata 软件的 rbounds 命令获得。

2. 信贷支持与农户多维贫困阶数

表 5-7 显示信贷对农户多维贫困阶数（PKN）的计量结果，匹配后运用三种方法的 ATT 值分别为 -0.1248、-0.0595 和 -0.0386，并均通过 5% 的显著性水平检验。农户获得信贷支持的概率增加 1%，其多维贫困阶数下降概率为 12.48%、5.95% 和 3.86%。而匹配前 ATT 值并不显著。因此，PSM 法可使结果更为合理，信贷支持有利于改善其多维贫困阶数。

表 5-7　　　　　　　信贷支持对农户多维贫困阶数的影响

被解释变量	匹配方法	样本	ATT	农户获得信贷支持	农户未获得信贷支持	标准误	t 值	Rosenbaum
农户多维贫困阶数（PKN）	最近邻匹配（匹配个数为5）	匹配前	0.0101	2.2189	2.2088	0.0643	0.15	
		匹配后	-0.1248**	2.2185	2.3433	0.0924	-2.51	3.4
	半径匹配（匹配半径为0.01）	匹配前	0.0101	2.2189	2.2088	0.0643	0.15	
		匹配后	-0.0595***	2.2135	2.273	0.0943	-2.76	3
	核匹配	匹配前	0.0101	2.2189	2.2088	0.0643	0.15	
		匹配后	-0.0386***	2.2185	2.2571	0.0964	-2.58	2.8

注：1. ** 和 *** 分别表示在 5% 和 1% 的水平上通过了显著性水平检验。2. Rosenbaum 边界敏感分析，其结果表示在 10% 显著水平的临界 Γ 值，由 stata 软件的 rbounds 命令获得。

（四）划分异质农户的计量结果分析

1. 信贷对不同发展潜力农户的多维贫困减缓

为了进一步考察信贷对不同发展潜力的农户多维贫困的减缓效果，本节设置发展潜力指数 FA，FA 由户主技能、农户劳动力数量、高学历人数、投资意愿和生产性贷款用途五个方面来加权衡量，以发展潜力指数 FA 的高低将农户进行排序，$FA \leqslant 0.4$ 的农户有 997 户，发展潜力指数 $FA > 0.4$ 的农户有 960 户，据此将农户发展潜力划分为两个组别。表 5-8 呈现了三种方法的 PSM 计量结果，结果表明信贷支持对于发展潜力指数 $FA > 0.4$ 的农户具有明显的多维贫困抑制作用，无论对于 MP 还是 PKN，处理效应 ATT 的值均为负数，并且基本通过了 5% 的显著性水平检验。三种方法在 MP 下的 ATT 值分别为 -0.0414、

−0.0196 和−0.0117，说明农户获得信贷支持的概率增加 1%，MP 将下降 4.14%、1.96% 和 1.17%，与表 5-6 信贷对整体农户的多维贫困减缓程度 2.42%、0.99% 和 0.96% 相比，要高约一倍。反观 $FA \leq 0.4$ 的农户结果，三种方法下 ATT 值均未通过 5% 的显著性水平检验，信贷对于低发展潜力的农户的多维贫困的减缓效果不够凸显。因此，在注重欠发达地区金融发展和金融扶贫的同时，更要注重培养农户自身发展的内驱动力。

表 5-8　　　　　　信贷对不同发展潜力农户的多维贫困减缓

被解释变量	匹配方法	发展潜力指数 $FA \leq 0.4$		发展潜力指数 $FA > 0.4$	
		ATT	t 值	ATT	t 值
农户多维贫困综合指数（MP）	最近邻匹配	−0.0068	−0.26	−0.0414***	−2.6
	半径匹配	0.0034	0.16	−0.0196***	−2.02
	核匹配	0.0014	0.07	−0.0117*	−1.63
农户多维贫困阶数（PKN）	最近邻匹配	−0.034	−0.24	−0.1976***	−2.35
	半径匹配	0.0051	0.05	−0.0817***	−1.75
	核匹配	0.0003	0	−0.0297*	−1.29

注：1. * 和 *** 分别表示在 10% 和 1% 的水平上通过了显著性水平检验。2. 最近邻匹配（匹配个数为 5）、半径匹配（匹配半径为 0.01）、核匹配（宽带系数为 0.01）。

2. 信贷对不同类型贫困的减缓效果

为了更加深入地分析信贷对不同维度贫困的具体作用效果，此处依据表 5-1 将多维贫困维度划分为六种类型，通过三种 PSM 方法，表 5-9 显示了信贷对不同类型贫困减缓的计量结果。从表中数据可以看出，信贷对不同类型贫困显示出各异的效果。首先，信贷支持可明显降低收入贫困和生活条件贫困，并在三种方法下 ATT 的值均在 1% 的显著性水平下显著。对于收入贫困，ATT 值分别为 −0.0686、−0.0421 和−0.0388，表明农户信贷支持率提升 1%，收入贫困将下降 6.86%、4.21% 和 3.88%。而生活条件贫困 PK_4，ATT 值分别为 −0.0154、−0.0368 和−0.0303，表明 1% 的农户信贷支持率可带来生活条件贫困 1.54%、3.68% 和 3.03% 的改善。其次，信贷可以降低健康贫困，ATT 值在最近邻匹配法下通过了 5% 的显著性水平检验，而在半径匹配和核匹配下，只能通过10%的显著性水平检验。信贷可以在一定程度上缓解农户因病致贫的状况，但是对于重大疾病更需要医疗保障水平的提高来阻断因病返贫和医疗支出过高返贫的可能。再次，信贷对教育贫困、资产贫困和机会贫困并未呈现预期的显著效果。呈现这一结果可能由以下原因所致：一是与教育贫困、资产贫困和机会贫困的指标设置标准有关。教育贫困由家庭成年人受教育年限来衡量，资产贫困主要由农户固定资产房屋来表现，而机会贫困更是农户技能、劳动力数量和职业发展潜力的综合评价，因此这三个指标更倾向于反映农户此三方面长期水平的积累。二是信贷活动本身对教育贫困、资产贫困和机会贫困的减缓需要一定的作用时间，其效果具有时滞性，很难通过本期或下一期数据结果观察，因此短期的信贷对其的冲击效果有限。

表 5-9　　　　　　　　　　信贷对不同类型贫困的减缓效果

匹配方法	指标	多维贫困类型					
		收入贫困 PK_1	健康贫困 PK_2	教育贫困 PK_3	生活贫困 PK_4	资产贫困 PK_5	机会贫困 PK_6
最近邻匹配		-0.0686^{***}	-0.077^{**}	-0.028	-0.0154^{***}	-0.0252	-0.0112
半径匹配	ATT	-0.0421^{***}	-0.0438^{*}	-0.0303	-0.0368^{***}	-0.0058	0.0093
核匹配		-0.0388^{***}	-0.0472^{*}	-0.0298	-0.0303^{***}	-0.0131	0.0029

注：1. $*$、$**$和$***$分别表示在10%、5%和1%的水平上通过了显著性水平检验。2. 最近邻匹配（匹配个数为5）、半径匹配（匹配半径为0.01）、核匹配（宽带系数为0.01）。

四　结论与启示

本节通过构建理论模型，基于西北地区甘肃省、青海省、宁夏回族自治区和陕西省1957户贫困农户的调查数据，运用倾向得分匹配法（PSM）和"A—F"多维贫困指数，对农户信贷、发展潜力和多维贫困之间的关系进行实证分析，所得结果如下：

第一，信贷支持对农户多维贫困指数（MP）和多维贫困阶数（PKN）具有抑制作用，在最近邻匹配、半径匹配和核匹配三种方法下，结果稳健且通过5%的显著性水平检验。信贷支持概率增加1%，MP平均下降约1.46%，PKN平均下降为7.43%。这一结果说明伴随国家扶贫开发战略的实施、普惠金融的落实和金融扶贫的重视,信贷支持贫困农户的覆盖面和精准度都有所提升,相比早前文献指出金融减贫的非线性作用,脱贫攻坚阶段信贷扶贫的正向作用更明显,也更有助于农户脱离多维贫困。

第二,信贷支持对于高发展潜力指数的农户具有明显的多维贫困抑制作用,在三种匹配方法下,*MP* 和 *PKN* 的处理效应(*ATT*)值均为负数且统计显著。信贷支持的概率增加 1%,高发展潜力农户 *MP* 平均下降约为 2.42%,相较整体农户 1.46% 的下降幅度其效果更为明显。而低发展潜力的农户未通过显著性检验。说明农户发展潜力的提升,可以放大信贷脱贫的作用,具有发展潜力的农户更容易获得信贷支持,并将贷款用于合理用途,改善经济条件和整体生活状态。这一结果也验证了前文推论一的内容。

第三,信贷对不同类型贫困减缓显示出各异的效果。信贷对于收入贫困和生活条件贫困的改善最为明显,可以一定程度上缓解健康贫困,但对于教育贫困、资产贫困和机会贫困检验结果并不显著。究其原因在于:一方面与三种贫困指标设置标准有关,另一方面信贷活动对这三种贫困的效果更具有时滞性。这一结果也与前文推论三的观点一致。

第四,过高的信贷利率和过低的信贷资金收益将会抑制农户信贷需求,并且影响农户信贷资金用途,农户会选择消费性信贷而非生产性信贷,从而不利于农户经济状况的改善和多维贫困的脱离。

第二节　农村金融发展与贫困
减缓的非线性关系

一　模型框架

大量发展经济学家都强调资本投入对欠发达国家减缓贫困的重要作用,如讷克斯、纳尔逊、缪尔达尔、罗森斯坦·罗丹和莱宾斯坦等。由于资本投入具有规模效应,超越项目投资的最低资金界限时,才会达到资本与各要素的最优配置比例，实现合理有效的生产区间。资本作为稀缺要素，制约着弱势人群生产、技术和发展机会的获取，成为难以脱离"贫困恶性循环"的主要障碍。

（一）基本假定

借鉴 Piketty（1997）、Aghion 和 Bolton（1997）以及陈斌开、林毅夫（2012）的分析思路，提出下述假设，试图构建金融资源与贫困摆脱的路径实现模型。

假设1：具有高、中和低等三种收入人群，个体能力与偏好无差异，初始财富分配有差距。低等、中等和高等收入生产者拥有初始财富为 K_p、K_m 和 K_r，且 $K_r > K_m > K_p \geq 0$，劳动力具有供给充裕性。

假设2：经济生产中具有传统农业技术 A_1、现代劳动密集型技术 A_2 和现代资本密集型技术 A_3，与之对应最小资本投入量为 K_1、K_2 和 K_3（$K_3 > K_2 > K_1 \geq 0$，$K_r \geq K_3 > K_m \geq K_2 > K_p \geq K_1$），分别生产三种不同产品。

假设3：不同生产技术下，资本边际生产率存在差异：现代资本密集型技术下最高，传统农业技术下最低。

假设4：经济个体本期储蓄 S_t 源于本期收入 Y_t，储蓄边际为 β。t 期的储蓄可转化为 $t+1$ 期的资本 K_{t+1}。

（二）各阶层生产过程与资本积累

生产不同产品所需资本和劳动力投入的组合不同，t 期低等、中等和高等收入者生产函数可分别呈现为：

$$Y_1 = A_1 F(K_p, L_1) \quad 0 \leq K_1 \leq K_p < K_2 \quad\quad (5-9)$$

贫困者初始财富几近为零，只能依靠劳动力从事传统农业生产。

$$Y_2 = A_2 F(K_m, L_2) \quad K_2 \leq K_m < K_3 \quad\quad (5-10)$$

中等收入者所持资本量难以跨越 K_3，但可以满足现代劳动密集型技术所需的资本 K_2。

$$Y_3 = A_3 F(K_r, L_3) \quad K_r \geq K_3 \quad\quad (5-11)$$

高等收入者实现现代资本密集型生产。

经历一个生产期后，低、中和高等收入者的生产收入分别为 Y_{pt}、Y_{mt} 和 Y_{rt}。由于资本边际生产率存在差异，从而 $Y_{rt} > Y_{mt} > Y_{pt}$。

对应储蓄边际倾向 β，低、中和高等收入者本期储蓄量分别为 βY_{pt}、βY_{mt} 和 βY_{rt}，利息收入分别为 $r\beta Y_{pt}$、$r\beta Y_{mt}$ 和 $r\beta Y_{rt}$。

（三）金融资源供给与贫困摆脱

无金融资源支持时，经济个体依靠自身 t 期储蓄和利息转化为 $t+1$ 期资本，$K_{p,t+1} < K_{m,t+1} < K_{r,t+1}$。

$t+1$ 期贫困者的生产状况：

$$\begin{cases} Y_2 = A_2 F(K_{p,t+1},\ L) & K_{p,t+1} \geqslant K_2 \\ Y_1 = A_1 F(K_{p,t+1},\ L) & 0 \leqslant K_1 \leqslant K_{p,t+1} < K_2 \end{cases} \quad \begin{matrix} (5\text{-}12) \\ (5\text{-}13) \end{matrix}$$

当 $K_{p,t+1} \geqslant K_2$ 时，低收入者可以转向资本边际生产效率更高的现代劳动密集型技术生产。可是由于低收入者生产条件有限、生产收入不稳定，极度缺乏储蓄并转化为下期资本的能力，因而低收入者难以自身摆脱资本制约的困境，长期困于"贫困陷阱"无法脱离。

有金融资源支持时，低收入者可以从外部获得融资，促使 $K_{p,t+1}$ 跨越 K_2。那么加入外源资本供给 M_{t+1} 的贫困者生产资本为 $K'_{p,t+1}$：

$$K'_{p,t+1} = K_{p,t+1} + M_{t+1} = \beta Y_{pt} + r\beta Y_{pt} + M(pov,\ fir,\ eco,\ env) \quad (5\text{-}14)$$

M_{t+1} 受到贷款群体自身条件、金融市场发展状态、所在区域经济增长水平和经济环境等多方面的影响，可表示为 $M(pov,\ fir,\ eco,\ env)$。其中，pov 为信贷者经济状况，fir 为金融发展水平，eco 为区域经济水平，env 为外部宏观环境。fir 决定了金融资源配置效率、信贷成本和信贷机会均等性。当金融发展未能匹配区域经济发展和金融服务需求，将资金过度投资于非重点产业和项目，排斥低收入人群信贷需求，并提高信贷服务成本时，对贫困群体和贫困区域发展甚至会产生负向激励。

在 $K_2 - (\beta Y_{1t} + r\beta Y_1) \geqslant M(pov,\ fir,\ eco,\ env)$ 时，外源性融资数量未能弥补资本缺口，低收入者仍然进行传统农业生产，如式（5-13）。

若 $K_2 - (\beta Y_{1t} + r\beta Y_1) \leqslant M(pov,\ fir,\ eco,\ env)$ 时，低收入者借助外源性融资跨越现代劳动密集型技术资本阈值 K_2，通过生产而自发摆脱"贫困陷阱"，如式（5-12）。

通过式（5-4）和式（5-6）得到低收入者获取外源金融支持后的生产函数式（5-15）：

$$Y_{t+1} = A_2 F(K'_{p,t+1}, L) \quad K'_{p,t+1} \geqslant K_2$$
$$= A_2 F(K_{p,t+1} + M_{t+1}, L)$$
$$= A_2 F[\beta Y_{pt} + r\beta Y_{pt} + M(pov, fir, eco, env), L] \quad (5-15)$$

从而可得下述推论：

第一，金融发展是贫困减缓的有效途径，可通过外部资本供给弥补初始资本禀赋不足的差距，跨越投资不可分性引致的"门槛效应"，实现贫困者生产条件和投资机会的改善。

第二，金融发展减缓贫困是在一定条件下实现的，现阶段贫困地区金融发展是否带来正向效应，取决于金融发展规模与效率是否适应当地经济发展水平和贫困群体借贷需求。

第三，借贷者收入水平和贫困状态对金融资源的获得产生影响，收入水平越低就越难获得金融供给，贫困状态更易持续。

第四，减贫战略的有效实施需要宏观经济条件支持，经济增长、收入分配、政府财政投入与投资水平、城镇化等因素都对其具有一定影响。

二　系统 GMM 估计原理及模型选取

（一）系统 GMM 估计原理

选取 2005—2013 年集中连片特困区 435 个贫困县数据进行系统 GMM 方法检验。系统 GMM 方法由 Arellano 和 Bover（1995）首先提出，随后 Blundell 和 Bond（1998）进行了系统发展，Haha（1999）、Judson 和 Owen（1999）等也进一步研究拓展。系统 GMM 必须假定 $\{\Delta y_{i,t-1}, \Delta y_{i,t-2}, \cdots\}$ 与 u_i 无关，并且新增工具变量为有效工具变量。对此，分别运用 Abond 命令和 Sargan 命令进行检验，并且通过 Pooled OLS 和 Fixed Effects 估计出 y_{it-1} 真实估计值的上界和下界，以此对比系统 GMM 的估计值是否在两者之间。

（二）计量模型设定

通过上述理论和文献的讨论，根据式（5-15）设立模型（5-16）。为了避免遗漏变量导致的偏误，引入被解释变量即前期贫困的滞后一阶作为解释变量。第一，分析农村金融发展对贫困减缓的作用关系，验证假设 1。此处以国家集中连片特困区扶贫工作重点县名单为依据，选取 435 个国定贫困县样本数据，将金融发展划分为规模、效率两个层面，测度不同维度金融发展指标对贫困减缓的作用关系及作用效果。第二，加入农村金融发展的二次项，检验金融发展与贫困减缓的非线性关系，即农村金融发展对贫困减缓的积极促进具有一定实现条件，验证假设 2。第三，加入被解释变量一阶滞后项，检验假设 3。最后，加入宏观经济条件变量作为控制变量，验证假设 4。从而计量模型可表述为式（5-16），使用的变量名称、含义及样本特征如表 5-1 所示。

$$\ln pov_{it} = \alpha_0 + \alpha_1 \ln pov_{it-1} + \alpha_2 fir_{it} + \alpha_3 fir_{it}^2 + \alpha_4 \ln eco_{it} + \alpha_5 ig_{it} + \alpha_6 gov_{it} + \beta_i x_{it} + \mu_{it}$$

$$(5-16)$$

三　变量选取与数据描述

（一）变量选取

1. 被解释变量

选取集中连片特困区贫困县人均收入的自然对数值 $\ln pov_{it}$ 衡量贫困程度。对于贫困的测度，一是以国家发布贫困线为基础，通过比较各地收入与贫困线，得到 FGT 指数、森指数、贫困发生率及贫困距等反映贫困的指标。二是从消费角度，以人均消费水平和恩格尔系数代表贫困。三是认为贫困不仅表现为物质的匮乏，更表现为能力的欠缺、权力的缺失和发展机会的缺少，强调贫困测度的多维化。由于国家统计局农村调查队每年仅公布全国整体贫困线和贫困人口数，却未发布各省、各县的贫困线及贫困人口数量，因此运用 FGT 指数、贫困发生率及贫困距等指标测度各县区贫困程度并不合理。此外，我国农户消费受到预期、不确定性、风险及消费习惯等因素影响，消费并非理性平滑，因此以消费测度贫困程度存在偏颇。本书所研究全国集中连片特困区经济发展较为落后，包括全国绝大多数扶贫工作重点县，收入贫困仍是贫困问题的主要体现，因此，借鉴 Dolly 和 Kraay（2002）、张苹（2011）、郭熙保等（2008）的做法，运用人均收入的自然对数值 $\ln pov_{it}$ 衡量贫困程度。

2. 核心解释变量

第一，农村金融发展程度。此处，将农村金融发展程度分为金融发展规模 fa_{it} 与金融发展效率 fe_{it} 两个维度。其中金融发展规模 fa_{it} 借鉴戈德·史密斯金融相关比率 FIR 的概念，是指一定时期样本区域内全部金融资产价值与该区域经济活动总量的比值。由于证券、债券和保险在欠发达地区作用有限，因此本文以我国集中连片特困区各贫困县区城乡居民储蓄存款与金融机构贷款之和与其 GDP 之比反映金融发展规模。对于金融发展效率 fe_{it}，由于欠发达地区金融体系中银行占据重要位置，因此运用年末贷款余额与存款余额之比表示。此外，金融发展指标也遵循苏基溶（2009）、崔艳娟（2012）和师荣蓉等（2013）学者对金融发展规模和金融发展效率的划分思想与核算方法。

第二，初始贫困状态 $lnpov_{it-1}$。由于贫困具有强烈的持续性，因此运用上一期贫困群体人均收入的自然对数代表贫困的初始状态，分析前期贫困状态对当期贫困的影响。

第三，经济增长水平 $lneco_{it}$。大量资料表明地区经济增长能影响人们收入水平，因此采用集中连片特困区各贫困县区人均地区生产总值代表经济增长水平。

第四，收入分配 ig_{it}。运用集中连片特困区各贫困县城镇居民平均工资与农村人均纯收入之比，表示城乡收入分配差距程度，分析其对贫困减缓的影响。

第五，财政支出水平 gov_{it}。近年来我国扶贫开发事业迈向了崭新的阶段，政府对贫困地区扶持力度不断加大。此处，运用我国集中连片特困区各贫困县财政支出数额与其 GDP 之比，测度财政支出对贫困减缓的影响。

3. 控制变量

由于样本区域为国家扶贫开发工作重点县，居民收入以家庭经营性收入为主，农业生产仍是主要收入途径。因此农业生产条件、城市化、投资水平、转移支付以及第一、第二产业发展情况等因素会影响不同县区的经济发展、人均收入以及贫困减缓。因此，本章将以上变量设定为控制变量，其变量名称、含义及样本特征如表5-10所示。

表 5-10 变量描述与统计

变量名称	变量描述	观测值	平均值	标准差	最小值	最大值
pov	人均收入水平	3854	3077.606	1407.474	668	11261
fa	存贷款余额之和/GDP	3854	1.236071	0.638013	0.014827	16.80734
fe	贷款余额/存款余额	3854	0.864821	0.975316	0.016591	38.65225
eco	各县人均 GDP	3852	9859.062	19038.63	570	830068
ig	城镇人均收入/农村人均收入	3854	8.767003	3.937282	0.000838	85.43358
gov	地方财政支出/GDP	3854	0.412755	0.32878	0.024865	3.739391
inv	固定资产投资额/GDP	3854	0.797179	0.557968	0.025542	10.31101
urb	城镇人口数/总人口数	3854	0.143959	0.090303	0.001479	0.894922
am	农业机械动力/第一产业增值	3831	0.322238	0.235427	0.000458	7.261287
agr	第一产业增值/GDP	3854	0.311115	0.131392	0.000412	2.99852
ind	第二产业增值/GDP	3854	0.328473	0.182984	0.018999	5.134785
mt	社会消费品总额/GDP	3854	0.311014	0.198435	0.004054	4.751056
tran	财政支出—财政收入	3854	82738.2	65869.74	-86489	580159

资料来源:《中国区域经济统计年鉴》(2006—2014)、《中国县市社会经济统计年鉴》(2006—2014)及 2006—2014 年各省统计年鉴。

(二)数据来源

本书涵盖 2005—2013 年集中连片特困区 435 个国定贫困县面板数据①。数据源自《中国县市社会经济统计年鉴》(2006—2014)、《中国区域经济统计年鉴》(2006—2014)、《中国农村贫困监测报告》(2006—2011)以及 2006—2014 年各省份统计年鉴,其中所包含贫困县样本分布省份及所属集中连片特困区名称统计见附表3。

四 模型检验结果

(一)金融发展规模与贫困减缓计量结果分析

表 5-11 显示金融发展规模 *fa* 对贫困程度 ln*pov* 的计量结果。模型(1)—模型(3)分别为混合截面、固定效应和 two-step 系统 GMM 方法对 ln*pov* 与基本解释变量的估计结果。模型(4)加入 fa^2 考察 *fa*

---

① 由于西藏地区统计资料缺失较多,因而本书研究样本未包含西藏地区县区数据。

对 lnpov 的非线性关系。

表 5-11　　　　　　　　金融发展规模与贫困减缓的实证结果

解释变量	被解释变量：贫困县区人均收入自然对数值			
	模型（1）	模型（2）	模型（3）	模型（4）
	Pooled ols	fixed effect	sys-gmm	gmm_fa2
L. lnpov	0.868 ***	0.686 ***	0.858 ***	0.866 ***
	−113.83	−66.91	−151.9	−149.51
fa	−0.000695	−0.00865	−0.0204 ***	−0.0483 ***
	(−0.22)	(−1.92)	(−10.96)	(−7.37)
lneco	0.0808 ***	0.218 ***	0.120 ***	0.117 ***
	−16.74	−29.54	−32.95	−32.97
ig	−0.00564 ***	−0.00443 ***	−0.00331 ***	−0.00365 ***
	(−9.71)	(−6.96)	(−5.40)	(−5.66)
gov	0.0328 ***	0.118 ***	0.0963 ***	0.110 ***
	(−4.98)	(−9.41)	(−13.76)	(−14.93)
fa^2				0.00222 **
				(−3.2)
cons	0.483 ***	0.631 ***	0.175 ***	0.175 ***
	(−11.31)	(−13.85)	(−7.35)	(−6.88)
样本量	3398	3398	3398	3398
工具变量			83	84
Abond			−5.1643	−5.1252
检验 AR（1）			0	0
Abond			0.22186	0.26073
检验 AR（2）			(−0.8244)	(−0.7943)
Sargan 检验			313.3349	308.6181
			(−0.68)	(−0.681)

注：*** 、** 分别表示符合 1% 和 5% 的显著性水平。

表 5-12 考察逐步加入控制变量后，金融发展规模 fa 对贫困测度指标 lnpov 的检验结果。其中，模型（5）—模型（10）通过逐次放

入控制变量投资水平 inv 、转移支付 lntran 、城镇化水平 urb 、第一产业发展水平 agr、第二产业发展水平 ind 、和农业机械化程度 am 检验非线性关系的一致性，模型（11）加入全部控制变量，综合反映不同变量对贫困程度 lnpov 的影响。模型（1）—模型（11）都加入 lnpov 的一阶滞后项，反映贫困的延续。

表 5-12　金融发展规模与贫困减缓的实证结果（包括控制变量）

解释变量	被解释变量：贫困县区人均收入自然对数值						
	模型（5）	模型（6）	模型（7）	模型（8）	模型（9）	模型（10）	模型（11）
	fa-inv	fa-lntran	fa-urb	fa-agr	fa-ind	fa-am	fa-all
$L.\,lnpov$	0.866***	0.694***	0.867***	0.867***	0.869***	0.867***	0.669***
	(148)	(60.5)	(143)	(143.3)	(146.8)	(149.7)	(52.9)
fa	-0.048***	-0.043***	-0.047***	-0.041***	-0.054***	-0.052***	-0.036***
	(-7.37)	(-5.12)	(-7.20)	(-5.32)	(-9.50)	(-7.47)	(-5.05)
$lneco$	0.117***	0.0693***	0.118***	0.114***	0.115***	0.116***	0.067***
	(33.04)	(8.16)	(32.39)	(33.7)	(31.66)	(32.79)	(19.37)
ig	-0.0037***	-0.0043***	-0.0037***	-0.0032**	-0.0035**	-0.0034***	-0.006***
	(-5.65)	(-4.33)	(-5.90)	(-4.88)	(-5.38)	(-5.23)	(-5.76)
gov	0.111***	-0.0877***	0.110***	0.104***	0.0995***	0.114***	0.118***
	(13.32)	(5.41)	(14.86)	(10.98)	(12.05)	(15.53)	(6.27)
fa^2	0.0022**	0.0044***	0.002**	0.002*	0.0018***	0.0025***	0.0018**
	(2.4)	(3.16)	(4.47)	(3.07)	(2.56)	(3.23)	(3.3)
inv	0.000378						-0.00878*
	(0.13)						(-2.20)
$lntran$		0.158***					0.164***
		(20.16)					(21.2)
urb			-0.0643				-0.00054
			(-1.83)				(-0.01)
agr				-0.0284			-0.0682**
				(-0.98)			(-2.76)
ind					0.0493**		0.150***
					(2.81)		(10.52)

续表

解释变量	被解释变量：贫困县区人均收入自然对数值						
	模型 (5)	模型 (6)	模型 (7)	模型 (8)	模型 (9)	模型 (10)	模型 (11)
	fa-inv	*fa-lntran*	*fa-urb*	*fa-agr*	*fa-ind*	*fa-am*	*fa-all*
am							-0.00962
							(-1.32)
Cons	0.176***	0.271***	0.161***	0.182***	0.161***	0.180***	0.422***
	(6.56)	(7.8)	(6.22)	(4.26)	(6.02)	(6.89)	(9.51)
样本量	3398	3393	3398	3398	3398	3381	3068
工具变量	85	85	85	85	85	85	89
Abond	-5.1272	-5.8582	-5.1334	-5.1326	-5.0982	-5.1064	-5.2288
检验 AR (1)	(-0.0001)	(-0.0002)	(-0.0004)	(-0.0000)	(-0.0003)	(-0.0002)	(-0.0000)
Abond	0.26073	0.74001	0.301	0.26425	0.29799	0.25199	0.48764
检验 AR (2)	(-0.7943)	(-0.4593)	(-0.7634)	(-0.7916)	(-0.7657)	(-0.801)	(-0.6258)
Sargan 检验	308.804	281.544	307.922	305.496	305.007	309.475	287.115
	(0.5063)	(0.5722)	(0.5731)	(0.5764)	(0.5728)	(0.5831)	(0.5922)

注：＊＊＊、＊＊和＊分别表示满足 1%、5%和 10%的显著性水平。

1. 估计方法有效性

依据 Abond 检验分析随机扰动项的序列相关性，表 5-11 和表 5-12 估计结果显示，AR (1) 的 p 值为 0，AR (2) 和 Sargon 检验 p 值均高于 0.1，说明扰动项不呈现二阶序列相关且工具变量有效。模型 (3) $L.$lnpov 的系数为 0.858，处于 $Pooled\_OLS$ 和 $Fixed\text{-}effect$ 所估 $L.$lnpov 系数值上界 0.868 和下界 0.686 之间。

2. 估计结果说明

第一，贫困地区金融发展规模与贫困减缓之间存在非线性关系。表 5-11 和表 5-12 中模型 (4) —模型 (13) fa 系数均为负值，fa^2 系数变为正值，且均在 5%的置信水平下统计显著。说明以集中连片特困区国家贫困重点县为例，金融发展规模与贫困减缓的关系表现为一条开口向上的抛物线。金融发展规模对贫困减缓的作用效果先抑制后促进。金融发展规模未达到门限值前，加大金融发展规模不利于贫困的减缓，当金融发展规模达到门限值后，金融发展规模对贫困减缓的正向冲击才会显现。这种非线性关系的产生主要由于贫困地区农村金融发展缓慢，市场垄断现象严重，服务水平低。金融机构以农村信用社和邮政储蓄为主，以服务贫困群体为主的资金互助社和社区银行非常缺乏。商业性银行为追求利润目标和降低运行风险，更多地吸储存款而谨慎地发放贷款，金融发展规模扩大造成贫困地区"失血"增加，对贫困减缓产生负面冲击。而当金融发展规模跨越门限值后，金融机构的覆盖规模、市场竞争程度和服务水平得以改善，金融服务的规模效应和网络效应得以体现，从而对贫困减缓起到促进作用。

第二，fa 与 $\ln pov$ 的非线性关系具有稳健性。表 5 - 12 模型（5）—模型（10）逐次加入投资水平 inv、转移支付 $\ln tran$、城镇化水平 urb、第一产业发展水平 agr、第二产业发展水平 ind 和农业机械化程度 am 等控制变量，fa 系数与 fa^2 系数符号相异，前者为负后者为正。

第三，将所有自变量与因变量进行模型（11）整体回归，计量结果显示：fa^2 的系数为 0.0018，说明 fa 越过拐点后，金融规模提高 1 个单位引致贫困程度减少 0.18%。$\ln eco$ 的系数为 0.067，说明经济增长上涨 1% 可促进 0.067% 的贫困减缓。而每单位收入差距加大可负向刺激贫困程度提升 0.6%。而 fa 系数为 -0.036，表明 fa 未达到拐点时，对贫困减缓反而呈现负向影响。其他控制变量中，财政支出 gov、转移支付 $\ln tran$、第一产业发展水平 agr 和第二产业发展水平 ind 可在 5% 的显著性水平下通过显著性检验，其系数分别为 0.118、0.164、-0.0682 和 0.150。这些因素中政府财政支出占比、转移支付程度及工业化发展对贫困减缓都具有较强的正向作用。

第四，贫困地区呈现贫困固化和延续特征。计量结果显示，$\ln pov$ 的一阶滞后项系数可达 0.6—0.9，且在 1% 的显著水平下统计显著。说明贫困地区具有贫困强化和顽固的倾向。

（二）金融发展效率与贫困减缓计量结果分析

此处引入考察贫困地区贷款与存款转化比率的金融发展效率指标，再次进行上述计量估计。金融发展效率 fe 与贫困测度指标 $\ln pov$

的实证结果如表5-13和表5-14所示:

表 5-13 金融发展效率与贫困减缓的实证结果

解释变量	被解释变量: 贫困县区人均收入自然对数值			
	模型 (12)	模型 (13)	模型 (14)	模型 (15)
	Pooled ols	*fixed effect*	*sys-gmm*	*gmm_fe2*
$L.\ln pov$	0. 867***	0. 685***	0. 859***	0. 859***
	(114. 07)	(66. 87)	(149. 41)	(151. 09)
fe	-0. 00384	-0. 00198	-0. 00495***	-0. 0177***
	(-1. 94)	(-0. 88)	(-6. 25)	(-9. 48)
$\ln eco$	0. 0812***	0. 219***	0. 121***	0. 121***
	(16. 88)	(29. 66)	(32. 02)	(32. 26)
ig	-0. 00555***	-0. 00439***	-0. 00291***	-0. 00312***
	(-9. 59)	(-6. 91)	(-4. 81)	(-5. 02)
gov	0. 0321***	0. 108***	0. 0690***	0. 0645***
	(4. 95)	(9. 05)	(9. 40)	(9. 12)
fe^2				0. 000455***
				(4. 61)
$cons$	0. 485***	0. 626***	0. 153***	0. 167***
	(11. 42)	(13. 76)	(6. 49)	(7. 08)
样本量	3398	3398	3398	3398
工具变量			83	84
Abond			-5. 1836	-5. 1625
检验 AR (1)			(0. 0000)	(0. 0000)
Abond			0. 25001	0. 22385
检验 AR (2)			(0. 8026)	(0. 8229)
Sargan 检验			315. 045	310. 2125
			(0. 5346)	(0. 5432)

注: ***表示符合1%的显著性水平。

表5-14考察了逐步加入控制变量后, 金融发展效率 *fe* 对贫困程度 ln*pov* 的计量结果。

表5-14　金融发展效率与贫困减缓的实证结果（包括控制变量）

被解释变量：贫困县区人均收入自然对数值

解释变量	模型（16） fe-inv	模型（17） fe-$lntran$	模型（18） fe-urb	模型（19） fe-agr	模型（20） fe-ind	模型（21） fe-am	模型（22） fe-all
$L. \ lnpov$	0.862*** (148.58)	0.687*** (59.53)	0.860*** (146.28)	0.857*** (143.51)	0.860*** (150.79)	0.860*** (150.64)	0.662*** (52.85)
fe	-0.0174*** (-9.37)	-0.0121*** (-7.86)	-0.0175*** (-9.40)	-0.0163*** (-8.99)	-0.0181*** (-9.57)	-0.0192*** (-10.58)	-0.0101*** (-6.39)
$lneco$	0.0680*** (32.78)	0.0727*** (18.70)	0.123* (31.81)	0.119*** (32.90)	0.121*** (32.01)	0.119*** (31.72)	0.068*** (18.80)
ig	-0.00318*** (-5.14)	-0.0047*** (-4.63)	-0.0033*** (-5.25)	-0.0031*** (-4.87)	-0.0033** (-5.29)	-0.0032*** (-5.02)	-0.006*** (-5.99)
gov	0.0724*** (9.81)	-0.0882*** (-5.29)	0.0673*** (9.49)	0.0727*** (9.22)	0.0632*** (9.39)	0.0664*** (9.33)	0.140*** (7.97)
fe^2	0.000442*** (4.47)	0.00028*** (5.90)	0.00045*** (4.64)	0.0004*** (4.37)	0.0005*** (4.64)	0.0005*** (5.39)	0.00023*** (5.01)
inv	-0.00758** (-2.58)						-0.00968* (-2.39)
$lntran$		0.155*** (19.39)					0.166*** (21.42)
urb			-0.0738* (-2.36)				-0.0269 (-0.67)

续表

被解释变量：贫困县区人均收入自然对数值

解释变量	模型（16）fe-inv	模型（17）fe-lntran	模型（18）fe-urb	模型（19）fe-agr	模型（20）fe-ind	模型（21）fe-am	模型（22）fe-all
agr				-0.0392*			-0.0801***
				(-2.09)			(-3.48)
ind					-0.00321		0.139***
					(-0.18)		(9.72)
am						-0.0141**	-0.0146
						(-2.98)	(-1.95)
Cons	0.143***	0.305***	0.155***	0.205***	0.164***	0.178***	0.442***
	(5.63)	(8.13)	(6.49)	(5.90)	(6.92)	(7.30)	(9.92)
样本量个数	3398	3393	3398	3398	3398	3381	3068
工具变量	85	85	85	85	85	85	92
Abond 检验 AR（1）	-5.1272	-5.7092	-5.1334	-5.1633	-5.1639	-5.1501	-5.8824
	(-0.0001)	(-0.0002)	(-0.0004)	(-0.0000)	(-0.0003)	(-0.0002)	(-0.0000)
Abond 检验 AR（2）	0.261	0.484	0.301	0.222	0.222	0.209	0.878
	(0.7943)	(0.6281)	(0.7634)	(0.8241)	(0.8243)	(0.8343)	(0.3799)
Sargan 检验	308.804	286.471	307.922	307.4	308.999	309.705	264.006
	(0.5788)	(0.5810)	(0.5964)	(0.5933)	(0.5921)	(0.5924)	(0.5961)

注：***、**和*分别表示符合1%、5%和10%的显著性水平。

1. 估计方法有效性

系统 GMM 所估 L. lnpov 的系数为 0.859，处于 *Pooled_OLS* 和 *Fixed - effect* 所估 L. lnpov 系数值上界 0.867 和下界 0.685 之间。且模型（12）—模型（22）都通过了 Abond 和 Sargon 检验，模型估计有效。

2. 估计结果说明

第一，贫困地区农村金融发展效率对贫困减缓的非线性关系依然存在。模型（12）—模型（22）中 *fe* 和 *fe*^{2} 系数均通过5%的显著性水平检验，且前者为负值后者为正值。说明以效率测度金融发展水平，金融发展效率与贫困减缓之间仍存在拐点值，可表现为开口向上的抛物线。这种非线性关系主要由于样本地区金融机构并未落实针对贫困人群的差别性利率，反而贷款利率较高、期限较短而且审批严格，致使以农业生产为主的贫困群体信贷压力增加。因此，金融发展效率提高，增加了贫困群体的贷款数量和还款成本，甚至造成贫困群体缩小生产投入以弥补欠款的现象，不利于贫困群体脱贫。只有当金融发展效率越过拐点值后，金融机构市场竞争程度增加，信贷利率水平得以改善，并且针对贫困群体设计金融产品和信贷机制，才能对贫困减缓起到更好的促进作用。

第二，*fe* 与 lnpov 的非线性关系具有一致性。为了验证这一结果，表5-14模型（16）—模型（21）逐次加入投资水平 *inv*、转移支付 lntran、城镇化水平 *urb*、第一产业发展水平 *agr*、第二产业发展水平 *ind* 和农业机械化程度 *am* 等控制变量，没有打破金融发展效率与贫困减缓先抑后扬的非线性关系。

第三，模型（22）在模型（15）的基础上列入所有控制变量进行整体分析，计量结果表明：*fe*^{2} 的系数为 0.00023，说明 *fe* 越过门限值后，单位金融效率提高引致贫困程度减少 0.023%。lneco 的系数为 0.068，说明经济增长上涨 1% 可促进 0.068% 的贫困减缓。而每单位收入差距加大可负向刺激贫困程度提升 0.6%。而 *fe* 系数为-0.0101，表明 *fe* 未达到拐点时，对贫困减缓反而呈现负向冲击。其他变量如财政支出 *gov*、转移支付 lntran、第一产业发展水平 *agr*、第二产业发展

水平 ind 可在 5% 的显著性水平下通过显著性检验，其系数分别为 0.140、0.166、-0.0801 和 0.139。这一结论与加入控制变量的金融发展规模与贫困减缓计量结果基本一致。

第四，地区贫困受前期贫困累积的强化影响。模型（12）—模型（22）中贫困指标的一阶滞后项系数均在 0.6—0.9，在 1% 的显著水平下统计显著，说明贫困具有延续性。

五　结论

依据本章理论模型分析，金融发展是贫困减缓的有效途径，可通过外部资本供给弥补贫困人群初始资本禀赋不足。但是农村金融发挥减贫功效需要一定的现实条件，不能满足贫困地区经济特点和贫困人群自身需求的金融供给，甚至会产生负面影响。如金融市场完善程度、金融服务效率、收入分配差距和贫困人群信贷成本都是影响金融减贫的重要因素。由于金融发展规模和效率的提高是金融发展的主要体现，实证部分引入这两个指标验证金融发展与贫困减缓的非线性作用关系，具体结论如下：

第一，金融发展与贫困减缓存在非线性作用关系，无论运用金融发展规模还是效率指标，实证结果都具有统计意义和现实基础。当金融发展未达到一定规模和效率时，贫困地区金融发展难以对贫困人群经济状况有所改善。这主要是由于贫困地区金融资源外流没有更好地支持本地经济发展，金融市场不完善又导致贷款利率过高和还款期限短暂，加重了贫困人群还款和生活压力所致。未制定差异化的贫困地区金融制度、组织结构和运行机制之前，金融扩张不能有效缓解贫困难题。

第二，金融发展规模相较于金融发展效率具有更强的作用效果。未达到拐点值时，金融发展规模的负向效应是金融发展效率的 3.56 倍。达到拐点值后，金融发展规模的正向效应是金融发展效率的 7.82 倍。此结果说明，对于贫困地区，贫困程度随金融发展规模的变化会产生更为灵敏的反应。这一结果可以结合贫困县金融发展现实得以解释。以陕南经济调研的商洛市为例，其所属的一区六县均为国家扶贫工作重点区域，2012 年农村金融机构存款余额为 3874129 万元，贷款余额为 1358704 万元。相较于 1997 年分别增长至 15 倍和 6.7 倍，而存贷比由 1997 年的 78.95% 下降至 2012 年 35.07%①。意味着金融发展规模的扩大更多地体现在存款余额的增加，并且呈现了严重的资金外流现象。因此以存款为主的金融规模扩张相较于贷款数量推动的金融效率提高，具有更大的负向作用。而当贷款余额增加使得金融发展规模具有合理的内部结构时，金融发展规模的正向减贫效应更为明显。

第三，地区经济增长对贫困减缓具有正向溢出作用。计量结果表明，单位经济增长变动可推动贫困程度改善约 0.07%。由于"涓流效应"的存在，贫困群体可享受地区经济增长惠及的好处。但是这种效果并不强烈，由于经济增长惠及穷人和富人的力度不同，不能保障低收入群体合理分享增长成果以及相对收益提升。

第四，收入差距对贫困减缓的负向冲击强烈。收入差距的单位扩大会引致贫困上升 0.6%。与经济增长相比，收入分配不均的单位作用效果近其 10 倍。收入差距拉大的负向作用足以消除经济增长对穷人的惠及作用。贫困地区应从单纯强调"经济增长"向突出对穷人受益的"益贫式经济增长"目标迈进。

第五，政府财政支出、转移支付和工业发展具有显著的反贫困功效。计量结果显示，gov、$\ln tran$ 和 ind 的系数约为 0.13、0.165 和 0.145，相对于经济增长的间接溢出，财政支出和转移支付可以缓解贫困地区基础设施建设的资金瓶颈，落实扶贫计划和项目的实施，其单位作用可分别推动贫困减缓 13% 和 0.165% 的提升。而工业化促进了当地经济发展，也为低收入群体提供了就业机会，拓宽了他们的收入来源，促进其掌握工作技能和实现自我发展的能力，其单位作用弹性为 14.5%。

第六，贫困地区具有贫困固化和延续的倾向。前期贫困会造成贫困的深化和持续，"贫困陷阱"的打破不仅需要地区内在的发展驱动，更需要政府外在的政策激励与指引。

① 2013 年商洛市中国人民银行行长调查报告。

第三节 农村金融发展对贫困减缓的动态关系

国内文献对于金融发展与贫困减缓的研究多以省级数据为基础，通过构建小样本面板数据进行计量分析。而采用时间序列数据探讨外来冲击作用于金融发展变量，从而造成贫困减缓长期与短期影响的研究文献较少。而金融发展对贫困减缓的影响往往具有动态性和时滞性，在不同时期显示出相异的作用效果。杨俊等（2008）曾选取1980—2005 年数据，运用 VAR 模型分析中国金融发展对贫困减少的动态关系，所得结果表明农村金融发展对农村贫困发生率、贫困深度和强度都具有负向影响，但各变量系数均未通过统计显著性检验，t值不显著。这或许与样本个数偏少，且贫困指标的衡量仅能笼统地反映整体贫困状态，未能直接锁定贫困区域和贫困群体有关。此后，胡宗义、张俊（2014）运用 PVAR 模型分析农村正规金融发展的减贫效应，研究表明农村正规金融并未有效发挥其金融功能，甚至具有一定的消极影响。但其研究仅限于农村正规金融部分，所得样本仍未有效针对贫困地区，样本容量偏小。本节选用 2005—2013 年我国集中连片特困区 435 个贫困县面板数据，采用面板向量自回归（PVAR）模型，结合脉冲—响应和方差分解对贫困地区金融发展与贫困减缓两者的动态关系进行检验。

一　PVAR 估计原理及模型设定

（一）PVAR 模型思想简介

向量自回归模型（VAR）在研究宏观时间序列数据中得到广泛运用，其将各变量视为内生变量，将变量滞后项作为解释变量。VAR 模型要求数据资料有较长的时间跨度，而现实中某些数据的统计和观察往往是近几年才开展的，难以满足 VAR 模型的施用要求。1988 年 Holtz-Eakin 基于向量自回归模型（VAR），首次提出面板向量自回归模型（PVAR）。PVAR 模型同时兼具了时间序列和面板数据的分析优点，很快得到推广与发展。首先，模型缩短了数据时间长度的要求，

只要 $T \geq m+3$（T 为时间序列长度，m 为滞后项长度），即可进行方程参数估计。而 $T \geq 2m+2$ 时就可在稳态下估计滞后项参数。其次，同 VAR 模型一样，可将所有变量作为内生变量，解决了系统内生性问题。并且正交脉冲—响应函数和方差分解的运用，可以很好地反映一个变量冲击给其他内生变量所带来的影响，以及评测每一结构冲击对内生变量影响的具体程度。最后，解决了面板数据模型中包含不同个体的截面异质性问题。PVAR 模型既扩大了样本量和自由度，还减少了自变量间多重共线性，更好地反映了各变量间的互动关系。

（二）PVAR 模型设定

本节利用四变量 PVAR 模型，分析和研究贫困程度、金融发展规模、金融发展效率和金融服务程度的关系，其模型可设定为：

$$y_{it} = \alpha_i + \gamma_t + \beta y_{it-1} + \mu_{it} \tag{5-17}$$

其中，$y_{it} = （\ln pov_{it}, fa_{it}, fe_{it}, fs_{it}）$ 为 4×1 维向量，其中包含 4 个内生变量，$\ln pov_{it}$ 为样本贫困县区人均收入的自然对数值，用来衡量贫困程度。fa_{it} 为金融发展规模、fe_{it} 为金融发展效率、fs_{it} 则为金融服务程度。i 和 t 分别表示各贫困县和年份，β 为 4×4 维系数矩阵，α_i 为 4×1 个体效应向量，γ_t 为 4×1 时间效应向量。μ_{it} 为服从正态分布的随机扰动项。其中随机扰动项满足如下关系：

$$E（\mu_{it} | \alpha_i, \gamma_t, y_{it-1}, y_{it-2}, \cdots）= 0 \tag{5-18}$$

由于该模型含有时间效应向量 γ_t，因此需要使用横截面均值差分去除时间效应，避免自变量相关造成的估计系数偏误。此外，由于该模型含有固定效应向量 α_i，因此需要使用 Arellano 和 Bover（1995）提出的"前向均值差分法"去除固定效应，并用广义距估计方法（GMM）获得 β 的一致估计量。

运用 PVAR 模型分析具体包括四个重要步骤：一是选择模型最优的滞后阶数，二是运用 GMM 方法估计面板数据的 VAR，三是估计并绘制脉冲—响应函数图，四是进行方差分解，测度不同因素对内生变量影响的贡献大小。

二　变量选取与样本数据描述

上一小节运用系统 GMM 模型定量分析了农村金融发展与贫困减

缓的关系，为了与上节的实证结果相对比，此处沿用上一节中对贫困程度、金融发展规模、金融发展效率等变量的界定方法，并加入金融服务程度变量表示金融服务的宽度。

模型中相关变量的定义与基本统计状况见表5-15所示。

表 5-15　　　　　　　　　　　变量描述与统计

变量名称	变量描述	核算标准	观测值	平均值	最小值	最大值
$lnpov$	贫困程度	农民人均收入水平对数值	3915	7.9368	6.504	9.329
fa	金融发展规模	存贷款余额之和/GDP	3915	1.2361	0.01483	16.807
fe	金融发展效率	贷款余额/存款余额	3915	0.8624	0.0166	38.652
fs	金融服务程度	贷款余额/总人口	3915	82738.2	22.419	96657.49

资料来源：《中国区域经济统计年鉴》（2006—2014）、《中国县（市）社会经济统计年鉴》（2006—2014）及2006—2014年各省统计年鉴。

三　模型检验结果

本节运用stata软件，采取检验样本数据平稳性、选择模型最优的滞后阶数、系统广义距估计面板数据、绘制脉冲—响应函数图及方差分解等几个步骤，实现PVAR实证检验分析。

（一）平稳性检验

为了避免面板数据非平稳性和虚假回归，保证脉冲—响应函数及方差分解结果的合理，此处分别运用LLC检验、IPS检验和PP检验三种常见的方法进行面板数据单位根检验。LLC检验由Levin、Lin和Chu于2002年提出，主要运用于大 N 小 T 的面板数据。其原假设 H_0 认为面板中的所有截面对应的序列都是非平稳的，即 $I(1)$ 过程。若 H_0 被拒绝，则认为所有序列均平稳，这是与其他检验方法的不同之处，而其他检验方法 H_0 被拒绝，仅表示至少存在一个序列是平稳的。IPS检验由Im、Pesaran和Shin于2003年提出，运用于平行面板数据的单位根检验，原假定 H_0 为面板中的所有截面对应的序列都是非平稳的。而PP检验的统计思想不同于以上两种方法——基于单个截面执行ADF检验后得到的 t 值平均值构建统计量进行检验。PP检验主要以个体单位根检验的 p 值为基础构造统计量进行检验。几种检验方法的具体结果如表 5-16 所示：

表 5-16 　　　　　　　　　面板数据平稳性检验

变量	LLC 检验	IPS 检验	PP 检验
ln*pov*	-0.36795***	-1.693***	363.1637
	(0.0000)	(0.0000)	(1.0000)
fa	-0.42448***	-1.377	949.7834**
	(0.0000)	(0.9800)	(0.0305)
fe	-0.70641***	-1.877***	2151.5493***
	(0.0000)	(0.0000)	(0.0000)
fs	0.01267	-0.11	111.5067
	(1.0000)	(1.0000)	(1.0000)
D. ln*pov*	-1.5287***	-2.654***	3748.711***
	(0.0000)	(0.0000)	(0.0000)
D. *fa*	-1.52955***	-2.269***	3651.8182***
	(0.0000)	(0.0000)	(0.0000)
D. *fe*	-1.10024***	-2.444***	4051.4381***
	(0.0000)	(0.0000)	(0.0000)
D. *fs*	-1.24028***	-7.98***	1649.121***
	(0.0000)	(0.0000)	(0.0000)

注：单位根检验滞后期设定为 1 期；括号内为变量统计量的 p 值；***、** 分别表示在 1% 和 5% 的显著水平上统计显著。

面板数据平稳性结果显示，各变量在 1% 的显著性水平下，运用不同的检验方法，表现出的平稳性并不一致。其中 *fs* 变量无论采用何种检验方法，原变量都表现出非平稳性，而 *fa* 变量在 IPS 检验下也无法通过。而各变量的一阶差分值在任何一种检验方法下均呈现平稳性，因此变量 ln*pov*、*fa*、*fe* 和 *fs* 满足一阶单整。

（二）最优阶数选择和模型参数估计

设置合理的 PVAR 模型，必须要有效地选择方程组最优滞后阶数。此处尝试性地分析了滞后 1 阶至 3 阶的滞后阶数，并运用 AIC 准则、BIC 准则和 HQIC 准则，对所得结果进行判别。其具体结果如表 5-17 所示：

表 5-17 不同准则下滞后阶数选择

滞后阶数	AIC	BIC	HQIC
1	21.0311	24.5034*	22.2791*
2	20.9906*	24.9739	22.4336
3	21.4074	26.0807	23.1161

注：所得结果根据 Stata11 软件连玉君博士 PVAR2 命令估计并整理。

表 5-17 显示了滞后 1 至 3 阶时，AIC、BIC 和 HQIC 的分别对应值。值上的 * 反映了不同准则下对滞后阶数的选取。其中 BIC 和 HQIC 准则下都倾向于选择滞后一阶，而 AIC 准则下倾向于选择滞后二阶。此时，BIC 和 HQIC 选择的模型较为精简，其选择合理性优于 AIC 准则。因此，本节选择最优滞后阶数为一阶。

随后，本节选用连玉君博士所编写的 PVAR2 命令，借助于 Stata 软件，估计了 PVAR 模型的 GMM 结果。其具体结果如表 5-18 所示：

表 5-18 PVAR 模型 GMM 统计结果

变量名称	h_lnpov	h_fa	h_fe	h_fs
$L.h\_lnpov$	0.941***	0.389***	0.066	1388.357***
	(50.86)	(5.60)	(1.35)	(2.75)
$L.h\_fa$	−0.037***	0.077*	0.01	−474.823**
	(−2.69)	(1.67)	(0.19)	(−2.50)
$L.h\_fe$	−0.005*	0.044**	0.210*	−21.688
	(−1.70)	(2.05)	(1.82)	(−0.41)
$L.h\_fs$	−0.00002***	0.003**	0.003**	0.667***
	(−7.53)	(2.24)	(2.01)	(8.53)
N	3045			
AIC	21.031			
BIC	24.503			
HQIC	22.279			

注：$L.$ 表示变量滞后一期；括号内数值为异方差调整的 t 检验值；***、** 和 * 分别表示在 1%、5% 和 10% 的显著水平上统计显著。

表 5-18 中括号外数字表示估计的系数值，括号内数字表示 t 统计量，$L.$ 表示变量滞后一期。从表中数据可知，当 lnpov 为被解释变量时，贫困程度的滞后一阶 $L. h\_lnpov$ 对自身的影响为 0.941，并在 1% 的显著性水平下统计显著。说明贫困具有延续性和固化性，样本区域前期贫困对当期贫困影响强烈。前期贫困程度提升 1%，当期贫困就会上升 0.941%。而反映金融发展的指标，则对贫困程度减缓的影响方向不同，强度各异。滞后一期的金融发展规模 $L. h\_fa$ 对 h_lnpov 的系数为 -0.037，且通过 1% 的显著性水平检验，表明前期金融发展规模 fa 提升 1 单位，反而会阻碍当期贫困减缓 3.7%，起到负向作用。滞后一期的金融发展效率 $L. h\_fe$ 对贫困减缓 h_lnpov 仍然起到微弱的负向冲击，其系数为 -0.005，仅在 10% 的显著性水平下统计显著。滞后一期的金融服务程度 $L. h\_fs$ 可对贫困减缓 h_lnpov 起到负向影响，这种影响可在 1% 的显著性水平上统计显著，但作用力度不大，几近为零。

当金融发展规模 h_fa、金融发展效率 h_fe 和金融服务程度 h_fs 分别为被解释变量，滞后一期贫困程度 $L. h\_lnpov$ 为解释变量时，滞后一期的贫困程度对当期金融发展规模、效率和服务程度均会产生正向的作用，但 $L. h\_lnpov$ 对 h_fe 的系数在 10% 的显著性水平下也未能显著，不具有统计意义。$L. h\_lnpov$ 对 h_fa 和 h_fs 的系数分别为 0.389 和 1388.357，且在 1% 的显著性水平上统计显著，说明滞后一期的贫困程度每提高 1 单位，h_fa 和 h_fs 可增加 0.00389% 和 13.88%，贫困地区贫困程度即人均收入水平的提升对于人均获贷数额的影响非常明显。

（三）脉冲—响应函数

PVAR 模型结果反映了各变量间的相互作用大小，而脉冲—响应函数则描述模型中某一变量的正交化新生对系统中其他变量和自身冲击的动态反应。

此处选取蒙特卡罗（Monte-Carlo）500 次模拟定义脉冲—响应函数的标准差，生成 5%—95% 的置信区间。图 5-3 反映了贫困程度 lnpov、金融发展规模 fa、金融发展效率 fe 和金融服务程度 fs 之间的关系，横轴表示冲击作用的响应期数，纵轴表示内生变量对冲击的响应程度。中间线表示脉冲—响应函数，上下两线分别表示 5% 和 95% 的

置信区间。图 5-3 中第一行分别表示贫困程度对自身的影响以及金融
发展规模、金融发展效率和金融服务程度对贫困程度的影响。而
图 5-3 中第一列则分别表示贫困程度对自身的影响，贫困程度对金融
发展规模、金融发展效率和金融服务程度的影响。其余图形表示金融
发展各指标之间的相互影响。从图中可以看出系统中各变量主要存在
以下的动态关系：

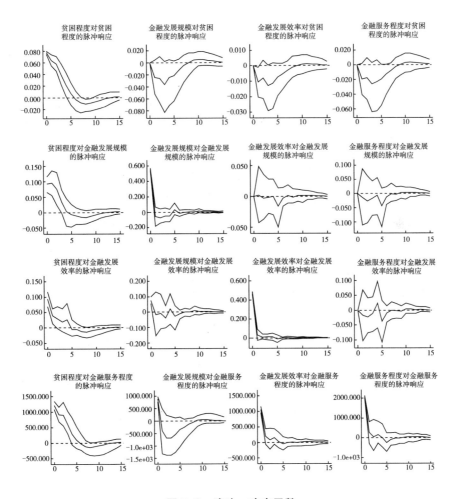

图 5-3 脉冲—响应函数

第一，金融发展规模对贫困减缓的作用为负，在第三期达到峰

值，第七期之后有微弱的正向趋势（图5-3第一行第二幅）。说明贫困地区金融发展规模的扩大在短期没有促进反而阻碍了贫困程度的减缓。与金融发展效率 fe 和金融服务程度 fs 相比，金融发展规模 fa 在短期内负向作用达到最大，fa 一个标准差的冲击在第三期可带来贫困程度约4%的增加。这主要是由于以金融机构存款和贷款数量之和来衡量的金融发展规模，其扩张并未能有效改善贫困地区人民收入水平。长期以来，一些商业化金融机构在贫困地区积极地吸收存款而谨慎地发放贷款，导致贫困地区本就稀缺的资金有外流的趋向。而贫困地区金融发展规模扩大的同时，更应注重内部结构和质量的提升，才能更好地促进贫困减缓。

第二，金融发展效率和金融服务程度对贫困减缓也呈现负向冲击影响，在第四期产生最大的负向效应，此后负向效应减弱逐渐趋向于零，并有微弱的正向作用[1]（图5-3第一行第三幅和第四幅）。说明农村金融发展效率和金融服务程度一个单位的正向冲击，短期内反而对贫困地区贫困程度的改善起到反向效果。而此处的负向效果也反映出当前贫困地区金融发展效率和服务所存在的问题。据统计，2012年国家扶贫开发工作重点县居民储蓄存款余额为22684.6737亿元，年末金融机构贷款余额为16001.3362亿元，存贷比为0.7054。而经济较发达的沿海开放县，居民储蓄存款余额为49091.1686亿元，年末金融机构贷款余额为62718.8316亿元，存贷比为1.2776[2]。说明贫困县区金融发展效率中贷款额度虽有所提高，但与发达县区相比，两者之间存在较大的差距，这种结构性的不合理阻碍了金融资源有效支持当地经济发展和人民生活改善。与此同时，许多金融机构针对贫困县区和贫困人民的贷款利率并未真正做到优惠，反而由于规避风险和逆向选择，制定了较高的还款利率，致使过重的还款负担加剧了贫困群体的生活压力。

---

① 由于篇幅所限，此处未列出金融发展效率和金融服务程度对贫困减缓向前15期的脉冲—响应函数图。

② 国家统计局农村社会经济调查司：《2013 中国县（市）社会经济统计年鉴》，中国统计出版社 2013 年版。

　　第三，总体而言，不同维度的金融发展指标对贫困程度的脉冲—响应图形呈现出较明显的 U 形关系，这与本章第一节中运用系统 GMM 模型所得的实证结果相一致，只是本节中运用 PVAR 模型所得结果，更显示出短期金融发展对贫困减缓的负向效应，跨越拐点后虽有改善迹象，但正向效果始终不明显。

　　第四，贫困程度改善对金融发展规模、效率和服务均有显著的正向影响，这种影响伴随时间推移而缩小，逐渐收敛于零（图 5-3 第一列第二、三和四幅图）。贫困地区人均收入水平一个标准差的正向冲击，对金融发展规模 fa 和金融服务程度 fs 的影响可延续至第十期，而对金融发展效率 fe 和金融服务程度 fs 的影响在五期前保持为正。相较于金融发展对贫困程度减缓的影响，贫困程度减缓对金融发展的推动效应更强。说明贫困地区人民收入水平和生活状态的改善，直接促进了金融机构扩展业务规模，加大了贷款额度的发放，提升了金融服务的宽度。而这也与现实状况相符，人民收入状况往往是金融机构甄别贷款群体，是否开展及推广业务的主要指标。

　　（四）方差分解的结果

　　脉冲—响应函数反映了金融发展规模、效率、服务和贫困程度之间的动态关系，而要评测金融发展不同维度对贫困减缓的相对贡献，则需在脉冲—响应函数的基础上进行方差分解。此处通过蒙特卡罗（Monte-Carlo）500 次冲击反应，选择前 20 期进行方差分解，根据结果可探知前 15 期已经稳定，表 5-19 分别列出第 1、5、10 和 15 期的方差分解结果。

表 5-19　　　　　　　　　　PVAR 模型方差分解结果

变量	期数	lnpov	fa	fe	fs
lnpov	1	1.0000	0.000	0.000	0.000
fa	1	0.019	0.981	0.000	0.000
fe	1	0.003	0.020	0.977	0.000
fs	1	0.061	0.147	0.043	0.750
lnpov	5	0.774	0.067	0.017	0.142

续表

变量	期数	lnpov	fa	fe	fs
fa	5	0.040	0.935	0.005	0.021
fe	5	0.003	0.020	0.976	0.002
fs	5	0.170	0.091	0.035	0.704
lnpov	10	0.659	0.078	0.024	0.238
fa	10	0.043	0.921	0.005	0.031
fe	10	0.003	0.020	0.975	0.002
fs	10	0.198	0.091	0.034	0.677
lnpov	15	0.635	0.080	0.025	0.260
fa	15	0.043	0.919	0.005	0.033
fe	15	0.003	0.020	0.975	0.002
fs	15	0.202	0.091	0.034	0.672

从表5-19的结果可以看出，贫困程度对自身的影响最大，伴随期数的增加，金融发展规模、效率和服务对贫困程度的贡献逐渐加大。其中，金融服务程度 fs 对贫困程度的贡献较为明显，在第5期可达到14.2%，而到第15期可达到26%。而金融发展规模 fa 和金融发展效率 fe 的贡献在第5期分别为6.7%和1.7%，第15期则可分别达到8%和2.5%。与之相较，贫困程度 lnpov 的贡献程度逐渐缩小，第5期为77.4%，第15期降至63.5%。由此说明，提升金融服务广度，扩大人均获贷水平，让更多的人享受到金融服务的惠及效应，可以更好地产生贫困减缓效果。在现行的金融制度和结构体系下，金融发展规模和金融发展效率的贡献较为有限，应该调整金融发展规模和效率的结构与质量，激发金融发展规模与效率的减贫空间。

四 结论

本节选取全国集中连片特困区435个国定贫困县的样本数据，运用 PVAR 模型对金融发展规模、效率和服务程度与贫困程度之间的关系进行实证检验，主要得出以下结论：

第一，从规模、效率和服务程度三个维度衡量金融发展水平与贫困减缓之间的关系，可发现短期金融发展水平对贫困减缓整体呈现负向冲击影响，其中金融发展规模的负向效应最为强烈，而金融发展效率和服务的负向影响相对微弱。三个变量均呈现经历负向峰值后逐渐趋向于零，并有微弱的正向作用。说明我国贫困地区金融发展并未起到预期效果，这或许与我国现存贫困地区金融制度缺失，金融组织缺位、金融服务目标偏离贫困人群需求以及不合理的存贷款比例有关。

第二，从脉冲—响应图形可看出金融发展水平与贫困减缓呈现明显的"U形关系"，伴随时间的推移，金融发展对贫困减缓并非呈现线性变化，而是出现先抑后升的作用轨迹，而这一结果与本章第一节中运用系统 GMM 模型所得结果一致。

第三，贫困减缓与金融发展水平有明显的相互影响关系，贫困程度减缓对金融发展规模、效率和服务的促进作用越强烈，并且这种正向作用甚至可延续到十期以后。而这与现实中金融机构选择信贷群体及业务开展的商业化宗旨有关。

第四，根据方差分解结果，贫困具有明显的固化和延续性，贫困自身对其的方差贡献最大，而金融发展指标中金融服务程度对贫困减缓的影响最大，扩大金融服务范围，加大贫困群体人均获贷金额和获贷机会是有效推进金融减贫的有利途径。

第四节　本章小结

本章一方面基于 2018 年、2019 年西北四省 1957 户贫困农户调查数据，运用倾向得分匹配法（PSM）和 "A—F" 多维贫困指数，对农户信贷、发展潜力和多维贫困进行实证分析。另一方面基于 2005—2013 年国家连片特困区 435 个国定贫困县区的面板数据，在理论模型分析的基础上，分别运用系统动态面板 GMM 分析法和面板向量自回归 PVAR 分析法，引入贫困程度、经济增长水平、收入分配、财政支出水平等核心变量，以及农业生产条件、城市化、投资水平、转移支付、医疗水平、第一、第二产业发展情况等控制变量，从金融发展规模、效率和服务程度等不同层面，检验金融发展对贫困减缓在长期和短期的作用效果，以及两者间关系是线性还是非线性，正向还是负向的。其具体结论如下：

第一，信贷支持对农户多维贫困指数（*MP*）和多维贫困阶数（*PKN*）具有抑制作用，在最近邻匹配、半径匹配和核匹配三种方法下，结果稳健且通过 5% 的显著性水平检验。信贷支持概率增加 1%，*MP* 平均下降约 1.46%，*PKN* 平均下降约为 7.43%。信贷支持对于高发展潜力指数的农户具有明显的多维贫困抑制作用，在三种匹配方法下，*MP* 和 *PKN* 的处理效应 *ATT* 值均为负数且统计显著。信贷支持的概率增加 1%，高发展潜力农户 *MP* 平均下降约为 2.42%，相较整体农户 1.46% 的下降幅度其效果更为明显。而低发展潜力的农户未通过显著性检验。说明农户发展潜力的提升，可以放大信贷脱贫的作用，具有发展潜力的农户更容易获得信贷支持，并将贷款用于合理用途，改善经济条件和整体生活状态。此外，信贷对不同类型贫困减缓显示出各异的效果。信贷对于收入贫困和生活条件贫困的改善最为明显，可以在一定程度上缓解健康贫困，但对于教育贫困、资产贫困和机会贫困书中检验结果并不显著。

第二，金融发展与贫困减缓存在先抑后扬的"非线性关系"，运用 GMM 模型和 PVAR 模型分析法，从金融发展规模、效率和服务程度等不同层面进行检验，都可得到一致的结论。这一结果可从表 5-12 和表 5-14 中得到反映，金融发展规模和效率一次项系数均为负值，二次项系数则为正值。从图 5-3 第一行金融发展对贫困减缓的脉冲—响应图也可以看出，短期内金融发展对贫困减缓作用为负，一段时期后负向作用逐渐缩小并有微弱正向作用。

第三，相对于金融减贫的正向作用，负向冲击更为明显。究其原因，一是农村金融体制与贫困地区经济结构和农户家庭经济状况不相契合，非竞争性农村金融组织体系造成资金配置低效甚至负效。贫困地区金融机构以农村信用社和邮政储蓄为主，资金互助社、社区银行和政策性金融机构覆盖薄弱。商业性银行在利润驱使和规避风险的准则下，大规模吸收存款而谨慎放款，以高存款构成为代价的金融发展规模扩大致使贫困地区"失血"增加，"低利率时代"背景下，贫困地区的资金外流实则是一种"穷帮富"的负向剥夺。二是贫困地区的资金稀缺和金融市场不完善抑制了金融资源供给，所形成的高利率和短期限贷款，不能满足农业生产脆弱性和周期性的特征。在经营性收入没有显著改善的情况下，高成本的信贷资金反而会加重贫困人群还款负担和生活压力，甚至造成贫困群体缩小生产投入弥补欠款的现象，不利于贫困群体脱贫。三是金融扶贫资源流向的偏差性和低效性，小额贷款、扶贫贴息贷款和商业性贷款均呈现不同程度的"目标偏移"状况。金融资源过多地流向预期收益较高的人群和项目，不仅会造成资本过度投入的边际收益递减，也会挤占贫困人群的资源与发展机会，收入差距加大并进一步固化贫困阶层。四是贫困农户信贷结构失衡，高消费性贷款和低生产性贷款，抑制了金融减贫效应的发挥。以建房置业、子女教育、婚丧嫁娶和健康医疗为主的消费性信贷，非但不能改善农户收入水平，反而会形成未来的负向支出，恶化了以收入水平来衡量的经济贫困。

第四，欠发达地区农村金融体制与机制缺陷，将制约金融资源与生产要素的深层结合，抑制甚至负向影响金融减贫的实践效果。欠发达地区经济结构转变、扶贫方式转化和农户阶层需求分化呼吁欠发达地区农村金融体制与机制变革，这种变革动力会内在地驱动农村金融作用于贫困减缓的行为轨迹，扩张金融减贫的正向作用路径与空间，实现金融减贫的阈值跨越。因此，应完善欠发达地区农村金融组织体系，设计满足贫困群体需求的金融产品和信贷机制，提高金融资源的支农扶贫效率。

第五，贫困地区呈现持续的贫困惯性与持续性。从系统动态面板GMM分析结果显示，代表贫困程度的一阶滞后项参数为正值，并且系数取值均在0.6—0.9，说明上期贫困对本期贫困有较大程度的影响。从表5-19脉冲—响应函数的方差分解结果来看，贫困程度lnpov的贡献程度在各因素中作用最大，第5期为77.4%，第15期为63.5%。此结果与第三章分析结论一致，贫困农村呈现贫困固化及代际传递的特点，权利贫困、知识贫困、物质贫困、机会贫困和文化贫困的相互交织，共同加剧贫困地区贫困的顽固性和复杂性。

第六，贫困程度与金融发展之间存在相互作用的关系，贫困减缓对金融发展存在显著的正向影响。从图 5-3 脉冲—响应图可知，贫困程度减缓对金融发展的促进作用甚至可以延续至十期之久。说明相对于金融发展对贫困减缓的正向影响，贫困程度对金融发展的抑制作用更为明显。由于金融服务水平与地区经济总量、人口密度和运营成本有关，地区经济发展滞后会抬升机构服务成本，降低机构运营能力，最终也制约其提供金融服务的深度与广度。因此，必须同时发挥市场与政府作用来克服贫困地区"金融抑制"，改变贫困地区经济落后与自然环境落后对金融发展产生的负向激励效果。

第七，经济增长、政府财政支出、转移支付和工业发展可有效促进贫困减缓，而收入分配不均却明显阻碍了贫困地区消除贫困的进程。由于收入分配不均会抵消经济增长对穷人的"涓流效应"，致使经济增长的减贫功效弱化甚至为负。因而，应注重金融政策与财政政策、货币政策和产业发展政策的有效衔接，并且通过构建良好的宏观经济政策环境，推进金融减贫的有序实施。

第六章　农村金融发展的减贫机理

金融发展以何种途径作用于贫困减缓，其内在作用机理和减贫渠道是什么，农村金融减贫成效不足的内部根源是什么？为此，将贫困地区农村金融发展的减贫机制分为直接和间接两个方面。直接影响主要通过金融机构服务和金融工具创新，从而满足农户融资需求、抵御风险能力和技术更新等方面进行分析，其涉及金融发展微观层面的作用。间接影响从宏观角度引入经济增长和收入分配等变量，研究金融发展如何影响经济增长和收入分配，从而间接作用于贫困减缓。相关分析借鉴心理学的中介效应分析方法，将经济增长和收入分配作为金融发展与贫困减缓的中介变量，通过 MPLUS 软件来测算农村金融发展减贫作用的直接效应和间接效应大小、作用方向，以及所占比例。在上述分析基础上对农村金融发展与贫困减缓的减贫效应进行梳理，刻画出金融发展与经济增长、收入分配和贫困减缓的联系机理，为完善贫困地区农村金融减贫机制提供破解思路。

第一节　农村金融发展对贫困减缓的直接影响

一　金融服务增强农户抵御风险能力

金融服务对农户风险的防范可以体现在以下几个方面：一是通过促进储蓄形成积累资金，当农户收入波动加剧或由于重要生产投资和大额消费需要资金时，储蓄可以帮助农户弥补当期赤字或者平滑消费。凯恩斯流动偏好理论就体现了预防动机的思想。Leland（1968）认为预防性储蓄就是由于未来收入的不确定而致使人们选择的额外储蓄。当未来收入波动较大、不确定性较强烈时，预防性储蓄所占总储蓄的比例就会提高，而储蓄率的提高又带来了消费率的下降。此后，Caballero（1990）则引入劳动收入因素来讨论预防性储蓄，认为由于劳动性收入的变化，导致持久收入的改变，因此消费者可采用储蓄来规避风险。对于我国贫困地区农村居民而言，大部分家庭都生活在地理环境较为偏僻，生活环境较为恶劣的地区，农户往往以传统农业种植及手工业为主，受气候、灾害、降水、地形、市场环境等因素的影响较大，因此收入状况波动较大。而农户的资金需求除了日常生活开销外，当遇到婚丧、教育、搬迁、疾病、生子等人生大事时，开销骤然加大，这就需要一定的储蓄积累作以应对。金融机构所提供的储蓄服务有助于穷人的积累资金，使其在生命的不同阶段平滑消费，并且抵御外来风险。

二是金融机构可向农户提供小额保险服务，作为有效的风险防范手段。我国是一个农业大国，也是一个贫困人口较多的国家。由于农业自身经营的脆弱性以及金融机构对贫困农户"慎贷"的现状，农户难以仅仅依靠储蓄手段和小额贷款来解决突如其来的外部状况。甚至有些低收入农户借助信贷手段投资致富后，由于自然灾害、重大疾病、意外死亡及宏观经济环境变动等状况的发生，使得农户再次陷入贫困，而农村小额保险的出现则可有效缓解这一问题。如 20 世纪 80 年代初，中国人民保险公司向农村地区推出种养两业保险。随后又推出了小额意外险、小额健康保险、小额农业和财产保险以及小额寿险。由于农村小额保险具有保费低、金额小、投保和理赔程序简单等特点，更能切合农村低收入阶层的需求，为其抵御风险提供有效的保障。

二　金融工具创新满足农户融资需求

农户是农村金融需求的主体，不同类型农户的层次与特征，决定了所需金融服务的类型与特点。我国贫困农户主要聚集在老、少、边、穷地区，他们存款较少，经济收入低下，欠缺抵押物品，却有较强烈的资金需求，但资金需求额度不高。针对贫困农户的自身特点和资金需求特征，正规金融机构可通过创新金融服务产品，满足贫困农户的金融需求。

首先，设计小额度的农户生活消费贷款，满足农户消费需求。金融机构可在建立农户征信系统的基础上，根据农户婚丧嫁娶、移民搬迁、住房装修、购房装修、教育等不同的消费需求，开发不同的信贷产品。如陕西省农村信用社推行富秦家乐卡，此卡特点为随用随贷，可直接到柜台办理。其对个体工商户的贷款额度为 20 万元以下，对农户信用限额最高是 10 万元，一般信用户是 3 万元。陕南地区为帮助移民搬迁人群顺利建房置业，特设立专项移民搬迁贷款项目。此外，为帮助贫困儿童顺利完成学业，全国各地推出了不同类型的助学贷款。

其次，贫困农户有通过投资增加经济收益的机会，因此也具备投资性需求，可设计相应的信贷产品进行扶持。如针对大量农民工返乡创业、农村青年就地创业，可充分发挥基层组织或农村合作组织的作用。对有创业意愿、信贷需求并具备一定能力的农户进行摸底考察，由基层组织审核其信用状况及资格后推荐给金融机构，金融机构再对其进行审核，不仅对其发放贷款，还可向其推荐投资项目及专业知识培训，并实行一定的利率优惠，有助于其创业活动的良性开展。

最后，针对贫困农户生产经营需求特点，设计生产经营性贷款。可以根据《中华人民共和国物权法》来拓宽抵押物和质押物的范围，将农户种植和养殖的农作物、牲畜、土地、房屋和林权等作为抵押物。如陕西省商洛市通过建立规范、公开的森林资源交易平台，有效地解决了金融机构贷款抵押物不足问题。此外，商洛市还积极开展订单农业贷款，利用"公司+农户+信贷+保险+财政"的"商洛模式"，把丹凤县辖部分乡（镇）生态鸡养殖专业户联合起来，形成生产、加工、销售、防疫于一体的综合性生产服务组织，有效缓解了订单养殖户的资金瓶颈问题，建立了金融鼎力支持、财政积极扶持、保险跟进服务的养殖业综合服务体系，取得了良好的经济效益、社会效益和示范效应。

三　金融资源支持人力资本提升与技术进步

首先，贫困地区农村经济发展离不开农户文化素质的提升和科学技术的应用，而贫困农户由于资本积累有限，缺乏资金进行教育与培训，这就需要用金融服务来有效缓解这一问题。如国家助学贷款降低了贫困家庭学生的资金压力，让更多贫困家庭子女享有受高等教育的机会。贫困学生不需要办理贷款担保或抵押，就可通过学校向银行申请贷款，毕业后分期偿还。其次，金融机构的设立和金融服务深入农村腹地，给农民带来了思想观念的冲击。贫困农民除了向亲朋好友及非正规金融借贷之外，还了解到向正规金融机构，特别是新型农村金融机构的借款途径。再次，除了建房置业、婚丧嫁娶等消费性借款之外，还注意到生产投入和商业性经营的投资性贷款。除了存款取款的传统金融项目之外，还逐渐接受了农村理财、农村保险等新型金融产品。这些新兴观念的冲击，会影响农户的决策与行为，并形成合理的理财观念，有利于社会主义现代化所需的新型农民的培养。最后，许多金融机构还针对农民工及回乡创业人员展开专项贷款，并对借贷人员进行培训。如孟加拉国乡村信贷就会对组内人员进行培训与指导，向其传授金融知识，强化风险意识，并对农户所经营的项目进行技术指导。

贫困地区农户主要以传统农耕、放牧等形式，采取手工劳作的方式从事农业经营。正是由于贫困农户未将现代农耕技术运用于农业生产之中，其经营效率低下且产量极不稳定，因此，通过金融机构的资金支持来购置先进的生产工具以及化肥、农药、良种等显得尤为重要。此外，金融机构还可以投入科研经费，支持农药化肥、农业机具等的创新，并且对涉农企业、创业农民也可以进行资金支持。

第二节　农村金融发展对贫困减缓的间接影响

农村金融发展对贫困减缓的间接效应可体现在农村金融以经济增长和收入分配为中介，作用于经济增长和收入分配，进而影响贫困程度。一方面，农村金融发展具有"涓流效应"，金融发展通过促进整体区域的经济发展，让优先发展的群体或地区通过"溢出效应"和

"辐射效应"带动欠发达人群或地区发展，从而共同分享金融发展对经济增长的促进效应；另一方面，金融发展可促进金融资源在不同群体间的流动与分配，从而影响富裕阶层和贫困阶层资金使用的数量及机会，重新调整不同群体的收入分配格局。此外，经济增长和收入分配之间本身就具有相互影响的关系，库兹涅茨曾提出经济增长与收入分配存在"倒 U 形关系"曲线，经济增长有时会拉大贫富差距，而收入差距的扩大又会进一步抵消经济增长对穷人的"涓流效应"，造成贫困减缓效果不明显甚至恶化。

一　金融发展对经济增长与贫困减缓的影响

（一）金融发展与经济增长的关系

国内外学者对此问题进行了大量的理论与实证探讨，大部分学者认为两者之间具有良性作用关系。早在 1776 年，亚当·斯密（Adam Smith）就强调了金融媒介对经济增长的促进作用，肯定了银行等金融机构的贡献。而内生经济增长理论的提出，如 Pagano（1993）所构建的 AK 模型则展示了金融因素对经济增长的作用路径。该模型假定经济总产量与总资本之间存在线性关系，其假设生产函数可表述为：

$$Y = AK \tag{6-1}$$

其中 A 为资本的边际生产率，Y 表示该期经济总产出，K 表示资本总量。

而

$$\Delta Y/Y = \Delta K/K \tag{6-2}$$

资本增量 ΔK 转化为当期投资 I_t 减去折旧 δK，δ 表示折旧率。

则

$$\Delta K = K_{t+1} - K_t = I_t - \delta K \tag{6-3}$$

在均衡状态下，总投资等于总储蓄即 $I_t = S_t$。但实际情况下，储蓄向投资的转化过程中会有一部分储蓄被消耗，假设总储蓄转化为投资的实际比例，即储蓄投资转化率为 ϕ，s 为储蓄率。

则

$$I_t = \phi S_t = \phi s Y \tag{6-4}$$

将式 6-1、式 6-3 和式 6-4 带入式 6-2 中，则可得到：

$$\Delta Y/Y = (s\phi AK - \delta K)/K \tag{6-5}$$

即

$$\Delta Y/Y = s\phi A - \delta \tag{6-6}$$

从式 6-6 可以看出资本边际生产率 A、储蓄率 s、储蓄投资转化

率 ϕ 和折旧率 δ 对经济增长的共同作用。

从 *AK* 模型式6-6中可以看出金融发展可以通过三种途径促进经济增长：

首先，金融发展带来储蓄率 *s* 变动，从而影响经济增长。金融机构的传统功能在于储蓄与借贷，金融发展水平越高，社会存储与借贷活动越活跃，越有利于整体经济资本的形成，推动经济增长。此外，由于财富效应与替代效应的存在，以及金融部门创新推出了各种理财产品和金融产品，导致因收入水平提高而带来财富效应，以及推出的投资组合对储蓄的替代，又会影响私人储蓄的增加。总体而言，开放经济中，金融发展水平越高的国家越有利于吸引外资，从而补充不足的国内储蓄，促进经济的增长。

其次，金融发展带动储蓄投资转化率 ϕ 提高，推动经济增长。随着金融发展，金融部门运行成本下降、经营效率提高，从而带来储蓄向投资的转化过程中消耗的资金减少，储蓄转化率 ϕ 提高，进而推动经济增长率提高。另外，经济增长率也会反向促进金融部门的发展，缩小金融部门服务成本，改善其经营效率，更进一步促进经济增长。

最后，金融发展带动资本边际生产率 *A* 的提高，推动经济增长。金融发展带动了金融组织管理效率和运行效率的提高，运用更为科学合理的方法降低投融资风险，并合理配置资金流向收益率较高、发展势头良好的部门和行业，促进社会资本边际生产率的提高。此外，金融发展还为技术创新和政府公共投资提供了有力的资金支持，推动了创新型项目的开展和公共基础设施环境的改善，为资本边际生产率的提高提供了更为有利的条件。

（二）经济增长与贫困减缓的关系

早在20世纪中期，经济增长与收入分配之间的关系就得到国内外学者的广泛关注，其中"涓流效应"更一度成为主导思想。其观点表明经济增长的益处会主动惠及穷人，并且经济增长为贫困减缓的充分必要条件。经济增长的好处首先会流向富裕阶层，当富裕阶层消费更多的所得时，这种好处又会流向贫困阶层，因此贫困规模和贫困发生率伴随经济增长而逐渐缩小。经济增长可以通过以下几个方面来改善穷人的生活状态：首先，经济增长会促进农业产业增长和农业生产结构的变动，而农业生产总量的增长又对贫困减缓具有直接影响，这一观点也与我国现实情况相吻合。改革开放初期，我国农村人口大部分处于贫困的紧迫状态，伴随政府推行土地制度改革、家庭联产承包责任制、提升农产品收购价格以及促进乡镇企业发展等一系列政策开展，农村生产积极性得到调动，农业总产量和生产效率不断提高，从而带动近十年农村贫困人口的大幅缩减。其次，经济增长会促进非农产业发展，而工业和第三产业的发展不仅能够释放巨大的生产力，也为农村人口提供了更多的产品、服务、技术以及非农就业的机会。我国 80 年代中期以后，农村劳动力的外出转移及非农就业，就为贫困减缓做出了巨大贡献。一方面大量廉价劳动力转向工业、制造业和服务业，充分发挥了我国劳动力资源禀赋的优势，以较低的成本增强了商品国际竞争力；另一方面，劳动力的非农转移也为农村贫困群体提升收入水平，改善生活状态并最终摆脱贫困提供了重要契机。事实证明，伴随我国劳动力大量转移，农村贫困地区收入结构发生了较大改变，家庭经营性收入比例不断下降，工资性收入稳步上升，外出打工收入已成为许多家庭经济收入的主要来源。最后，经济增长可推动贫困农村周边的小城镇快速发展，而中心城市及城镇的发展又具有地区"辐射效应"。一方面可将资本、技术、人才和市场要素流动及时转移至较为落后地区；另一方面也会以现代的思想观念、思维方式和生活习惯影响落后地区，推动落后地区经济发展及人民生活状况改善。

"涓流效应"中强调经济增长会自动惠及穷人，经济增长利益会自发地从富裕阶层转向贫困群体。尽管在经济成果的分享过程中，穷人只享有较少的利益份额，但是随着经济增长和利益渗出，贫困率将不断降低。而许多学者对"涓流效应"产生质疑，认为"涓流效应"并非自发产生，而是受到许多条件的影响。此外，有些学者更强调"利贫增长"的重要意义，所谓"利贫增长"是指穷人比非穷人分享经济增长中更多的好处，并且这些好处是贫困群体从经济增长中直接获取而非间接获取的。"利贫增长"的实现，更需要政府发挥引导作用和政策支持，政府制定政策措施时应当充分考虑贫困群体境遇，在经济发展过程中注重贫困群体生活条件的改善以及贫富差距的缩小，力争让增长的成果更多地惠及穷人。此外，政策制定时应将刺激经济增长的政策和利贫政策结合考虑，创建合理的分配机制，让更多穷人参与经济活动、经济发展过程、分享增长成果。

二　金融发展对收入分配与贫困减缓的影响

(一)　金融发展与收入分配的关系

现代金融发展理论针对金融发展与经济增长关系的研究已取得丰硕的研究成果，然而对金融发展与收入分配关系的探讨却一直隐含于金融发展与经济增长研究中，真正对其系统的研究始于 20 世纪 90 年代。

学术界关于金融发展与收入分配存在不同的观点，一是学者认为金融发展加剧了收入分配不平等。其原因如下：首先，发展中国家金融抑制会导致金融价格扭曲，并且产生不同人群获取信贷机会和成本差异，从而恶化二元经济结构及社会收入分配不公；其次，现实社会各部门经济实力、生产效率具有差异，在存在金融抑制的情况下，现代高效率部门相较于落后低效部门更易获得贷款，以致两部门间收入差距逐渐扩大；最后，从人力资本差距角度而言，具有不同人力资本水平的两个人，可从事不同技术水平的劳动，获取不一样的财富，从而资本可得性和财富积累量也不一致。因此，由于资本市场的不完善，初始财富的分配不均及收入分配不均等将会持续下去。二是部分学者认为金融发展与收入分配并非简单的线性关系。如穷人和富人初始财富不同，富人比穷人更具有进入金融市场的能力，因此会早于穷人获得金融市场的高回报。所以在金融发展早期，金融发展会加剧收入分配不均，而当跨越拐点之后，越来越多的穷人参与金融市场，贫富之间的差距得以缩小。三是金融发展有利于缩小收入分配不均。如金融发展水平与基尼系数之间存在负相关关系，金融发展降低了收入分配不平等（Clarke、Xu and Zou，2003）。我国学者对此问题的研究一方面集中在农村金融发展对农民收入增长的直接影响，认为我国金融发展和农民收入增长存在显著的负向关系；另一方面，大量学者关注于农村金融发展对城乡收入的影响，普遍认为农村金融发展扩大了城乡收入差距。总体而言，金融发展与收入分配间并未达成统一的结论。但就我国现阶段而言，由于金融市场不完善、金融发展水平仍然不足，金融发展水平与收入分配反而呈现负相关系，特别是加大了富裕地区和贫困地区的收入水平差距。

（二）收入分配与贫困减缓的关系

前文所述经济增长对贫困减缓的"涓流效应"一度成为学术界的主流思想，但是事实证明"涓流效应"并非自发产生的，而是受到一系列因素的影响，其中收入分配均等程度便是影响"涓流效应"能否顺畅作用于穷人的主要因素。中国的现实情况也证明了收入分配差距加大，将会抵消经济增长对穷人的正向溢出效应，致使经济增长的减贫功效弱化甚至为负。收入分配不均可从以下几个方面影响农村贫困：

首先，严重的收入分配不均可能会影响整体经济增长效率。如马克思认为收入差距过大，资本过度集聚于少数资本家手中，劳动者的收入份额过度压榨，会最终导致两大阶级矛盾的对立以及整个资本主义制度的瓦解。其次，在信贷市场不完善状态时，收入分配不均会使穷人面对更多的信贷约束，降低其财富积累的机会和能力，不利于社会的发展。再次，收入分配不均会产生"马太效应"，造成贫富之间财富差距进一步拉大。究其原因，收入越高的人群往往掌握大量的人脉、信息、教育、投资等资源，其收入来源更广泛，收入水平也更稳定。而贫困阶层处于社会的弱势地位，难以获得更好的收入机会，收入来源构成也较单一，以简单的务工务农收入为主，收入水平低下。最后，收入分配不均会造成人力资本差异，而人力资本差距又是造成不同人群收入水平拉大的原因。贫困人群由于收入水平低下且思想观念滞后，用于教育、医疗等方面的支出较少，从而造成贫困者教育程度偏低、身体健康状态欠佳，在劳动市场上竞争能力不足，收入水平偏低。正如发展经济学家讷克斯（1953）提出的"贫困恶性循环"理论，贫困者难以打破固有的恶性循环，摆脱贫困的厄运。

总体而言，收入分配不均会阻碍贫困减缓的进程，然而经济增长与收入分配之间的关系并非线性单一，收入不均既可有利于经济增长，而较大幅度的经济增长又可推动贫困的减少。与此同时，严重的收入分配又会阻碍整体经济增长水平，从而进一步限制贫困人群收入增长。此外，经济增长在不同时期影响收入分配的作用不同（如库兹涅茨的倒 U 形曲线）。因此，需要运用统计工具，简化金融发展与这些变量的关系，进一步分析其间的联系机理。

第三节　金融发展与贫困减缓的联系机理

伴随学术界对金融减贫问题的关注，已有部分学者在研究中引入金融发展、经济增长、收入分配和贫困程度等指标，分析金融发展对贫困减缓的作用路径。其中大部分研究仅停留在定性分析和规范分析层面，通过理论推演得出四个变量之间的作用机理和作用路径。而实证方面的研究，仅有苏基溶等（2009）、崔艳娟等（2012）引入系统GMM 方法，构建不同模型测算出金融发展、经济增长、收入分配和贫困程度的作用大小，但系统 GMM 仅将贫困程度作为因变量，将金融发展、经济增长、收入分配作为并列自变量，无法体现金融发展、经济增长和收入分配的层级关系，即前文所述金融发展以经济增长和收入分配为作用中介，进而影响贫困减缓的作用路径。因此，此处引用心理学多重中介效应模型，将经济增长和收入分配作为中介变量，力图更为合理地揭示金融发展、经济增长、收入分配和贫困程度的作用机制和作用大小。

一　模型设定与假定条件

依据前文理论分析，金融发展与各变量之间并非简单的线性关系。为了更好地将实证检验结果与理想状态作一比较，探寻金融减贫作用不畅的路径根源。此处假设一个理想模型，金融发展与各变量呈现单向一致的关系，并且各变量的路径作用都有利于金融减贫的效果实现，从而设立以下 7 个假设条件，得到图 6-1 理想作用模型：

假设 1：经济增长和收入分配在金融发展与贫困减缓的关系中具有中介作用。

假设 2：金融发展对贫困减缓具有显著的正向影响。

假设 3：金融发展对经济增长有显著的正向作用。

假设 4：金融发展对收入差距呈现显著负向影响。

假设 5：地区经济增长显著有利于贫困减缓。

假设 6：收入差距加大显著不利于贫困减缓。

假设 7：贫困地区经济增长显著促进收入差距改善。

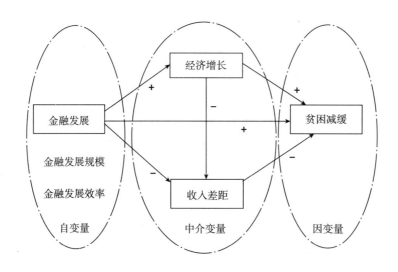

图 6-1　金融发展与贫困减缓的理想作用模型

二　多重中介效应方法简介

近年来，越来越多的学者将中介变量应用于心理学、教育学、医学、管理学和经济学等社会科学领域，不仅有助于我们厘清不同变量之间的作用机制，还可以预测自变量对因变量的作用大小。中介模型相对于分析自变量对因变量影响的简单回归方法，方法更为合理且所得结果更具说服力。

（一）中介效应的界定

所谓中介变量，是指如果自变量 X 通过某一变量 M 对因变量 Y 产生影响，则称 M 为 X 和 Y 的中介变量。可见中介变量是连接两个变量之间的纽带，自变量 X 的变化将引起中介变量 M 的变化，而 M 的

变化又会引起 Y 的变化。我国学者温忠麟（2004）将包含中介变量的各变量间关系用下式描述：

$$Y=cX+e_1 \tag{6-7}$$

$$M=aX+e_2 \tag{6-8}$$

$$Y=c'X+bM+e_3 \tag{6-9}$$

其中假设所有变量均已中心化，并且 X 与 Y 显著相关。M 为中介变量，a 为自变量 X 对中介变量 M 的效应，c 为自变量 X 对因变量 Y 的总效应，b 是控制自变量后，中介变量 M 对因变量 Y 的影响，c' 是控制中介变量后自变量 X 对因变量 Y 的直接影响。总之，总效应、中介效应和间接效应的关系可由下式表示：

$$c=c'+ab \tag{6-10}$$

其中 c 为总效应，ab 为中介效应，c' 为直接效应。

存在单一中介变量 M 的单中介模型图可由图 6-2 表示：

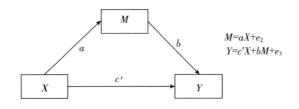

图 6-2　单中介模型路径

（二）多重中介模型

相对于单中介模型，多重中介模型是指在因变量和自变量之间，存在多个中介变量作用。根据多个中介变量是否相互影响，可将多重中介模型分为并行多重中介模型和链式多重中介模型。前者指多个中介变量之间不存在相互影响，后者指多个中介变量之间存在相互影响，多个中介变量具有顺序性，可形成中介链。

若图 6-3 中去除 $M_1 \rightarrow M_2$，则此图可反映并行多重中介模型；若加入 $M_1 \rightarrow M_2$，则此图为链式多重中介模型。目前，中介效应的检验方法主要包括系数成积检验法、差异系数检验法和 Bootstrap 检验法，其中前两种检验方法更适用于单中介效应模型，而 Bootstrap 检验法则更适用于多重多元中介效应模型。Bootstrap 检验法假设即使正态分布不存在，经验抽样分布也可被当作整体分布来估计参数。Bootstrap 强调反复从总体研究样本中抽取一定数量的样本，之后放回，以每次抽样所得参数平均值来估计模型的最终参数。与系数成积检验法和差异系数检验法相比，Bootstrap 检验法不依赖于分布假定和理论标准误，统计方法更为科学、理想。

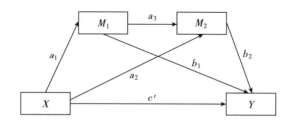

图 6-3　多重中介模型路径

多重中介效应模型设定后，通常可以实行以下分析步骤：一是测度总中介效应的大小；二是在控制其他中介变量时，逐个研究不同中介变量的特定中介效应；三是对比分析不同中介变量的特定中介效应，判断分析作用大小和强弱。

三　变量选取与分析方法

（一）变量选取与数据说明

贫困程度（lnpov_{it}）采用我国集中连片特困区各贫困县人均收入的自然对数值表示；金融发展规模（fa_{it}）借鉴戈德·史密斯金融相关比例 *FIR* 的概念，以我国集中连片特困区各贫困县区城乡居民储蓄存款与金融机构贷款之和与其 *GDP* 比例来反映金融发展规模；金融发展效率（fe_{it}）运用金融机构年末贷款余额与存款余额之比表示，其可以表示贫困县区金融存款与贷款之间的转换效率，反映金融资源在当地的运用程度；经济增长水平（lneco_{it}）采用我国集中连片特困区各贫困县区人均地区生产总值代表其经济增长水平，并且为了去除异方差和保持数据平稳性，此处选取对数形式；收入分配（ig_{it}）运用我国集中连片特困区各贫困县城镇居民平均收入与农村人均纯收入之比，表示城乡收入分配差距程度。

本部分立足于考察我国脱贫攻坚阶段农村金融减贫的效果及机制，选用2011—2018年我国435个国定贫困县数据，尽可能更好地反映贫困地区农村金融发展状况。所得数据来源于《中国县（市）社会经济统计年鉴》（2012—2019），模型中相关变量的定义与基本统计状况见表6-1。

表6-1 变量描述与统计

变量最大	变量描述	观测值	平均值	标准差	最小值	最大值
lnpov	贫困程度	3480	7.94	3.79	6.50	9.33
fa	金融发展规模	3480	1.24	0.64	0.015	16.81
fe	金融发展效率	3480	0.86	3.43	0.0166	38.652
lneco	经济增长	3480	9.20	7.85	6.35	13.63
ig	收入分配	3480	8.76	3.94	0.001	85.43

（二）分析方法

由于本书涉及经济增长水平和收入分配两个中介变量，与运用层次回归进行路径分析相比，结构方程模型更为简便。传统层次回归中检验中介效应的sobel法假定中介效应服从正态分布，但当大多数情况中介效应分布状况未知或者并不为正态分布，或是样本容量小于500时，运用Bootstrap检验法可以避免正态分布假定，并可估计更为精确和稳健的中介效应置信区间。因此，本章选用spss软件进行描述性、相关性分析，运用Mplus软件进行结构方程建模，并采用Bootstrap再抽样技术，检验中介作用显著性及估计置信区间的大小。

四 中介效应检验

由于本书选取两个中介变量，并且经济增长和收入分配存在相关，因此选用结构方程模型的方法检验多重中介效应。首先，根据前文假定模型，检验多重中介效应。这里认为金融发展既可以通过经济增长和收入分配的桥梁作用影响贫困减缓，同时金融发展还可对收入分配产生直接影响。其次，分析中介效应占总效应的比例。最后，进行中介效应与直接效应的对比。

（一）各变量相关性分析

变量相关性检验是多重中介效应分析的基础，此处将贫困程度 lnpov 、经济增长水平 lneco 、金融发展规模 fa 和收入分配 ig 四个变量进行相关性分析。从表 6-2 显示结果可知，在 5% 的显著性水平检验下，金融发展规模 fa 和其余三个变量相关系数均统计显著。从方向来看，金融发展规模 fa 与经济增长 lneco 为正向相关，与收入分配 ig 呈现负向相关。而贫困程度 lnpov 分别与金融发展规模 fa 和经济增长 lneco 呈现正相关，而与收入分配 ig 呈现负相关。此外，经济增长 lneco 正向相关于收入分配 ig 。

表 6-2   金融发展规模与各变量相关性

	lnpov	fa	lneco	ig
lnpov	1.000			
fa	0.043 **	1.000		
lneco	0.770 ***	0.039 **	1.000	
ig	−0.331 ***	−0.057 ***	0.160 ***	1.000

注：*** 表示 $p<0.001$ ，** 表示 $p<0.05$ 。

由于将金融发展划分为金融发展规模和金融发展效率两个方面探讨，在分析金融发展规模与各变量相关性之后，需要探讨金融发展效率 fe 、经济增长水平 lneco 、收入分配 ig 和贫困程度 lnpov 的相关性。从表 6-3 中数据可知，金融发展效率与各变量的相关关系均可在 1% 的显著性水平下统计显著。其中，贫困程度与金融发展效率呈现负相关，与经济增长呈正相关，与收入分配呈负相关。金融发展效率与经济增长和收入分配分别呈现负相关和正相关。而经济增长与收入分配呈现负相关。此处，各变量间相关性分析为后续中介效应分析奠定了基础。

表 6-3   金融发展效率与各变量相关性分析

	ln*pov*	*fe*	ln*eco*	*ig*
ln*pov*	1.000			
fe	−0.0573***	1.000		
ln*eco*	0.7705***	−0.0166***	1.000	
ig	−0.3307***	0.0754***	−0.160***	1.000

注：(1) ***表示 p<0.001；(2) 表中数据由 spss 软件估计。

（二）假设模型主要拟合指数

此处，运用 Mplus 软件按照最大似然法则（ML），进行 Bootstrap 抽样 2000 次，可得到中介效应模型的拟合指数结果（表 6-4）。其中，分别显示以金融发展规模 *fa* 和以金融发展效率 *fe* 为自变量的中介效应模型。检验分析结果显示：χ^2/df 均小于 3，近似误差均方根 *RMSEA* 分别为 0.003 和 0.004，相对拟合指数 *CFI* 均为 0.98，非规范拟合指数 *TLI* 分别为 0.99 和 0.97。与邱皓政等（2009）所提出的判定模型拟合程度的标准——近似误差均方根 *RMSEA* 低于 0.08，且比较拟合指数 *CFI* 和非规范拟合指数 *TLI* 等均在 0.9 及以上相比，本书假设模型与样本间拟合程度良好。

表 6-4   模型的主要拟合指数

	χ^2	df	χ^2/df	*RMSEA*	*CFI*	*TLI*	*AIC*	*BIC*
金融发展规模 *fa*	5.24	2	2.62	0.003	0.98	0.99	30012.77	30088.04
金融发展效率 *fe*	5.72	2	2.86	0.004	0.98	0.97	30041.74	30117.01

（三）模型路径检验分析

1. 以金融发展规模 *fa* 为自变量

仍将金融发展划分为金融发展规模和金融发展效率两个维度。图 6-4 显示了以经济增长和收入分配为中介变量，金融发展规模对贫困减缓的作用路径。图中括号外系数为标准化路径系数，括号内系数为非标准化路径系数。图 6-4A 显示了不考虑中介变量金融发展规模对贫困减缓的效应,图 6-4B 显示了金融发展规模对贫困程度的直接效应与间接效应。

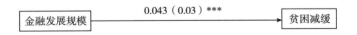

图 6-4A　不考虑中介变量,金融发展规模对贫困减缓的影响

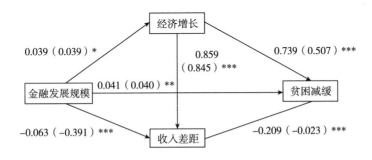

图 6-4B　金融发展规模、经济增长、收入差距和贫困减缓的综合影响

图 6-4 反映了四个变量相互作用的路径系数,其结果表明:一是金融发展规模对贫困减缓的系数为 0.041,并通过 5% 的显著性水平检验,说明金融发展规模可直接缓解贫困,与假设 2 相一致;二是金融发展规模对经济增长的系数为 0.039,但这一结果仅能通过 10% 的显著性水平检验,在 5% 的水平下不显著,在一定程度上支持了假设 3 的观点;三是金融发展规模可改善收入分配差距($\beta = -0.063$,$p < 0.001$),这支持了假设 4 观点;四是经济增长对贫困减缓系数为 0.739,与假设 5 相一致,且可通过 1% 的显著性检验;五是收入分配差距加大抑制了贫困减缓($\beta = -0.209$,$p < 0.001$),与假设 6 一致;六是经济增长拉大了收入差距($\beta = 0.859$,$p < 0.001$),这与假设 7 方向不一致;七是纳入中介变量后,由于经济增长和收入分配的影响,金融发展规模对贫困减缓的影响下降,系数从 0.043 下降至 0.041,表 6-5 显示了检验结果:

表 6-5　　　　　　　　　模型路径检验分析结果

路径作用关系	标准化路径系数	非标准化路径系数	标准误	t 值	p 值
金融发展规模→贫困减缓	0.041	0.04	0.008	5.022	0.000
金融发展规模→经济增长	0.039	0.039	0.022	1.746	0.081
金融发展规模→收入分配	−0.063	−0.391	0.089	−4.382	0.000
经济增长→贫困减缓	0.739	0.507	0.013	39.103	0.000
收入分配→贫困减缓	−0.209	−0.023	0.004	−6.108	0.000
经济增长→收入分配	0.859	0.845	0.097	10.292	0.000

　　基于路径检验分析结果，对 2011—2018 年我国 435 个贫困县数据进行 500 次的 Bootstrap 抽样分析，表 6-6 反映了检验结果，其中包括金融发展规模对贫困减缓的直接效应、特定中介效应、间接效应和显著性。

表 6-6　　　　　　　　特定中介效应和间接效应比较

效应	b	SE	t	p	95% 的置信区间
金融发展规模→经济增长→贫困减缓	0.029	0.016	1.746	0.081	0.056, 0.002
金融发展规模→收入分配→贫困减缓	0.013	0.003	4.211	0.000	−0.008, 0.018
金融发展规模→经济增长→收入分配→贫困减缓	−0.007	0.001	−1.549	0.021	−0.002, 0.000
金融发展规模→贫困减缓	0.035	0.017	−0.993	0.021	−0.032, 0.006

　　总体而言，表 6-5 模型路径检验分析结果基本支持了假设 1—6，检验结果中变量作用方向与假定方向一致。但是假定 7 并未得到检验结果支持，检验结果显示经济增长拉大了收入分配差距，这也导致了金融发展规模→经济增长→收入分配→贫困减缓的效应均为负，从而抵消了金融发展规模→经济增长→贫困减缓和金融发展规模→收入分配→贫困减缓的部分正向效应，降低了间接效应的大小。

　　表 6-6 显示金融减贫的直接效应为 0.041。表 6-6 总间接效应以三条路径特定中介效应之和来表示，其值为 0.035。具体路径表现为

金融发展规模→经济增长→贫困减缓、金融发展规模→收入分配→贫困减缓以及金融发展规模→经济增长→收入分配→贫困减缓。总效应是直接与间接效应之和为 0.076。从而得到，间接与直接效应之比为 $|0.035/0.041|=0.85：1$。间接与总效应之比为 $|0.035/0.076|=0.46：1$。因此加入中介变量，金融发展规模间接作用于贫困减缓的效应为 46.1%。其中，由金融发展规模→经济增长→贫困减缓的路径下，特定中介效应占总效应的 38.16%。金融发展规模→收入分配→贫困减缓的路径下，特定中介效应占总效应的 17.11%。金融发展规模→经济增长→收入分配→贫困减缓的作用路径下，特定中介效应与总效应和直接效应的符号不一致，起到了反向的作用，不利于贫困减缓。

2. 以金融发展效率 fe 为自变量

与金融发展规模分析相似，此处图 6-5 显示了以经济增长和收入分配为中介变量，金融发展效率对贫困减缓的作用路径。图中括号外系数为标准化路径系数，括号内系数为非标准化路径系数。图 6-5A 显示了不考虑中介变量金融发展效率对贫困减缓的效应，图 6-5B 显示了金融发展效率对贫困程度的直接效应与间接效应。

图 6-5 中模型各路径系数结果显示：其一，金融发展效率对贫困减缓具有显著的直接负向影响（$\beta=-0.029$，$p<0.05$），与假设 2 方向相反；其二，金融发展效率对经济增长存在负向影响，但未通过 5% 显著性检验（$\beta=-0.017$，$p=0.259$），与假设 3 方向相反；其三，金融发展效率对收入差距存在显著正向影响（$\beta=0.073$，$p<0.05$），与假设 4 方向相反；其四，经济增长作用于贫困减缓存在显著的正向影响（$\beta=0.736$，$p<0.001$），与假设 5 相同；其五，收入差距作用于贫困减缓存在显著的负向影响（$\beta=-0.211$，$p<0.001$），支持假设 6；其六，金融发展效率通过经济增长作用于收入分配存在显著的负向影响（$\beta=-0.159$，$p<0.001$），支持假设 7；其七，加入中介变量经济增长和收入分配后，自变量金融发展效率对因变量贫困减缓的影响作用减少（从 $\beta=-0.036$，$p<0.001$ 下降至 $\beta=-0.029$，$p<0.001$）。模型路径检验结果如表 6-7 所示：

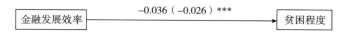

图 6-5A　不考虑中介变量金融发展效率对贫困程度的影响

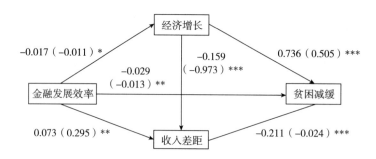

图 6-5B　金融发展效率、经济增长、收入差距和贫困减缓的关系模型

表 6-7　　　　　　　　　模型路径检验结果

路径作用关系	标准化路径系数	非标准化路径系数	标准误	t 值	p 值
金融发展效率→贫困减缓	-0.029	-0.013	0.008	-1.677	0.034
金融发展效率→经济增长	-0.017	-0.011	0.010	-1.128	0.259
金融发展效率→收入分配	0.073	0.295	0.130	2.272	0.023
经济增长→贫困减缓	0.736	0.505	0.013	38.922	0.000
收入分配→贫困减缓	-0.211	-0.024	0.004	-6.132	0.000
经济增长→收入分配	-0.159	-0.973	0.098	-9.954	0.000

　　模型路径的总效应、直接效应、中介效应及其显著性和95%的置信区间取值，其检验结果如表6-8所示。

表 6-8　　　　　　　特定中介效应和间接效应的比较

效应	b	SE	t	p	95%的置信区间
金融发展效率→经济增长→贫困减缓	-0.012	0.011	-1.127	0.260	-0.030，0.006
金融发展效率→收入分配→贫困减缓	-0.016	0.007	-2.132	0.033	-0.027，-0.004

续表

效应	b	SE	t	p	95%的置信区间
金融发展效率→经济增长→收入分配→贫困减缓	-0.001	0.001	-1.041	0.298	-0.001，0.000
金融发展效率→贫困减缓	-0.029	0.016	-1.815	0.070	-0.053，-0.003

由于金融发展效率对经济增长的负向影响，与假设 3 内容不一致，导致金融发展效率→经济增长→贫困减缓和金融发展效率→经济增长→收入分配→贫困减缓的效应均为负。而金融发展效率对收入差距的作用方向也为负，违反假设 4 内容，导致金融发展效率→收入分配→贫困减缓的作用效果为负。这些结果与图 6-1 理想模型均不一致，影响了直接效应和间接效应的大小与方向。

表 6-8 中直接效应为金融发展效率到贫困减缓的路径系数-0.029，总的间接效应等于三个特定中介效应之和，为-0.029，因此总效应为-0.058。间接效应与直接效应的比例为 |-0.029/-0.029| = 1∶1。而间接效应在总效应中所占的比例为 |-0.029/-0.058| = 50%，即金融发展效率作用于贫困减缓的效应有 50% 是通过经济增长和收入分配起作用的。其中，经济增长的间接效应占总效应的比例为 22.4%，收入分配的间接效应占总效应的比例为 27.59%，经济增长影响收入分配从而影响贫困减缓的间接效应占总效应的比例为 1.72%。中介变量经济增长和收入分配在自变量金融发展规模和因变量贫困减缓间都起到了负向作用。

五　结果分析

通过引入经济增长和收入分配作为中介变量，运用 MPLUS 软件分别测算农村金融发展减贫作用的直接效应和间接效应大小、作用方向，以及所占比例。可以得到以下结论：

第一，从线性关系来看，金融发展规模对贫困减缓具有显著的正向影响，而金融发展效率则具有显著负向影响。这一结果可从图 6-4 和图 6-5 得到反映。前者标准化路径系数为 0.041，后者标准化路径系数为-0.029，并且均通过 5% 的显著性水平检验。

第二，相对于间接效应，金融发展的直接效应更为明显。前文分析可知：从金融发展规模角度，间接效应占直接效应的百分比仅为85%，而金融发展效率角度，两者之比为1：1。此外，以金融发展效率作为自变量，收入分配的间接效应占总效应的比例高出经济增长。

第三，以金融发展效率作为自变量，收入分配的间接效应占总效应的比例比经济增长要高。从实证结果来看，收入分配的间接效应占总效应的比例为27.59%，而经济增长的间接效应所占比例为22.4%。并且金融发展效率对经济增长的作用系数无法通过5%的显著性水平检验，而收入分配的作用系数则可以。

第四节 本章小结

本章从直接和间接两个方面讨论了农村金融发展的减贫机制。其中，直接效应主要从金融服务增强农户抵御风险的能力、金融工具创新满足农户融资需求、金融资源支持农户人力资本提升和技术革新等方面进行分析。间接效应从理论层面分析了金融发展与经济增长、经济增长与贫困减缓、金融发展与收入分配、收入分配与贫困减缓之间的作用机理。此外，引用心理学多重中介效应模型，通过 MPLUS 软件区分测算经济增长和收入分配的中介效应大小，分别占总效应的比重以及作用方向。其主要结论包括：

第一，脱贫攻坚期，金融发展规模直接有效促进了贫困减缓。表6-5 模型路径检验分析结果显示，金融发展规模直接作用于贫困减缓的系数为 0.041，并且统计显著。借鉴戈德·史密斯的 *FIR* 指标设定，金融发展用贫困县存款与贷款总量与 *GDP* 之比来表示。比值越高则银行存贷款业务量和传统业务金融资产价值越多，金融服务程度越高。由于脱贫攻坚阶段，农村普惠金融以及精准金融扶贫的贯彻推进，强化了贫困县金融机构"扶贫"宗旨，特别是易地扶贫搬迁贷款、扶贫小额信贷、农户创业贷款、特色产业贷款的精准发放，不仅满足了贫困农户多样化的信贷需求，也改善了长期以来贫困县存款资金外流而贷款不足引致的"穷帮富"的负向剥夺。金融服务规模的扩大、金融发展水平的提升，以及金融服务与贫困人群的精准对接，对贫困农户抵抗风险、获得信贷支持和提升便携金融服务具有积极促进效应。

第二，将经济增长和收入分配作为中介变量，金融发展间接影响了贫困减缓。表6-6显示金融发展规模对贫困减缓的总间接效应为0.035。从中可知，脱贫攻坚期贫困县金融发展促进了当地经济增长和收入分配改善，通过"涓流效应"和"溢出效应"，进一步间接促进了贫困减缓。因此，要最大限度地发挥并巩固金融减贫效果，应注重保持金融发展、收入分配和经济增长的合理关系，确保三者之间良性作用。通过立足脱贫攻坚地区经济发展特点、特色产业发展和农户的金融需求，发挥金融政策和财政政策在乡村振兴战略中的优势互补作用，在追求经济增长的同时注重收入分配改善，保障良好的政策实施环境，巩固金融减贫成效。

第三，通过构建理想作用模型，假定金融发展、经济增长、收入分配与贫困减缓变量在理想状态下相互作用关系和作用符号。比较实证分析结果与理想作用模型，可知由于经济增长加大了收入分配差距，违反了假设7内容，致使金融发展规模→经济增长→收入分配→贫困减缓的效应为负，与图6-1理想模型的方向存在不一致，其特定中介效应为-0.007，抵消了金融发展规模→经济增长→贫困减缓和金融发展规模→收入分配→贫困减缓的部分正向效应。因此，要持续发挥金融减贫的间接效应，一方面应丰富农民增收途径，强化农户增收能力来缩小收入分配差距，改善脱贫地区经济增长与收入分配差距拉大并存的现象，为金融发展助力贫困减缓和乡村振兴提供有利环境；另一方面需结合各地乡村振兴规划，将信贷资金投向当地种养殖业、农产品加工、民族手工业和乡村旅游业等特色产业发展，为贫困和脱贫群体提供更多的发展机遇，切实保障金融发展的"益贫"宗旨，推动地区经济增长。

第四，与金融减贫的间接效应相比，金融减贫的直接效应更明显，但间接效应发挥有后续潜力。表6-6显示间接与直接效应之比为

│0.035/0.041│＝0.85∶1，间接效应与总效应之比为│0.035/0.076│＝0.46∶1。因此，金融减贫总效应中54%来自直接效应，46%源于间接效应。说明脱贫攻坚期，金融减贫战略深化了金融服务与贫困及小微群体精准对接，满足了农户在教育、健康、住房、创业等不同层面的资金需求，直接有效地减缓了农户贫困。而金融减贫总间接效应为0.035，其中金融发展规模→经济增长→收入分配→贫困减缓的特定中介效应为-0.007，如果经济增长改善了收入分配差距，则可使此特定中介效应由负转正，增加金融减贫的间接效应。

第五，与收入分配相比，金融发展以经济增长为中介变量来减缓贫困更加有效。由表6-6估算经济增长的特定中介效应占总效应比例为38.16%，而收入分配的特定中介效应占总效应比例为17.11%。前者是后者的两倍多。由于脱贫攻坚期国家对于贫困地区推出一系列帮扶政策，而金融扶贫通过与产业扶贫、教育扶贫、就业扶贫、易地搬迁扶贫政策相结合，有效带动了贫困地区整体经济增长，在扶贫开发的战略环境下，经济增长又通过"涓流效应"有效惠及贫困人群。而金融发展带动收入差距缩小来减缓贫困，则需要克服许多障碍，如金融机构传统的逐利理念，供给型信贷约束，以及贫困农户的生产性信贷有效投放等，因此效果不及以经济增长为中介变量直接。政府部门应注重政策制定中对收入差距改善的积极影响，防范收入差距拉大对金融减贫成效的负向影响。

第七章　国内外农村金融减贫案例考察

20世纪60—70年代以来，许多发展中国家政府通过补贴的形式，促进正规金融机构向农村贫困人群提供信贷支持。然而这一做法并未取得预期成效，普遍存在一系列问题，如信贷偿还率低、信贷风险大、项目亏损及优惠利率资金流入富裕人群等。1976年尤努斯（Muhammad Yunus）教授倡导开展孟加拉国乡村银行小额信贷模式，为解决贫困人群资金不足的问题提供了良好示范。其自创立以来受到许多发展中国家的欢迎，随后亚洲、非洲和拉丁美洲也纷纷推出了符合当地经济状况的小额信贷模式。联合国发展机构和世界银行则为全球范围内小额信贷项目的开展提供了资金支持，将金融发展作为一种重要的扶贫手段。本章通过引入孟加拉国乡村银行、蒙古国哈斯银行、爱尔兰贷款基金等国外农村金融反贫困成功事例，并结合我国宁夏、四川和甘肃等地金融扶贫项目开展的实践经验，试图比较分析国内外成功经验的精华之处，为我国制定金融减贫政策提供更多经验支持。

第一节　国外农村金融反贫困案例

一　孟加拉国乡村银行 GB 模式

（一）孟加拉国乡村银行起源及概况

1976年尤努斯教授在 Jobra 村庄开展了以消除贫困为目标，向不具备抵押物品的贫困人群提供贷款的实验项目。尤努斯教授认为尽管穷人经济水平低、生活状态不稳定、文化素质偏低，但是只要针对穷人设计出合适的还贷款制度，穷人依然是信用个体，可以按时履行还款责任。伴随孟加拉国乡村银行格莱珉（Grameen Bank，GB）分行的成立及成功运营，格莱珉信贷模式得以迅速推广。其发展轨迹如下：1978 年 3 月，尤努斯负责经营农业发展银行的一家分支机构。1979 年 6 月，孟加拉国央行呼吁推行格莱珉银行项目。同年，24 家分支机构成立，此项目得以在更大范围推广。四年后政府颁布了《1983 年特别格莱珉银行法令》，格莱珉银行正式成立。GB 模式一经提出，就得到许多亚非拉国家的效仿，并在不同国家推广和发展。而在发源地孟加拉国，GB 模式也根据宏观环境的变化和贫困人群的现实需求，从第一代信贷运作模式转向第二代信贷运作模式。现今，GB 模式被认为是规模最大、效果最好的金融扶贫方式。

（二）孟加拉国乡村银行组织结构

经过不断的发展与调整，格莱珉银行组织结构已经较为成熟。其不仅包括银行自身组织体系，也包括穷人自组织体系。银行自身组织体系主要包括总行、分行、区域办公室和地区营业所四个层次。其中，总行负责整体管理，分行为基本单位，大概 1 到 10 家分行营业所受一家地区营业所监督，地区营业所又受到区域办公室的指导。由于银行业务的扩张，地区营业所和区域办公室也随之成立。总行的管理功能和决策能力逐渐下放到下级，区域办公室将账目监督和贷款批准的功能下放给地区营业所。而总行主要负责监督、培训、评估、研究等活动，相当于秘书处或信息交换所。

穷人自组织体系主要以小组为单位，每个小组有 5 名成员，小组成员主要为同一地区经济情况相同的贫困者承担共同的连带责任。每组有一名主席和一名秘书，主席主要负责监督成员贷款使用情况，保障小组良好的纪律。主席从团队组员中产生，实行年轮换制。组员必须参加小组周会议，并将 5 塔卡存至小组基金账户上，组长同时将每周的还款收集起来，将还款归还至小组的银行账户。在贷款小组的基础上，形成了客户中心，其包含 6 至 8 个贷款小组。穷人自组织体系遵循的原则为：农民自愿、合约基础、自下而上的讨论与参与、联保制、小组成员存贷挂钩、贷款以还款为上限、注重发展妇女成员、小组长与中心主任无酬等。

（三）孟加拉国乡村银行运行模式

格莱珉银行在不断的实践探索中，经历了一系列改革和优化，从实验项目转变为正规的银行，并将这种成功模式推向全世界。格莱珉银行按照标准的程序经营，可分为模式一和模式二两个阶段。信贷模式一为传统模式，其主要包括以下内容：一是组建五人制信贷小组，实行连带责任制。组内成员过多，难以形成有效的连带关系，组内成员难以控制。因此，5人是最为合适的规模。小组的存在确保了共同责任制度的推行，小组内成员如果拖欠贷款、违反纪律、损害了小组信誉，则小组有权惩罚该名成员，将其逐出小组。而当小组成员确实遭遇危机而难以按时还款时，其他成员可以替其履行责任。二是定期召开中心会议，监督贷款发放。同村的6至8个小组共同组成一个中心，每周定期召开一次中心会议，银行职员参加并公开办理业务。会议期间，小组成员与工作人员可共同讨论投资项目并启动贷款程序。贷款从小组讨论到银行工作人员建议、分行经理和项目经理建议，最终由地区经理授权发放，整个流程需要一至两周的时间。三是贷款可实行分批偿还制。无抵押、无担保的个人最大贷款额度为5000塔卡。贷款期限通常为1年，本金可分50次等额偿还。而贷款利息通常在每年最后两周收取。四是坚持对小组人员培训，保持良好的纪律。银行职员需要对刚成立的小组成员实行培训，培训时间为7天，使其了解银行的管理制度。此外，银行职员还需对小组成员进行密切监督一个月，看其是否能够严格遵守银行纪律。五是成员每周储蓄，形成小组基金。格莱珉银行每周除还贷款额度2%之外，还需要存入1塔卡在小组基金中，形成的小组基金既可以满足小组成员的不时之需，也可以经小组商议来贷款投资。六是实行应急基金制。借款人将借款的5%作为应急基金，用来抵消意外事件发生所带来的损失。格莱珉银行模式一经过十多年的运行，逐渐显露出一些问题。如提供金融产品过于标准化，缺乏灵活性，面对客户违约缺乏补救措施。1998年，孟加拉国洪灾的发生导致人民生活陷入困境，十余万名银行客户受灾，大多数家庭财产灭失。而第一代信贷模式中借款者不能按时还款将被取消借款资格，这种欠缺弹性的制度导致银行客户的大量流失，并使不良贷款率升至 30% 左右。面对各种问题，尤努斯在"第一代模式"的基础上，提出了"第二代模式"。其具体变动如下：一是贷款期限更加灵活。增加的"灵活贷款"这一制度，其表示借款人可以根据自身现实情况，调整贷款期限和还款频次，从而降低不良贷款率，并且防止客户直接被取消资格。"灵活贷款"的启用条件，是在借款人不能按时偿还"基本贷款"时产生的。一旦转入"灵活贷款"的借款人，申请贷款时就受到更苛刻的限制性条件的制约，直至"灵活贷款"全部还清，才可转入"基本贷款"。二是减轻了小组成员间的连带关系，借款基础转向个人。小组成员可同时获得贷款，而不必遵循"2+2+1"的借贷次序。小组也不必提取 5% 的风险基金。三是开设多种账户管理财务，如设立个人账户、特别账户和养老账户等。个人账户的资金可随意提取，特别账户的资金享受分红，但不能提取。借贷金额超过 8000 塔卡的客户，每月则需要在养老金账户中存入 50 塔卡，直至退休后可以分期返还。四是完善奖励机制。一方面，规定五方面星级达标标准，突出银行社会责任；另一方面，对于连续七年100% 还款的客户给予黄金客户身份，给予更高信贷额度。

二　印度尼西亚人民银行乡村信贷部 BRI—UD 模式

（一）印度尼西亚人民银行乡村信贷部的发展概况

1970 年印度尼西亚人民银行乡村信贷部（BRI—UD）成立，其所倡导的小额信贷模式是世界上影响力较大的一种模式。印度尼西亚人民银行（BRI）具有百余年的发展经验，其主要拥有投资银行、零售银行、农村小额信贷银行和商业银行四个组成部分。其中，成立于1969 年的农村小额信贷银行主要负责面向农村群体的小额信贷部分。起初，印度尼西亚人民银行乡村信贷部的成立主要向农民提供了政府水稻生产计划的补贴贷款，但是该项目却由于贷款回收率低、经营效率差、贷款利率低等问题而以失败告终。更为严重的问题是该项目的低息贷款并未真正服务于穷人，而是被许多有势力有关系的农户占有。到 1984 年，该项目年亏损额就已达到 250 亿盾。因此，印度尼西亚政府决定在 1984 年依据金融市场运行的规则对人民银行进行机构调整和制度改革。此次改革促使 BRI—UD 从主要依靠国家补贴的

国有银行转变为自负盈亏的商业性银行，BRI—UD 的发展取得了突破
性的成功，不仅依据商业化原则满足了农户的需求、提高了利润，并
且降低了经营成本，实现了自身可持续发展。当亚洲金融危机爆发
时，BRI 小额信贷业务的盈利甚至弥补了其他部门的亏损，挽救了
BRI 银行的颓势。

（二）印度尼西亚人民银行乡村信贷部的组织结构

印度尼西亚人民银行以营业所为基本单位，其组织机构主要包括
总行、地区分行、支行和乡村营业所等部分。其总行位于首都雅加
达，有 15 个省级分行，325 个区域支行及 3902 个乡村营业所。乡村
营业所一般位于农村乡镇的中心和市场，一个营业所可覆盖 16—18
个村庄，服务 4500 名客户。乡村营业所具有自主决策权，可以决定
每笔贷款的金额、期限及抵押方式，并且独立核算、自负盈亏。每个
营业所由 12 名以下的员工组成，其包括经理、信贷员、职员和会计
四个职位。乡村营业所的员工主要来自当地农村，对当地情况及借款
对象的状况都非常了解，有利于保障金融服务活动的顺畅进行。乡村
营业所归支行管辖，支行又归地区分行所管，分行之上为总行。小额
信贷和小企业信贷为印度尼西亚人民银行的主要信贷项目，其占全部
信贷业务的八成左右。

（三）印度尼西亚人民银行乡村信贷部的运作模式

贷款对象方面，与孟加拉国格莱珉银行不同，BRI—UD 的信贷对
象并非指向贫困农户，而是在贫困线上具有一定信用和经济基础的人
群。贷款金额方面，以金额 300 元为贷款基准线，金额低于基准线的
贷款无须抵押，而高于基准线的贷款需要抵押。贷款期限方面，借贷
人可根据自身状况选择借贷周期和还款时间，还款时间为 6 个月到 3
年，还款频率可选择周、月、季和半年。贷款资金来源方面，BRI—
UD 的贷款资金主要来源于印度尼西亚人民银行的自有资本和储户的
存款，为了更好地吸纳储蓄资金，BRI—UD 针对存款数量设定储蓄利
率，数量多则利率高，并且存款的提取不受时间限制。与格莱珉银行
相比，BRI—UD 更注重商业性和营利性，其服务宗旨在于满足顾客需
求的同时营利化并简单化。激励机制方面，BRI—UD 非常重视对银行

员工和贷款客户的激励，不仅对营业所内员工给予利润分红，还对连续六个月按时还款的客户给予一定比例返还本金的奖励。对于存款客户，BRI—UD 实行按存款额度设置存款利率的政策，存款金额越多，存款利率越高。

三 玻利维亚阳光银行 Banco Sol 模式

（一）玻利维亚阳光银行的发展概况

玻利维亚阳光银行起源于非营利组织 PERODEM，并于 1992 年正式成立。PERODEM 作为阳光银行的起源，于 1987 年开始经营并快速发展。但是到了 20 世纪 90 年代，PERODEM 遇到了两方面的发展制约：PERODEM 的非政府组织性质和募集资金有限。为了突破这些限制，阳光银行得以成立。PERODEM 一方面向阳光银行提供了有形资产，如 PERODEM 向其转移了 39.6 万美元贷款资产、1.43 万个客户和利率为 8% 的 PL480 贷款 85 万美元；另一方面，PERODEM 向阳光银行转移了信贷技术、信息、基础客户、人力资本、品牌声誉等无形资产。这些有形和无形资产的支持，为阳光银行的快速发展奠定了基础。20 世纪 80 年代中期，玻利维亚小额信贷业务在经历了金融危机和通货膨胀之后得以发展。1994 年，小额信贷业务遍及整个玻利维亚，该国有近 10 万家微型企业都是小额信贷的客户，玻利维亚小额信贷取得了阶段性的成功。

（二）玻利维亚阳光银行的组织机构

阳光银行性质上属于私人银行，与玻利维亚其他银行相似，阳光银行需要服从中央银行的管理，遵循金融机构的监管原则。但与其他银行不同，阳光银行资产基本由小额信贷组成。阳光银行建立之初，PERODEM 占有 60% 的股权份额，美国 Accion International、加拿大 Calmeadow 基金会及私人投资者占有 40% 的股权份额。而 2008 年阳光银行股改之后，PERODEM 在其的股权比例下降，捐赠机构的股权增加，私人投资者股权占有率则没有显著提高。对于目标市场，阳光银行主要在城市，而 PERODEM 则主要服务于农村市场。与孟加拉国乡村银行相似，玻利维亚阳光银行以小组形式发放贷款，贷款对象为小组成员，所有会员均可同时获得贷款的发放。

（三）玻利维亚阳光银行的运行模式

贷款对象方面，阳光银行贷款对象以妇女为主，主要是城市微型企业或自我雇佣者，这些人群虽不是赤贫人群，但也并不富裕。贷款小组方面，贷款小组包括3—7名成员，小组成员实行正规的担保人制度。小组内任何成员违反信贷规定和小组纪律，都会造成整个小组信贷权利的丧失，并且小组内其他成员将联合承担偿还责任。贷款额度方面，最低的贷款额度为100美元，其额度可根据贷款者曾经的贷款还款状况加以调整，若还款信誉良好，则可调高其贷款额度。还款期限方面，贷款者可选择按照周、月、半年、年等不同周期还款，一般期限为1—13个月。信贷产品方面，阳光银行主要提供多种贷款产品和三种存款产品，贷款产品分为玻利维亚元和美元两种。相较而言，玻利维亚元的产品还款期限短且还款频率高。三种不同类型的玻利维亚元贷款，可分别按照每周、每两周、每四周支付。两种不同类型的美元贷款，可根据每两周或每四周偿付。所有贷款都实行等额分期偿还，需要向未偿余额索要利息。财务方面，阳光银行致力于财务的可持续性，强调小额信贷永久经营理念。贷款机制方面，贷款采取了激励机制，若小组中个人记录良好，则可提供的贷款金额能达1000美元以上，但是5000美元以上的贷款则需要抵押。贷款利率方面，阳光银行贷款利率较高，年均贷款利率可达到47.5%—50.5%，对于信誉良好的客户可采取优惠政策，贷款年利率甚至可低至45%。

四　蒙古国哈斯银行 Xac Bank 模式

（一）蒙古国哈斯银行的发展概况

蒙古国具有众多以游牧为生的农民，经济水平低下并难以获取金融服务支持。从1998年起，小额信贷才开始扩大服务范围，更加关注贫困人群，以高存贷利率差保证自身发展的可持续性。2006—2010年，蒙古国小额信贷步入高速发展阶段，哈斯银行（Xac Bank）正是这一时期小额信贷良性发展的典范。哈斯银行的前身是联合国开发计划署所支持的 Microstart 项目，通过整合6家非政府组织的金融服务成为第一大非银行金融机构，最终于2001年与 Goviin Ekhlel 合并，成立了哈斯银行。到2010年，哈斯银行已在蒙古国21个省成立了80个分支机构，员工人数为 1100 人，总资产达到 3 亿美元。其中，腾格里金融公司占资产总额的 99.96%，个人和员工持股计划占 0.04%。总负债中有 60% 为各项存款，其余 40% 为 20 多个国家金融机构的融资。通过稳健的发展，哈斯银行已成为蒙古国第四大商业银行，在重视营利的同时，还注意处理好公司利润、客户、地区发展和社会责任之间的关系，最终实现企业与社会共同发展。

（二）蒙古国哈斯银行组织机构

哈斯银行由多家机构控股，其最大的股东是蒙古国的 Xac—GE 公司，占有的股份高达 99.87%。Xac—GE 公司的下属股东又包括 Mercy Corps、ShoreCap International、Triodos Doen、Micro Vest、本地公司及其他自然人。哈斯银行由董事会管理，董事会又由 16 人的股东共同组成。董事会包括常务董事会、执行委员会、信贷委员会、审计委员会、风险管理委员会以及治理、提名与薪酬委员会。管理层包括首席执行官、第一副行长、副行长、首席信贷师和首席财务师。各分支行又包括零售业务部、公司业务部、证券部、信贷管理部、财务部、法律部、信息技术管理部和营运管理部。

（三）蒙古国哈斯银行 Xac Bank 运行模式

服务对象方面，哈斯银行的客户定位于"脆弱的非贫困者"和"中度贫困者"，在维持企业可持续发展与营利的前提下，向客户提供金融服务，实现客户经济状况的改善。信贷产品方面，随着国内经济状况与微型企业的发展，哈斯银行除小额信贷外，又增加商业贷款、中小企业贷款、农业及牧民贷款、消费贷款四类。哈斯银行非常关注中小企业客户的服务，2009 年便把中小企业贷款列入整体规划之中，并占到整体业务的 50%。中小企业贷款的最高限额为 1500 万人民币，贷款年利率在 12% 左右。对于农牧业及牧民贷款，其又可分为帐篷居民的抵押贷款、住房贷款、收割贷款、牧民贷款和牧民集体贷款。牧民贷款最长期限为 1 年，最高金额为 2.5 万人民币。农业和种植业贷款最高金额为 7.5 万人民币，利率较低且期限多为 1 年。贷款风险评估方面，主要包括银行总部信贷管理部和不良贷款管理部的管理，以及信贷部对风险评估和担保品及信贷政策的管理。贷款业务流程方面，主要包括客户向信贷员提出申请、信贷员对客户开展贷前情况调查、信贷风险经理开展贷款风险和财务分析、分行信贷委员会研究审查并形成结论、分行信贷部门根据审批结论与客户签字，最终放款等步骤。人员管理方面，哈斯银行实行有效的员工培训计划，从而提升员工业务的专业性。其培训主要包括三个方面：课堂培训、入门上岗培训和技术性培训。

五　爱尔兰贷款基金

（一）爱尔兰贷款基金发展概况

19 世纪中叶，爱尔兰涌现了大批服务于穷人的贷款基金，不仅吸收存款，而且发放小额贷款。爱尔兰基金是应市场需求而自发产生，并非政府补贴下的产物，在其繁荣发展时期，每年可向贫困的劳工、小农及商人提供大约 50 万笔贷款。爱尔兰贷款基金最早可追溯到1720 年，那时只是受私人捐赠和慈善资金支持的贷款协会。直到1830 年，有偿贷款才加入并资助活动，有偿贷款包括自偿性贷款和保险性贷款。19 世纪 30 年代，爱尔兰《济贫法》的颁布刺激了服务于贫困阶层的贷款基金发展。19 世纪 30 年代中期，爱尔兰成立 100 多家贷款基金，向穷人吸收和发放小额贷款。1938 年爱尔兰议会立法建立了中央贷款基金委员会，委员会通过公布年度报告的方式对小额信贷体系进行监督。法律的制定和有效的监督后，贷款基金迅速扩张，于 19 世纪 40 年代达到 300 多家。仅 1983 年，爱尔兰贷款基金就发放了 490870 笔 20 周贷款，余额可达 1650963 英镑，其数字说明贷款覆盖了将近 20% 的爱尔兰家庭。然而，到了 19 世纪 40 年代晚期，爱尔兰发生大范围饥荒，贷款基金受到重创，大约 50% 的基金倒闭。此后，基金的服务范围缩减，服务门槛也提高。1880 年，有 75 家基金提供了89590 笔贷款。1904 年，下降为 57 家基金提供 32278 笔贷款。此后，这一数字持续下降，20 世纪中期，基本所有的基金都陷入停顿。

（二）基金运行机制

资金来源方面，资金主要来自捐赠和无息贷款。捐赠者通常出于改善穷人生活状态，缓解社区贫困程度和增进社会福利水平等愿望和目的。储蓄业务方面，为了应对来自股份银行和其他金融机构的竞争，贷款基金鼓励小农户、小商店经营者等人群投入储蓄，以便在扩充资金的同时成为穷人的银行。为了吸引存款，1843 年贷款基金储蓄利率高达 6%，远远高于同期银行存款所设利率 0—3%。高利率面对高风险，正因为贷款基金的服务对象主要是穷人，才导致爱尔兰大饥荒期间，存款人有近 1 万英镑的损失。贷款业务方面，贷款基金很好地瞄准了最底层的穷人，许多资料都显示贷款对象主要是小农户、小商贩和普通劳动者所构成的贫困人群。贷款通常具有自偿性质，主要为贷款者的投资提供资金，如购买牲畜、工具和商业活动等。贷款基金大多以周为周期贴现贷款，这就大大限制了生产周期较长的种植业的发展。一般情况下，贷款贴现率上限为 2.5%，平均年利率为 11.3%，但各基金间贴现率和贷款利率存在较大差别。而对于不能按期偿还的借款者，延迟一天的罚金，一般为贷款面值的 0.4%—0.8%。基金管理方面，由于贷款基金的经理人缺乏报酬激励，因此通过设定机制来避免经理人滥用职权的问题。如客户选举经理人、员工监督经营管理，以及贷款基金委员会定期检查每个基金的详细年度报告。基金委员会认为，若基金费用高出 1%，则基金运行成本昂贵。大多数基金仅拥有少量职员，并且雇员薪水也低于社会平均水平。

六 国际社区资助基金会村庄银行 FINCA—UGA 模式

（一）国际社区资助基金会村庄银行的发展概况

1985 年 John Hatch 在乌干达成立了国际社区资助基金会，村庄银行是其开创的一种小额信贷组织形式，主要依靠自助小组的自我经营，实现贫困人群摆脱贫困。1986 年 John Hatch 在萨尔瓦多尝试展开小额信贷，贷款对象主要是低收入的妇女。这种无需抵押品的低利率资金，促进了妇女们经济活动的范围，提升了她们的收入水平。由于实验项目的成功，John Hatch 于 1992 年 1 月 1 日正式成立了 FINCA—UGA。经历 20 多年的发展，2008 年 FINCA—UGA 的资产总值达到了 1630 万美元，其总贷款金额也从 2002 年的 244.06 万美元增加到 2009 年的 1273.79 万美元，经常贷款户数从 2002 年的 3.57 万户增加到 2009 年的 4.51 万户。贷款准备金率更在波动中有所下降，从 2005 年的 1.61% 下降至 2009 年的 1.1%，所有者权益则从 2005 年的

17.13%增加到 2009 年的 46.43%。这说明，FINCA—UGA 能够以信用约束而非提高准备金来更好地控制风险，所有者权益结构优化又使得 FINCA—UGA 的经营风险进一步降低。FINCA—UGA 模式的成功受到许多发展中国家的推崇与借鉴，现今已被拉丁美洲、亚洲、非洲的 25 个国家的 3000 个地方模仿。

（二）国际社区资助基金会村庄银行的组织机构

FINCA—UGA 以乡村为基础，实行半正规会员制，其服务使命是"为低收入企业提供服务，创造更多的就业机会及资产增值，从而提高人们的生活水平"。FINCA—UGA 建立在社区信用和储蓄协会之上，不需要正式注册，其性质属于非政府组织。村庄银行一般由 20—50 个低收入妇女组成，每 5—7 人形成连带责任小组，村庄银行资金由成员自我管理，借款人相互担保。村银行成员既具有独立的管理和决策贷款的能力，也可自行决定会员资格。

（三）国际社区资助基金会村庄银行的运行模式

贷款对象方面，村庄银行贷款对象主要是贫困者和妇女，其中妇女占总人数的 95% 左右，村银行向其提供生产生活和商业贸易所需的贷款。贷款小组方面，主要体现为 10—50 人的自助小组，小组实行民主自治，小组成员可享受小额贷款、小组储蓄及相互担保。小组成员必须每周或每两周开一次会。村庄银行资金由银行成员自我管理，借款人相互担保。小组为成员提供以下几种服务，一是通过贷款让成员创立或扩大自己的生产经营，二是激励成员进行储蓄，三是建立以社区为基础，自立互助的系统。贷款利率方面，村庄银行会员自主决定贷款利率，其利率通常比商业银行的利率要高，其利率可以覆盖成本，实现可持续经营。贷款抵押方面，村银行贷款无需抵押担保，采取贷款人相互担保的机制，可依据贷款人的信誉和以往存贷款金额授信。贷款机制方面，由贷款类型、储蓄、控制机制和放贷原则构成内部账户，经过一次贷款后，让贷款与储蓄相挂钩，第二次贷款时让贷款者储蓄账户的金额达到贷款金额的 20% 以上，这笔存款具有强制储蓄的性质，并且金额的多少决定了下一次贷款的多少，存款金额越高则贷款额度也越高。信贷种类方面，主要包括农户贸易和种养殖项目两类，两种信贷都具有灵活的还款方式，但前者比后者贷款额度要小。

第二节　国内农村金融反贫困案例

改革开放以来，我国农村扶贫事业成绩斐然。金融扶贫作为当代扶贫方式的典范，在我国不同贫困地区进行了尝试及推广，并根据地区特点走出了各异的金融扶贫之路，为实现贫困人群彻底脱贫进行了有益的尝试。如宁夏回族自治区的"千村信贷·互助资金"项目，甘肃省的"农村妇女小额信贷"行动，四川省的"惠民银行"模式等。伴随这些项目的成功推进，金融减贫被推崇为解决贫困地区资金瓶颈的最有效手段，发展经验也为我们探索巩固金融扶贫成效给予有效指引。

一　宁夏"千村信贷·互助资金"项目

（一）宁夏"千村信贷·互助资金"项目发展概况

为了缓解贫困农户生产资金短缺的问题，改善贫困地区金融服务薄弱的现状。从 2006 年起，我国在中西部 14 个省份 140 个村庄开展扶贫资金互助社试点工作，宁夏就是贫困村互助资金第一批启动省份之一。宁夏积极响应政府号召，2006 年首先在盐池县、彭阳县和原州区开展资金互助社试点工作，随后又在西吉县等县区成立了扶贫资金互助社。经过近十年的发展，宁夏资金互助社的推广取得了傲人成绩。2009 年"贫困村村级发展互助资金"被宁夏回族自治区政府列为为民办理的三十件实事之一，并在同年年初计划再成立 300 个"贫困村村级发展互助资金"。2011 年 12 月"千村信贷·互助资金"的金融创新工程正式开展，其是以互助社为平台，以互助社社员为对象，实行"互助资金"与信贷资金捆绑运行，适度放大互助社社员贷款额度，服务贫困人群的金融创新扶贫工程。

2012 年，宁夏已有 1101 个贫困村互助资金试点村，占全区贫困村总数的 71%。运行的总资金为 4.72 亿元，覆盖范围达到 22 个县区，服务了 12.6 万个农户、56.7 万个借款人，累积借款可达 28.9 万次，发放贷款总额为 8.7 亿元。截至 2013 年，全区互助资金项目村可达 1120 个，资金总量为 5.18 亿元。

（二）宁夏"千村信贷·互助资金"项目运行机制

实施对象方面，该项目主要针对运行两年以上的 A 类互助资金社，成员可获得原贷款额度 3—5 倍的信用贷款。若贷款社员为老信贷户、产业大户和信用户，且受到互助社推荐，并通过农村商业银行、农村信用社审核，则可以对其适度放大贷款额度。

贷款利率方面，对互助社社员贷款实行优惠利率。第一年贷款期，在人民银行规定基准利率的基础上上浮不超过 90%；第二年贷款期，依据互助社社员的信用评审情况，利率可适当下浮，其下浮比率由宁夏回族自治区扶贫办与宁夏黄河农村商业银行协商而定。

贷款程序方面，互助社社员取得"互助资金"借款后，若还需使用信贷资金，则可向互助社理事会提出申请，经互助社理事会考核、评审，公告公示无异议后，由互助社理事会统一推荐给农商行、农信社，由农商行、农信社按《互助资金与信贷资金捆绑运行管理暂行办法》的"适用条件"和信用贷款程序进行审核、放贷。

抵御风险方面，由于贫困农民容易受到宏观经济的影响，经济收入很不稳定。为了防范风险，自治区扶贫办不仅制定相关"互助社风险准备金管理办法"，并且积极与保险公司合作，为互助社社员购买意外伤害险。保险金主要从互助社公益金中提取，不足的部分由社员自理。小额金融保险的实施，完善了互助资金预防风险机制。

二　四川仪陇县惠民银行发展

（一）四川仪陇县惠民银行发展概况

四川仪陇地处四川西北干旱丘陵地区，是国家级贫困县。早在 1996 年，中国国际经济技术交流中心就与联合国开发计划署（UN-DP）共同设立了仪陇扶贫和可持续发展项目，将该地作为小额信贷的试点。2006 年，为了改变农村金融市场信用社一家独大的局面，银监会调整金融机构准入门槛，并将四川列入首批新型农村金融机构试点省份。四川省仪陇县惠民银行作为全国第一家村镇银行，代表了新型农村金融机构的有生力量，2007 年成立之初就得到各界的关注与支持。

惠民银行位于四川省仪陇县金城镇，距离成都约 260 千米，2007

年注册资本为 200 万元。惠民银行以"服务三农，惠民共赢"为宗旨，先后制定"惠民无忧""惠民致富"和"惠民小康"三个信贷产品，为仪陇县居民、个体工商户及小微企业提供了金融服务。经过了八年的发展，2014 年年底惠民村镇银行成立了 9 个支行，拥有 94 名员工，总资产为 273207 万元，5883 万元的利润，存款余额为 233605 万元，贷款余额为 133205 万元。服务于小微企业的贷款额为 54483 万元，个人贷款额为 78722 万元，贷款户数达到 7614 户，户均贷款额为 17.49 万元。连续 5 年获得县政府赋予的"支持地方经济建设先进金融机构"的称号。

（二）四川仪陇县惠民银行运行机制

为了更好地满足仪陇县有效的金融需求，降低贷款风险和运行成本，惠民村镇银行实行"三位一体"的运作思路[①]。由于惠民村镇银行和贷款公司成立时间较晚，资本金数量有限，故难以独自提供大额度信贷资金。因此，三家金融机构的联合可以更好地服务于龙头企业、种养大户和个体工商户的大额、中长期资金。如南充商业银行为农产品收购企业提供融资，而村镇银行和贷款公司为生产端的企业和种养殖大户提供信贷资金。

金融产品创新方面，仪陇惠民银行根据当地经济金融状况，设立了多种形式的信贷产品，如"公司+农户生产经营贷款"、夕阳红养老保险贷款、农民工外出务工路费贷款、农户小额贷款、农户专业贷款、农家乐观光旅游业贷款和失地农民创业贷款。此外，还采取灵活的抵押和担保方式，推行"一次授信、循环使用"的最高抵押贷款以及不动产（动产）抵押（质）贷款、仓单质押贷款等。

治理制度方面，惠民银行组建法人治理体系，设立完善的管理和治理机制。其股东共有 43 个，南充商业银行占股 50%，持股约 1500 万元。自然人股东为 36 个村镇银行员工，占 7.7%，持股 230 万元。法人股东为 6 个，占 42.3%，持股 1270 万元。2011 年惠民村镇银行

---

① "三位一体"是指仪陇惠民村镇银行、南充商业银行和仪陇贷款公司共同合作，使得金融资源得到有效整合。

被银监会评定为 2 级，人民银行将其综合评定为 A 等。

业务推广方面，构建农村业务员制度，将村镇银行业务推向农村腹地。一方面，从当地选取熟知风土人情、品行端正又具有较好人缘的业务员，把村镇银行的信贷业务切实推广给当地村民。另一方面，对所选拔的业务人员进行规范管理，组成业务联络小组，让每个小组成员缴纳 3 万元以上的风险保证金，让其尽职尽责地挑选存贷款客户，并做好贷后管理工作。

经营专业化方面，2010 年来惠民村镇银行按多种标准对客户经理进行专业化分组，具体组别为：一是农业产业化客服经理组，其客户群体为小微企业、农业产业化企业、种养大户和专业合作组织。二是农村服务业金融服务客户经理组，其客户为从事商品销售和贸易的个体工商户、私营业主及专业合作组织。三是农村居住环境改造客服经理条线，其客户为专营农村居住环境改造、基础设施建设的小微企业，以及有房屋改造和装修需求的农户。

风险管理方面，构建了风险控制体系和模式，有效控制了银行信用风险、市场风险、操作风险和流动性风险。依据客户经理资历和贷款数额，实行差别化的贷款双签授信体制。此外，还根据不同的贷款群体，选取差异化的调查审批模板及授信方案。客户经理需了解农户生产经验、信用水平及生产经营情况，对客户进行不定期的回访，做到贷前调查与贷后回访同时进行。

三　甘肃农村妇女小额信贷

（一）甘肃农村妇女小额信贷发展历程

20 世纪 80 年代以来，国际非政府组织（NGO）在我国试行了针对女性的小额信贷项目，其宗旨是为了引导贫困人口摆脱贫困。早在 1989 年，山西省吕梁市就实施了妇女小额信贷项目，而甘肃省针对贫困妇女的小额信贷项目的开展则发生于 1996 年，其由爱得基金会和中国农业大学农村发展学院所倡导。1998 年，加拿大政府又在当地推广了服务于贫困妇女的中加合作小额信贷项目。2006 年尤努斯教授将甘肃等六个省份划定为 GB 模式小额信贷的试验省份。2008 年，为了响应农业银行与全国妇联联合发布的《关于进一步做好农村妇女小额信贷工作的意见》，甘肃省妇联和农村信用社共同开展了"巾帼致富小额信贷"工作。2009 年全国开展的妇女小额担保贷款工作中，将甘肃省作为项目施行的重点省份。随后，在甘肃临泽、肃州、凉州等 10 个县市区展开小额担保贷款试点工作，政策的实行有效地推动了贷款额的增加。2013 年年底，甘肃省农村小额担保贷款额达到 145.67 亿，占全国总量的 21.5%，发放总额和增长速度也位于全国第一。据统计，农村妇女贷款总额占城乡贷款总额的 94.4%，农村受益妇女在全部受益妇女人数中占比可达到 95.3%。妇女小额信贷的推广受到省委省政府和省妇联的高度重视，并得到农村合作金融机构、农业银行和邮政储蓄银行等涉农金融机构的大力配合，为农村妇女创业提供了良好的资金来源。

（二）甘肃农村妇女小额信贷运行机制

贷款对象方面，以掌握一定贷款政策，对申贷条件、资料和还款程序有所认识并具有创业意愿的农村妇女为主。她们可以通过申请，根据自身技能及资源掌握情况，将获取的资金投入适合自己的经营项目。同时，她们必须按照合同规定，将经营项目所得的收益用于按时还款。若以多户联保方式取得贷款的妇女，则还需督促其他成员按时还款并具有风险共担的义务。

政策支持方面，2008 年农业银行与全国妇联联合下达《关于进一步做好农村妇女小额信贷工作的意见》，2009 年财政部等四部门又发布《关于完善小额担保贷款财政贴息政策推动妇女创业就业的通知》。同年，甘肃省提出"巾帼致富小额信贷"工程，并且各地市的妇联、财政厅、人力资源和社会保障局及人民银行中心支行联合下发《妇女小额担保贷款工作实施方案》，明确了妇女的申贷条件、申贷资料、申贷程序及相关部门职责，贯彻目标管理责任制，将妇女小额担保工作的成效纳入地方领导年度绩效考核中。

贷款利息方面，根据贷款对象不同的信贷用途，确定不同的授信额度及利率标准。依据中国人民银行所规定的期限档次利率，"巾帼致富小额信贷"可适当上浮调整①。此外，实行"先收后返"的贷款

---

① 种养业贷款最高上浮 10%，其他用途贷款最高上浮 20%

贴息政策，贷款客户可先支付利息，再将利息凭证送至妇联申请利息补贴①。

担保机制方面，大范围展开多户联保方式，并让乡村干部也缴纳担保金，将获贷农户与乡村干部的利益紧密结合，降低贷款风险。此外，对于修建日光温室和暖棚养殖的农户实行免除反担保的优惠政策，即保留政府向担保机构担保的同时，取消农户需进行的担保，并将担保基金与贷款数额比例由 1∶5 升至 1∶10。

风险防范方面，首先对农村妇女的个人情况进行审核，并对审核通过的妇女发放贷款卡，由乡镇统一管理贷款卡密码，确保贷款资金用于规定用途，并由乡村干部负责回访和监督资金的使用情况。其次，通过设立示范户和示范区，对按时还款的示范户给予奖励，运用示范户的带动效应来影响信贷农户，构建良好的信贷氛围。最后，将当地还款情况纳入政府考核目标责任体系中，充分调动政府相关部门的监督职能。

第三节　金融减贫案例的对比与启示

一　金融减贫案例比较

根据上述分析，许多国家在金融减贫领域进行了大量实践探索。此处，在服务对象、性质、运行机制和政府作用等方面，将不同金融减贫案例作对比，从而总结金融减贫的国内外经验，对比情况见表 7-1：

表 7-1　　　　　　　　　　金融减贫案例对比

金融减贫模式	贷款对象	性质	运行机制	政府支持
孟加拉国乡村银行 GB 模式	不具备抵押物品的贫困人群	以服务穷人为宗旨，不以盈利为目标	小组信贷、小组培训、定期开会、实行应急基金和灵活贷款制	给予法律保护、享受税收优惠

① 周潮：《赋权女性与消除贫困：农村妇女小额信贷发展思考》，《金融发展评论》2011 年第 3 期。

续表

金融减贫模式	贷款对象	性质	运行机制	政府支持
印度尼西亚乡村信贷部 BRI—UD 模式	贫困线上具有一定信用和经济基础的人群，大额贷款要抵押物	更注重商业性和盈利性，服务宗旨为满足顾客需求的同时盈利化	设计需求为导向储蓄产品，设置有效的培训和激励机制，重视风险监管和管理信息系统运用	不直接干预，放松利率管制，推动金融市场自由化
玻利维亚阳光银行 Banco Sol 模式	城市微型企业或小商贩、非赤贫阶层	从事小额信贷业务私人商业银行	小组信贷、多样化信贷产品和灵活的还款机制、注重动态激励	不直接干预
蒙古国哈斯银行 Xac Bank 模式	客户定位于"脆弱的非贫困者"和"中度贫困者"	由多家机构控股的银行，实行商业化经营	多样化的信贷产品、采用掌上技术和智能卡等信息技术、市场化利率	不直接干预
爱尔兰贷款基金	贫困的劳工、小农及商人	以捐赠和无息贷款为资金来源的非政府组织	高利率吸收存款，贷款发放瞄准穷人，以周为周期贴现贷款	由中央贷款基金委员会监督，受《济贫法》鼓励
国际社区资助基金会 FINCA—UGA 模式	主要是贫困者和妇女，其中妇女占总人数的95%左右	一种小额信贷组织形式，主要依靠自助小组的自我经营	小组信贷、无需抵押担保、实行市场利率	不直接干预
宁夏"千村信贷·互助资金"项目	贫困村村互助社社员	扶贫办和商业银行协作开展的金融创新工程，服务贫困农户	互助资金与信贷资金捆绑借贷的项目，信贷农户同时享受互助资金与金融信贷的双重政策扶持	受政府政策鼓励、中央和地方财政给予一定资金补助
四川仪陇惠民银行模式	个体工商户、小微企业和居民	全国首家村镇银行，实行商业化经营	"三位一体"的运作思路，坚持金融产品创新和风险管控	受政府政策鼓励，给予定向补贴
甘肃农村妇女小额信贷	有创业意愿的农村妇女	GB 模式在中国的实践，为农村妇女创业提供资金来源	多户联保与村干部担保，灵活的授信额度及利率标准，根据个人信用发放贷款卡	政府政策鼓励，将还款情况纳入政府考核体系

通过对比分析，上述金融减贫模式可从不同角度进行划分：首先，由于服务目标对象的差异，可分为福利型和商业型。前者如孟加拉国乡村银行 GB 模式、国际社区资助基金会 FINCA—UGA 模式、爱

尔兰贷款基金、宁夏"千村信贷·互助资金"项目和甘肃"农村妇女小额信贷"等，这些模式注重扶持贫困地区经济发展和贫困农户生活条件改善，具有明确的扶贫指向性。后者如印度尼西亚乡村信贷部BRI—UD模式、玻利维亚阳光银行Banco Sol模式、蒙古国哈斯银行Xac Bank模式和四川仪陇"惠民银行"模式等，这些模式注重在商业盈利的前提下向具有一定信用和经济条件的人群贷款，其性质更多地属于商业性银行。其次，根据运行模式可分为非政府组织形式，如孟加拉国乡村小额信贷、爱尔兰基金会；正规金融机构组织模式，如印度尼西亚乡村信贷部小额信贷、蒙古国哈斯银行；依靠小组民主自治的村庄银行，如国际社区资助基金会村庄银行等模式。最后，根据政府的作用方式可分为直接政策支持型，如宁夏"千村信贷·互助资金"项目、甘肃"农村妇女小额信贷"和孟加拉国乡村小额信贷等，以及非直接干预型如印度尼西亚乡村信贷部小额信贷、蒙古国哈斯银行和玻利维亚阳光银行等。整体而言，国内外金融减贫实践呈现由福利型向商业型迈进，在扶持贫困地区和低收入群体发展的同时，注重自身运营的可持续性。此外，降低运行成本、创新信贷产品、完善信贷机制以及强化服务对象是需要持续改进的方向。

二　金融减贫经验启示

20世纪90年代开始，一些国际机构和国内非政府组织将最常见的金融扶贫方式——小额信贷传入中国，让金融服务深入惠及低收入群体。伴随我国扶贫攻坚工作的开展，金融扶贫已成为国家实施扶贫政策的重要组成部分，在我国得到大力推广并取得一定成效。然而，由于历史、社会背景和经济环境与国外存在很大差异，国外金融减贫方式的简单移植难以达到预期效果，凸显金融服务目标偏移、监管力度不足以及金融机构营利性和公益性难以融合的现象。因此，通过对比分析国内外金融减贫模式，总结金融减贫经验与不足，有利于促进我国扶贫事业的开展。具体启示与经验如下：

（一）服务目标锁定贫困群体

从国际金融减贫的实践探索来看，许多金融机构和组织将客户定位于最贫困的人群，通过满足他们的金融服务需求来减少贫困群体。

正是将客户群体进行明确定位，不仅达到了服务于穷人的社会目标，而且通过一定信贷技术及信贷产品的创新，实现了财务经营的可持续性。如孟加拉国乡村银行主要服务于贫困地区的极端贫困的农户，尤其以贫困妇女为主，其规定只有土地少于半公顷的人或全部财产价值不到一公顷土地价值的人才能成为成员。印度尼西亚 BRI—UD 贷款对象为农村较低收入且具备还款能力的人群，其收入水平一般为社会整体水平的 20%，并且正规金融机构难以提供金融服务的农民。哈斯银行的客户定位于"脆弱的非贫困者"和"中度贫困者"。国际社区村庄银行贷款对象主要是贫困者和妇女，其中妇女占总人数的 95% 左右。爱尔兰基金也是定位于服务穷人的基金。只有玻利维亚阳光银行，并未强调扶贫的目标，主要在城镇地区展开业务，其贷款对象中的妇女占到 60%，虽不是赤贫人群，但也并不富裕。总体而言，国内外金融减贫事例都将服务穷人或低收入人群作为发展的宗旨，这些穷人虽然无抵押、无担保，但有金融服务的需求并具备按时还款的能力，贫困人群并非不讲信用的人群。

（二）政府支持金融机构践行减贫使命

金融减贫政策的有效实行，需要政府部门的引导与支持。一方面，政府部门制定政策法规，保证了金融减贫政策的开展。如孟加拉国格莱珉银行自成立之时就得到政府的认可与支持，政府承认其合法地位，并推行免税的优惠政策。印度尼西亚 BRI—UD 模式的成功得益于 1984 年政府对人民银行推行机构调整和制度改革，放松了利率管制，使 BRI—UD 从主要依靠国家补贴的国有银行转变为自负盈亏的商业性银行。爱尔兰基金会近三个世纪的存在与发展，除了机构的适时创新之外，还离不开议会的保护与扶持。此外，我国金融机构能够深入农村腹地服务也主要依靠政策的推动，如 2006 年银监会调整农村金融机构准入门槛，推动了农村新型金融机构的设立及发展。2008 年农业银行与全国妇联联合发布《关于进一步做好农村妇女小额信贷工作的意见》，2009 年财政部等四部门又发布了《关于完善小额担保贷款财政贴息政策推动妇女创业就业工作的通知》，这些政策有效促进了小额信贷项目在我国的有序开展。另一方面，政府提供了资金支持。如孟加拉政府以 4%—5% 的利息向 GB 提供贷款，印度尼西亚政府也为 BRI—UD 新贷款项目的实施提供了资金支持。吸取以上经验，政府和金融机构不仅应根据国家扶贫规划制定相关政策措施，创建扶贫、财政和农村金融机构的联动机制，还应引导支农再贷款、专项扶贫贷款的发放，扶持并监管农村新型金融机构的发展。

（三）创新信贷技术和信贷机制

回顾国内外金融减贫的成功经验，不难发现由于贫困的客户群体缺乏充足的抵押品、欠缺有效的信用记录、所需的资金较少，而自身所从事的传统农业又存在较大的周期波动性，因此，传统的信贷技术与模式很难奏效，需要面对低端客户群体，设计无需抵押、还款方式灵活的小额信贷产品。如孟加拉国格莱珉银行运用"团体贷款"的方式，并增设"灵活贷款"制度，开设多种账户来管理借款者财务等手段，在保证执行扶贫目标的同时，实现了自身发展的可持续。爱尔兰基金通过有效的监管制度，抑制了基金经理人滥用职权的行为。印度尼西亚 BRI—UD 则注重引入激励机制，保证自身的盈利水平。对于按期偿还贷款的客户，实行每月返还本金的 5% 作为奖励；对于存款客户，BRI—UD 实行按存款额度设置存款利率的政策；对于自身员工，实行将当年经营利润的 10% 在第二年分配给所内员工的激励措施。国际社区资助基金会则通过规定信贷额度和信贷次数，有效甄别客户群体，保证贷款者主要为贫困妇女。宁夏的"千村信贷·互助资金"项目通过宁夏扶贫办与中国平安财产保险公司、中国人寿保险宁夏分公司合作，从互助社公益金中提取资金，为互助社社员购买意外伤害险，将小额信贷与小额金融保险业务相结合。甘肃省农村妇女小额信贷通过大范围展开多户联保的方式，并让乡村干部参与并缴纳担保金，将获贷农户与乡村干部的利益紧密结合，以降低贷款风险。总体而言，国内外金融减贫经验的成功就在于使用了团体贷款、担保替代、动态激励、分期偿付等技术和手段，解决了针对贫困群体的信贷难以实施、监管不力及目标偏移的问题。因而，我国金融机构应不断创新信贷技术，通过灵活的贷款、抵押担保和还款方式，拓展金融服务范围。

（四）以多样化的信贷产品满足农户金融需求

为了让金融服务更好地契合传统农户、小手工业者及小商贩的资金需求，金融机构应积极开发面向低端市场的金融服务和产品。如蒙古国哈斯银行将信贷产品分为小额信贷、商业贷款、中小企业贷款、农业及牧民贷款、消费贷款几类。针对本国游牧农民较多，且难以取得金融支持的现实，特根据牧民的不同需求，设计了帐篷居民的抵押贷款、住房贷款、收割贷款、牧民贷款和牧民集体贷款。玻利维亚阳光银行则设计了玻利维亚元和美元两种信贷产品。玻利维亚元贷款可每周、每两周、每四周安排发放，美元贷款可每两周或每四周偿付。而我国仪陇惠民银行则根据低端农户需求特点，设立了"公司+农户生产经营贷款"、夕阳红养老保险贷款、农民工外出务工路费贷款、农户小额贷款、农户专业贷款、农家乐观光旅游业贷款和失地农民创业贷款等多种形式信贷产品。因此，我国金融机构设计信贷产品时也可以借鉴以上方式，结合贫困地区实际需求开发信贷产品。一是扶持地区特色产业和重点项目发展，二是满足贫困农户生产、消费、创业、教育、建房等不同层次的需求。

（五）利用社会资本弱化信贷风险与障碍

面对普通的客户群体，社会资本在金融机构发放贷款的过程中起到的作用有限。而对于经济水平较低、信用记录不完善、抵押物品欠缺的贫困群体，社会资本则能起到不可忽视的作用。如孟加拉国乡村银行运用伊斯兰特有的宗教文化，建成彼此承担连带责任的五人制信贷小组，构建了自愿参加、相互帮助、相互监督、共担责任的信贷氛围，并且通过定期召开小组会议，保障了贷款的有序发放与收回。这一模式也受到后续许多国家小额信贷组织的模仿，如印度尼西亚乡村信贷部 BRI—UD、玻利维亚阳光银行和国际社区村庄银行也都组建了信贷小组。而尤努斯教授更是直接选择了我国六个省份作为 GB 模式小额信贷的试验基地。爱尔兰基金则运用慈善捐助、社区互助和政府支持多方面的社会资本，创造了良好的社会氛围、降低了运行成本并引入了资金。玻利维亚阳光银行运用 PRODEM 的社会资本，获得了 PERODEM 的贷款技术、信息资本存量、现有客户、人力资本、声誉和跨国银行良好关系等无形资产，支持了阳光银行的快速发展。因此，应注重引入社会资本在我国的金融机构减贫工作，发挥社会资本在非正规金融和正规金融的优势，将现代金融机制与农村社会文化相结合，运用农村社区熟人之间相互监督、相互帮助的氛围，在规避风险的同时也解决了抵押物品不足的难题。

（六）以良好的外部环境保证金融减贫有效推进

金融减贫作为 20 世纪 70 年代开始才大力推行的一种手段，其健康推进需要良好的外部环境作为支撑。首先，需要健全和完善相关的法律法规，如爱尔兰《济贫法》的颁布刺激了服务于贫困阶层的贷款基金发展，而立法建立的中央贷款基金委员会则以公布年度报告的方式对小额信贷体系进行监督。法律的制定和有效的监督后，贷款基金迅速扩张。其次，需要营造有利于金融减贫施行的政策环境，比如政府通过推行优惠税率、税收减免及税收返还等政策，保证金融减贫的顺畅进行。无论是孟加拉国 GM 模式，还是宁夏互助资金或是甘肃妇女小额信贷的开展，都得到了当地政府资金支持及税收减免的优惠。再次，通过指导和培训农民投资与理财，提升农民的人力资本。收入的低下和资金的匮乏只是贫困的表现，而贫困的内在根源则体现在思想的封闭和素质的低下等方面。许多国际金融组织和机构就认识到了这一点，如孟加拉国格莱珉银行就坚持对小组人员进行培训，让其保持良好的纪律。此外，格莱珉银行还致力于帮助穷人寻找合适的投资项目，让其养成定期储蓄的好习惯。因此，我国实施金融减贫战略的过程中，应保持良好的政策法规环境，引导并约束金融减贫的有序开展。同时，强化贫困地区金融知识宣传，缓解服务对象金融知识欠缺与理财意识不足的现状。

第四节　本章小结

本章从发展概况、组织结构和运行模式等方面，分别考察了孟加拉国乡村银行、印度尼西亚乡村信贷部、玻利维亚阳光银行、国际社区资助基金会村庄银行、蒙古国哈斯银行、爱尔兰贷款基金，以及我国宁夏、四川和甘肃等地国内外农村金融减贫事例。这些事例中不仅涵盖了落后与发展中国家，也包括了发达国家；不仅包含了亚非拉国家如孟加拉、印度尼西亚、玻利维亚等国的金融减贫实例，也包括了西欧国家爱尔兰的金融减贫经验；不仅涉及金融减贫的主要方式——小额信贷的推广的经典模式，也包括社区基金、农村资金互助社和村镇银行等新型农村金融机构的发展；不仅包括依靠政府认可与支持的非营利性金融减贫项目，也包括以营利为目的，保持商业可持续的私人金融机构。对这些事例的梳理可得到以下经验，如服务于贫困群体的目标定位，政府的支持与引导，信贷产品与信贷机制创新，强化社会资本作用，以及构建良好的外部环境等。这些经验是有效推进金融减贫实施的关键，不仅为我国金融减贫的有效推行提供了宝贵的借鉴作用，也为下一章完善金融减贫机制相关建议的提出奠定了基础。

第八章 农村金融减贫机制的路径选择

　　金融减贫是我国扶贫战略的重要组成部分，被列为六大扶贫机制之一①。从扶贫贴息贷款到小额信贷推广、新型金融机构发展，再到《关于全面做好扶贫开发金融服务工作的指导意见》和《关于金融助推脱贫攻坚的实施意见》出台，金融服务在减贫领域的作用是被逐渐重视、具体和系统化的过程。然而，贫困地区经济发展脆弱难以自发演化出与之相匹配的金融市场体系，政策性金融、商业性金融和民间金融的贫困减缓能力无法良好释放，多样化金融工具供给不足和金融服务不充分的局面还需继续打破，贫困地区金融抑制和金融机构"离农""瞄准错位"的状况仍要改善。贫困地区农村金融体制与机制缺陷，进一步制约了金融资源与生产要素的深层结合，抑制金融减贫的实践效果。在强调推行农村金融减贫战略的同时，保障金融发展对区域经济增长和收入分配的良性促进也非常重要，否则会影响或改变金融减贫的有利效果。因而，完善农村金融减贫机制需要立足贫困地区经济特点和贫困人群的需求，保障金融政策、财政政策和扶贫政策的配合实施，注重促进贫困地区经济发展和贫富人群收入差距调节。

　　结合前文结论，可得如下启示：第一，农村贫困类型和致贫因素转向，推动农村扶贫政策和金融减贫策略的演进。扶贫任务艰巨性、致贫因素复杂性和扶贫方式多样性需要形成部门合作机制与政策协调统一。第二，贫困地区农村金融组织体系不完善，金融机构竞争不充分，贫困农村金融服务水平偏低。应克服政策性金融、商业性金融、

---

　　① 六大扶贫机制包括：产业扶贫、易地搬迁扶贫、科技扶贫、教育扶贫、金融扶贫和生态扶贫。

合作性金融和民间金融的发展局限，发挥多层次农村金融组织的减贫优势。第三，贫困地区不同阶层农户收支状况、生产方式、生活状态和金融需求具有不同属性。应创新贫困地区金融服务和产品，满足贫困地区多元化金融需求。第四，贫困地区金融服务供给和需求抑制并存，金融发展规模扩大对贫困减缓有直接正向影响。应改善贫困地区金融生态环境，促进普惠金融发展，提升贫困农户享有金融服务与支持的机会。第五，地区经济增长和收入分配会影响金融发展对贫困减缓的作用效力。应保持良好的宏观政策环境，通过货币政策、财政政策和金融政策的配合，实现经济增长、收入分配与金融发展对贫困减缓的良性促进。第六，贫困地区多分布于生态恶劣和灾害频发的地区，信贷主体具有生产经营脆弱性和收入波动性的特点，因而发挥资本市场和保险市场的作用，可以建立扶贫融资新机制，拓宽风险补偿新渠道。本章结合前面章节分析结论，总结农村金融减贫的实践经验，深思完善农村金融减贫机制的作用路径，以期促进农村金融更好地作用于扶贫开发体系，巩固"精准扶贫、精准脱贫"战略的实施成果。

第一节　构建部门合作机制，保证金融政策和扶贫政策协调统一

一　明确部门职责与合作机制

农村脱贫攻坚工程的顺畅进行，倡导产业扶贫、易地搬迁扶贫、金融扶贫和科技扶贫等多样化扶贫方式共同支持。需要中国人民银行、银监会、证监会、保监会等金融部门与发改委、扶贫办、财政部等政府部门的协调配合，形成合力共同推动脱贫工作的开展。一方面要认真落实各部门的职责；另一方面要注重各部门的信息共享与工作协调。而人民银行要确实起到组织指引作用，通过货币信贷政策工具的运用，金融政策的实施，金融资源的调配，保证贫困地区金融服务对特色产业、易地搬迁、专项项目及弱势群体的有效支持。而其他部

门和机构也应切实承担自己的职责，配合人民银行贯彻执行金融扶贫
战略的实施。财政部门要根据各地经济发展实际情况，从资金分配机
制、使用机制和监管机制三方面，来完善财政扶贫资金的管理。不仅
应下放扶贫贷款财政贴息资金的管理权限，还应放大财政资金投入规
模，提升对扶贫对象的精确瞄准水平。银行业监督部门要立足于欠发
达地区和贫困农户的实情，适当放宽贫困农户的信贷门槛，保障欠发
达地区信贷投入增长速度高于其他地区，并在此基础上放开欠发达地
区银行业金融机构准入政策。同时采取融资性担保机构部际联席会议
机制，促进融资性担保机构在扶贫开发金融服务中发挥积极作用。证
券监管部门要扶持并培育贫困地区有实力的企业上市，借助于资本
市场实现资金融通。保险监管部门应遵循《农业保险条例》的要
求，丰富农业保险险种，如特色农业保险、扶贫小额保险、特色种
养业险种等。通过增加保险机构在贫困地区的基层服务网点，提高
欠发达地区保险覆盖程度。扶贫部门要贯彻"精准扶贫"的原则，
通过完善对贫困农户、扶贫项目的信息系统建设，向金融部门提供
更可靠的金融服务对象信息，并主动向金融机构推荐优质的企业和
项目，降低由信息不对称造成的信贷风险。而共青团组织则要大力
培养农村致富带头人，通过宣传他们的光荣事迹，起到良好的示范
作用和带头作用。

二 落实金融政策与扶贫政策的配合实施

由于我国农村贫困人口具有集中连片分布的特点，2011 年我国绘
制了新一轮扶贫路线图，将其划分为 14 个集中连片特困区。这些地
区往往是根据地缘特征进行划分的，致贫因素和经济发展水平较为相
似。因此应立足于片区发展特色，加大省际金融机构间统筹协调的力
度，高效整合和利用金融资源，通过发挥片区内金融服务基础设施和
配套设施的联动效应，促进金融资源在片区内的合理流动与配置。同
时，金融扶贫是一个系统工程，金融机构要遵循《关于金融助推脱贫
攻坚的实施意见》。通过发挥金融政策与财政政策、产业政策、扶贫
政策、监管政策的政策合力，重点支持基础设施建设、经济发展和产
业结构升级、创业促就业和贫困户脱贫致富、生态建设和环境保护等

领域。

为了更好地促进金融政策与扶贫政策的衔接，以及集中连片特困区金融机构的沟通与合作，一方面，通过国家开发银行和农业发展银行的"扶贫金融事业部"建设，有效贯彻开发性金融和政策性金融在精准扶贫中的作用；另一方面，定期召开片区内相邻省份的区域金融合作联席会，以此为平台组织金融机构、投资机构和企业共同参加会议，促进金融机构、政府部门和企业的交流对接。如 2013 年在北京召开的国家开发银行总行与四川省政府的高层联席会，就商议了银企合作促进四川集中连片特困区发展的政策。联席会不仅对片区内产业发展进行总体规划，而且制定了系统的融资规划，从源头促进了金融资源的合理配置。

第二节　推动欠发达地区增量金融发展，
发挥各类金融机构互补作用

一　培育新型农村金融机构的支农扶贫作用

2006 年年末中国银监会决议放宽农村金融市场准入限制，村镇银行、贷款公司、农村资金互助社三类新型农村金融组织相继成立，迈出了探索创新农村金融组织形式的步伐。与大中型商业性金融组织相比，这些蓬勃发展的新型农村金融组织贷款具有方式灵活、放款及时、利率机动三大特点，因此受到农户的广泛欢迎。然而，新型金融机构增量改革严重落后于农村经济社会发展的要求。新型农村金融组织的发展偏向东部和中部发达地区，而欠发达西部县域发展非常缓慢，尤其是贷款公司和农村资金互助社的数量自 2011 年起基本没变。增量金融未充分实现对贫困地区存量金融的有效补充，因而应积极推进贫困地区增量金融的改革发展。

第一，应发挥村镇银行政策倾斜和业务灵活的优势，更大范围地向小微客户群体提供资金支持。村镇银行是新型农村金融机构中增速最快的机构，截至 2017 年年底，其数量已从 2011 年的 635 个增加到

2017 年的 1562 个①。村镇银行在快速发展的背后，仍存在规模小、生态环境相对差、IT 系统落后、不少村镇银行还不能并入人行支付体系以及认知度低等劣势。因此，村镇银行应坚定微型金融和普惠金融的服务宗旨，增加自身与农村社区和城镇社区的联系程度，使自身成为名副其实的农村社区银行。此外，村镇银行还应发挥灵活性和创新性的特点，实现产品、业务流程、管理机制的创新，更符合微型客户的金融需求。通过构建村镇银行总部中后台集中服务平台，来解决单点村镇银行 IT 系统落后的问题。

第二，农村资金互助社这种基于地缘、人缘的特殊关系组建的特殊合作金融组织，并未有效发挥支农作用，截至 2017 年年底全国农村资金互助社仅有 48 家，许多欠发达地区机构覆盖明显不足。因此，在有效规范和监管的前提下，应给予农村金融机构更多的政策供给和配套措施，鼓励农村资金互助社深入农村腹地，聚集入股社员的闲散资金，服务于更多的入社农民和农户。此外，还应当坚守民主管理、社员制、盈余返还、社区制和审慎经营的五大原则，不仅要强化地方政府对新型合作金融机构的风险防范和监督管理，也要发挥资金互助社本身社区性和社员内部互助性，通过自律来防范金融风险，实现资金互助社的商业可持续发展。

第三，规范小贷公司发展并发挥其支农作用。截至 2017 年年底，我国农村小贷公司仅有 13 个，农村金融市场所占份额较小，并且其发展背后仍存在严重的金融道德风险问题，需要金融部门有效监管。一方面，让小贷公司享受同业拆借和中国人民银行再贷款的服务，缓解资金来源不足、只贷不存的局面；另一方面，规范并引导小贷公司经营活动，提升信贷资金投放效率。

二　发挥政策性金融的指引和导向作用

相较于其他地区，贫困地区金融市场失灵和发育不完善的问题更加明显。商业金融与合作金融难以满足基础设施建设所需的短期内大

---

① 中国银行保险监督委员会：《中国普惠金融发展报告》，中国金融出版社 2018 年版，第 4 页。

额低成本资金。而政策性金融却可以充分发挥自身的政策优势，纠正贫困地区金融市场失灵，弥补资金不足的缺口。首先，政策性金融可以更好地贯彻政府的扶贫政策和扶贫思想，定向投放低息且长期的贷款，支持贫困地区基础设施和重点产业的建设。这些资金投入的项目不仅可以有效惠及当地贫困人群，还可以推动地区经济增长。其次，政策性金融更好地贯彻"精准扶贫"的宗旨，改善资金运用低效率的状况。信贷资金准确投入贫困地区的薄弱环节和政府所规划的重点项目，如生产和就业发展、易地搬迁、生态补偿等"五个一批"项目。此外，要对资金的使用及投资效果进行监督及考评，确保资金专款专用，严防低息资金的挪用。再次，立足于贫困地区经济发展需要，大力创新信贷产品。如国家开发银行则主要支持贫困地区基础设施建设和新型城镇化发展的贷款，而农业发展银行则主要支持易地搬迁、光伏扶贫、特色产业扶贫、旅游扶贫、教育扶贫等项目贷款。最后，政策性金融对商业性金融机构所支持的扶贫项目，可适当给予偿付保护、利息补贴等激励措施，以此来支持并促进商业性金融机构充分参与扶贫活动。总体而言，农村政策性金融应具有政策性、诱导性、区域经济均衡发展、补充性等多种功能。从政策角度来满足农业和农村经济弱质性决定的金融服务需求，弥补商业性金融留下的供需缺口。

三 拓展商业性金融在贫困农村的业务范围

农村商业性金融机构主要包括农业银行、中国邮政储蓄银行、农村商业银行、村镇银行和小额贷款公司等。商业性金融以商业可持续发展为目标，其风险控制严格、信贷抵押要求较高。而贫困地区农村金融生态环境较差，信贷风险高且抵押品欠缺，阻碍了商业性金融业务积极性。许多大型商业性金融机构在利润最大化及集中化管理的原则下，大量撤并县级以下金融服务网点，业务重心主要服务于城市。而真正在农村具有较多网点的只有邮政储蓄银行，因此，各金融机构只有突破内在体制障碍，才能从根本上改变农村市场商业性金融服务范围狭窄的局面：一是强化农业银行为"三农"服务的使命。加快中国农业银行"三农金融事业部"改革，通过贯彻"三级督导、一级经营"的管理体制，运用专门机构来督导总行及分支行的金融支农业务的开展。此外，加大对县域支行信贷授权和资源投入力度，让其实行单独核算和资源配置，促进县级农行信贷投放灵活性和效率性。而"金穗惠农通"工程的开展，则可通过惠农卡发放、网点改造和自动设备的设立，扩大贫困地区基础金融的覆盖面，为贫困农户提供普惠金融服务。二是加大邮政储蓄银行的小额信贷服务力度。中国邮政储蓄银行是在改革邮政储蓄管理体制的基础上组建的商业银行，由于最初依托于邮政体系和网络，其在农村营业网点较多，存款规模庞大。据统计，截至 2015 年 8 月，邮政储蓄银行 4 万多个网点中 71% 分布于县城或农村，其至成为某些地区唯一的金融机构[1]。因此，应当充分发挥其网点优势，不断加强与金融机构和企业的合作，将金融服务扎根于贫困地区。此外，邮政储蓄银行必须改变先前"只存不贷"的状况，将建档立卡贫困户作为重点服务对象，并加强与人社局、共青团和妇联等部门以及贫困地区农民合作社、龙头企业和小微企业的合作，积极推广"青年创业"贷款、"妇女创业"贷款等小额信贷产品和服务，促进资金回流并支持贫困地区发展。

四　发挥农村信用社涉农主力军作用

农村信用社在农村金融市场具有机构网点多、从业人员多、服务范围和对象广的特点，据统计，2017 年我国农村信用社的涉农贷款余额占全部银行业金融机构涉农贷款余额的 29%，农户贷款余额占全部农户贷款余额的 54%，涉农贷款余额占农村信用社各项贷款余额的 60%[2]。然而，农村信用社在高速发展背后涌现出所有人缺位、贷款利率较高、创新动力有待加强等一系列问题。因此，应当充分利用自身在农村金融市场的优势和地位，主动承担金融扶贫的责任与任务的同时，不断推动自身的改革与发展。首先，坚持农村信用社县域法人地位。省联社应去行政化、进行企业化改革，并加强服务功能。通过企业化改革，更好地为成员行提供风险管理、科技信息、产品研发、支付与结算和人员培训等服务。而以县域为单位的法人机制，则应扫

① 张宇鹏：《邮储银行撬动金融精准扶贫着力点》，《时代金融》2019 年第 3 期。
② 中国人民大学中国普惠金融研究组：《鼎新克艰：数字普惠金融的扶贫实践》，中国人民大学中国普惠金融研究院研究报告，2018 年 10 月，第 31 页。

除贫困地区金融服务的"盲区"，更好地服务于"三农"，扎根于"三农"。其次，通过流动服务、自助机设置、简易点和代理点的设立以及网上银行和手机银行推广等一系列金融服务创新，大力推广农村信用社在贫困地区开展惠农金融服务，让金融服务深入贫困农村社区。再次，大力开展省联社与省扶贫办的合作，推进金融产业扶贫，加强与龙头企业、农民合作社及家庭农场的合作，通过其发展带动更多的农户参与脱贫活动，实现精准脱贫。最后，适当降低贷款利息，弱化农户信贷抑制。注重提升自身金融创新意识，满足多层次、多类型的农村金融需求。

第三节　创新金融产品和服务，满足贫困地区多元化金融需求

由于贫困地区农村人口规模、生产结构与收入结构都经历着转型与变动，贫困地区农村社会阶层也呈现多元化的特点。不仅包含依靠政府救济生活的特困农户，以种植业和畜牧业为主要收入来源的传统农户、进城务工的"两栖型"打工者，也包括承包较大规模土地从事农业产业化经营的农户和经营运输、商贸物流、小型工厂的企业家，面对贫困地区农村各异的社会阶层，其资金需求数额、期限、利率、审批速度及借款用途都存在很大的差别。因此金融机构需要贴合贫困人群实际状况，创新产品和服务来满足多元化的金融需求。

一　助推脱贫地区特色产业和重点项目发展

特色产业和重点项目连接着脱贫地区农民和市场，既是金融减贫有效的作用载体，又是带动贫困农户快速脱贫的重要手段。因此，应鼓励金融机构加大对贫困地区特色产业、重点项目和龙头企业的金融支持。首先，应依据各脱贫地区发展规划的指导，明确所在地区特色产业、基础设施和基本公共服务等规划信息，确保信贷资金准确投放于最具带动性和特色的项目。同时，根据各地扶贫办和发改委的规划信息，并结合金融机构考察安排不同项目的资金投放规模、投放时间

和信贷期限，有序推动规划项目的开展。其次，要客观分析地区的资源特点和产业结构，积极支持如绿色生态种养业、经济林产业、林下经济、森林草原旅游、休闲农业、传统手工业、乡村旅游、农村电商等特色产业发展。其中，金融机构、政府及其他部门要深度配合，金融机构不仅要突出信贷支持重点，也要参与产业与项目规划，最大限度地发挥货币政策、产业政策和财政政策的政策合力，为脱贫地区特色产业和重点项目的开展提供优惠政策扶持。再次，金融机构应积极探索和推广金融支农模式，如"金融机构+农民专业合作社贫困地区特色产业""农业龙头企业+贫困农户""贫困农户+经纪人+银行+担保公司+龙头企业""金融机构+龙头企业+贫困农户"的农贷模式，实现贫困地区龙头企业、特色产业、贫困农户、金融机构一体化的模式。最后，应积极探索与创新适合特色产业、龙头企业与基础设施和基本公共服务的金融产品，完善新型的抵押贷款方式如订单质押、仓单质押、应收账款质押和农村集体土地使用权抵押贷款等。

二　满足农户多元化金融需求

依据第四章图 4-4 可知，贫困农户潜在信贷需求较高，并且以传统生活需求为主。其信贷需求主要集中于建房置业、商业运营、农产品种养殖、子女教育、婚丧嫁娶和健康医疗等方面。针对农户信贷需求的多元化，金融机构应创新并丰富金融产品与服务范围，继续推进易地搬迁贷款、创业就业贷款、助学贷款等信贷产品和服务，满足贫困农户信贷需求。

首先，易地搬迁扶贫有效地贯彻了精准扶贫的宗旨，成为我国扶贫攻坚战的主要方式。然而，资金问题是移民搬迁的核心问题，也是主要瓶颈。面对众多人口的搬迁任务，仅仅依靠加大中央预算内投资规模、增加专项建设基金支持是难以实现的。这就需要金融机构开展专项业务，通过降低信贷约束和信贷成本，提升对移民搬迁户的金融服务力度来有效支持。一方面要与政府部门加强沟通联系，主动对接达成共识，加强贷款资金贷后的管理，实行专款专用及确保资金安全；另一方面，要完善生产生活配套设施并培育相关产业，使老百姓搬得出、稳得住、有事做、能致富，做到新房、新村、新产业、新生活、新发展融为一体。

其次，引导农民工返乡创业是加快农民脱贫致富的重要方式，也是提升农民自我发展能力的有效方式。据第四章图 4-4 结果可知，商业运营是农户潜在信贷需求的重要构成，而资金也是影响农民创业的主要瓶颈。因此，金融机构应针对农民创业特点创新金融产品。一是实行多种形式的抵押物贷款，以及企业联保互保贷款，并给予相关政策支持；二是与政府部门联合设立农民创业互助基金，鼓励有创业意愿和能力的农民申请创业资金；三是开通农民工返乡创业金融服务"绿色通道"，并且落实创业担保贷款政策。

最后，继续推进助学贷款业务，助力贫困家庭学生顺利完成学业。从第四章图 4-4 结果可知，教育投资是贫困农户信贷用途的主要构成，关系到贫困家庭子女的后续发展、意识观念的转变以及贫困链条的阻断。因此，应继续大力推进国家助学贷款和生源地信用助学贷款。一方面，通过金融机构和教育部门的合作，完善高校学贷中心和学生资助中心系统，强化信息管理和构建信息共享机制，有效监督贷款受理、审查和回收工作；另一方面，引入商业保险机制来化解助学贷款风险，通过银保合作在一定程度上降低银行的信贷风险。此外，还应继续推进国家开发银行和支付宝的结合，发挥互联网的平台优势，构建信息化和电子化的管理系统。

三　创新抵押贷款方式

抵押贷款是银行业机构发放贷款的主要方式，而抵押物匮乏又是制约小微群体获得信贷支持的主要瓶颈（图 4-6、图 4-7）。针对农民抵押物欠缺的现状，不仅要加快农村产权制度改革，推进农村综合产权市场建设，各级金融机构也要创新抵押贷款产品类型，拓宽抵押贷款服务范围。首先，改革农村集体产权制度，赋予农民群体更多的权能。其主要涉及耕地、水地、林地、水面等农村资源性资产改革，以及农村建设用地、标准化厂房、智能大棚等经营性资产的改革。其次，针对欠发达地区经济发展特点，创新抵押贷款产品类型。可以积极开展土地抵押、林权抵押、果园抵押、农房抵押贷款；推广农用生产设备、库存商品抵押、仓单质押、订单农业、果蔬打包、应收账款质押等贷款种类。在抵押贷款过程中，要严格参照抵押贷款操作流程，实行调查、审查、发放和贷后的风险管理，预防抵押物不实、重复抵押和抵押物价值偏离的问题，通过抵押贷款服务的创新与完善，来化解小额信贷抵押的瓶颈。

第四节　克服金融排斥偏向，
促进普惠金融发展

贫困地区农村金融机构呈现排斥倾向，经济落后程度、人口与经济地理分布特点对金融机构分布产生了负向激励效果。此外，欠发达地区金融机构以农村信用社和邮政储蓄银行为主，大型商业银行、政策性与新型金融机构份额较少。因而，需要促进普惠金融发展，发挥农村普惠金融体系包容性特点，将服务客户延伸至贫困农户和低收入群体，通过多元化的金融机构向不同的客户群体提供多样化的金融服务。

一　拓展农村金融机构覆盖范围

据统计，截至 2017 年年底，我国农村金融机构总数为 5901 家，其中农村信用社、农村商业银行、农村合作银行和村镇银行机构数分别为 965、1263、33 和 1562 个，所占比例分别为 16.35%、21.4%、0.56% 和 26.47%[①]。总体而言，我国农村金融机构的覆盖程度已经明显提升，农村普惠金融发展较快。但金融资源分布却呈现区域不均衡的特点，特别在欠发达的西部地区金融机构网点分布较少。因此，一方面应优化县域金融机构网点布局，如增加大中型商业银行的县域营业网点，强化农业发展银行向经济落后地区的政策金融服务力度，推动村镇银行在农业大县和小微企业聚集地的网点设立；另一方面，应通过设立 ATM、POS 机、EPOS 和其他金融自助服务终端等电子机

---

① 中国银行保险监督委员会：《中国普惠金融发展报告》，中国金融出版社 2018 年版，第 5 页。

具，建设乡村金融服务站和乡村助农取款点，推广电话银行和手机银行等方式，促进金融机构服务网点下沉于贫困地区的村镇，提升金融服务覆盖率。

二 完善欠发达地区金融信用和支付体系

信用体系建设和支付环境改善是优化农村金融基础设施的重要工程，也是促进欠发达地区普惠金融发展的关键环节。信用体系建设可以规范金融市场秩序、降低市场交易成本，防范金融风险和维护金融稳定。因此，强化信用信息平台建设，通过金融机构与相关部门的配合，有效跟踪贫困农户信用档案，扩充征信数据库涵盖范围，为精准发放贷款提供信息参考。同时，信用信息平台也可以规范地整合、管理信息，实现各地区各部门信息共享。此外，进一步推进信用工程建设，展开"信用户""信用村""信用乡（镇）""信用工业园区"以及"农村青年信用示范户"创建活动。并且对于信用良好的客户给予贷款利率、贷款期限的奖励，通过信用个体"示范作用"和"带动作用"，引导潜在客户形成正确的价值取向，形成诚实守信的社会风气。

金融支付环境的改善可有效促进金融支付服务进村入户，从而提升农村金融的服务质量。可通过以下几方面进行改善：一是合理引导农村信用社、村镇银行、资金互助社等支农金融机构加入人民银行跨行支付及清算系统，实现银行间高效、快速和安全的跨行实时支付清算活动。二是响应政策号召，加快并巩固助农取款服务在欠发达地区农村的推行。应进一步推动助农取款服务点与农村电商服务点的结合，并积极开展现金汇款、转账汇款、代理缴费业务以及跨行支付等业务，满足农户多样化金融需求，并提高服务点机具设备的使用效率。三是结合区域经济发展状况、农户习俗及信用基础，开发和使用符合农户需求的农村支付结算工具，丰富农村支付结算品种。四是大力推进农民工银行卡特色服务，各地人民银行分支机构应在农民工返乡和外出打工高峰期，采用报纸、电视、新媒体等宣传并讲解农民工银行卡特色服务的功能和操作要求，满足农民工跨区域的金融服务需求。

三　强化欠发达地区农村金融知识宣传

农民是低收入群体，也是金融知识最为匮乏的群体。金融知识的欠缺与不足，造成贫困农民金融消费意识和能力不强，从而影响了农村金融服务的供给效率。国内外许多金融减贫案例，如孟加拉国乡村小额信贷、国际社区资助基金会小额信贷和甘肃"农村妇女小额信贷"都非常注重对服务对象的知识培训和传播。因此，应根据金融服务供需双方的特点，针对不同层次人群开展农村金融知识普及教育。对于涉农金融机构如农村信用社、邮政储蓄银行、资金互助社和村镇银行的员工，可进行相关培训，提高其金融服务意识和服务技能。对于贫困农民，可在行政村成立"金融知识宣传站"，不仅依托村委会定期开展金融知识讲座，也可利用电视、广播、出版物、短信、文艺演出等方式，向农民展示投放贷款、支付结算、转账缴费等金融活动的操作流程，以浅显化和娱乐化的方式，让农民接受所传播的金融知识。对于脱贫地区基层干部，应进行经济和金融改革、政策等方面知识的宣传培训，充分培养其运用金融手段发展区域经济的意识。此外，还需发挥人行、教育部门、金融机构等相关部门的合力，推进"金融惠民工程""送金融知识下乡"等项目的开展。

四　促进"互联网+农村金融"的融合发展

相对于传统实体金融，互联网金融更具低成本、高效率和广覆盖的特点。2015 年 7 月国务院印发《国务院关于积极推进"互联网+"行动的指导意见》，提出"互联网+金融"的理念，鼓励互联网金融建设云服务平台，支持金融机构借助互联网提升服务覆盖面和深化金融创新等意见。因此，发展互联网金融，一要依据客户需求，开发与设计金融产品和业务，如运用手机银行、网上银行和电话银行完成资金查询、消费购物、投资理财和转账汇款等业务，从而缓解欠发达地区金融物理网点不足的问题。二要加强互联网金融的线下代理设立，发展如药店、邮局、杂货店、便利店等为代理商。不仅增加代理商数量，也扩充代理业务种类。通过互联网金融线上线下的融合发展，更好地向贫困农民提供金融服务。三要互联网金融与电子商务深度融合，为农民提供广阔的市场。据统计，截至 2021 年 6 月，我国农村网民规模为 2.97 亿人，农村地区互联网普及率为 59.2%，网民使用手机上网的比例达 99.1%①。在互联网时代，农民可依据互联网销售平台，通过电商创业来售卖本地特色产品。如可探索"一村一品一店"模式，建立公众微信号、淘宝网店、微商代理等方式，助推贫困村农民实现精准脱贫。四要发挥互联网大数据优势，开展信用评估，对信贷对象的信息进行更为精细的管理。不仅可提高信用评估的科学性，也能降低评估成本和信用风险。此外，还可以缓解小微个体因欠缺抵押物而贷款不足的局面。

第五节　完善金融保障措施，发挥
金融与财政政策合力

一　发挥货币政策的资金引导作用

一是管理"扶贫再贷款"的发放，有效发挥其扶贫效应。扶贫再贷款作为中央在金融扶贫领域推出的一项重要举措，其比支农贷款的利率更优惠，并且实际使用期限最长可达 5 年，为地方法人金融机构提供了成本较低、期限较长的资金来源。应严格管理"扶贫再贷款"的投放方向、利率上限、申请条件和账户设置，保障贷款用于贫困领域、贫困产业和贫困人群。此外，应扩大"扶贫再贷款"的使用范围，将贫困县内有法人授权的金融机构都纳入到申请使用的范围，避免由于一些贫困县区金融机构过少而贷款投向缺乏竞争、贷款使用效率较低的问题。二是加大支农再贷款、再贴现、差别存款准备金率的支持力度，激励和引导金融机构加大对贫困地区的信贷投放。具体说，一方面，涉农金融机构严格管理支农再贷款的发放利率、投放方向和效果评估，并采取激励约束手段，引导金融机构将支农再贷款用于"三农"和扶贫领域；另一方面，金融机构通过再贴现业务支持小

---

① 中国互联网络信息中心（CNNIC）：第 44 次《中国互联网络发展状况统计报告》，2019 年 8 月 30 日，http://www.cac.gov.cn/2019-08/30/c_1124939590.htm。

微企业发展，加大对小微企业和地方实体经济的扶持力度，为小微企业提供资金支持。

二　注重财政政策和金融政策的联合实施

一是发挥财政政策杠杆作用，引导金融资源支农扶贫。如对农户小额贷款的利息收入三年免征营业税，并在计算应纳所得额时，按90%计入收入总额；设立金融机构涉农贷款增量奖励试点，激励各地金融机构扩大涉农贷款的投放，促进金融资源支持"三农"领域发展；对符合条件的新型农村金融机构和金融服务基础薄弱地区的银行业金融机构给予定向费用补贴，缓解农村金融机构开办初期的资金压力；鼓励农户参加农业保险，为投保农户提供一定的保费补贴。通过以上政策工具的运用，引导与激励金融资源流向贫困地区。二是财政部门鼓励设立扶贫贴息贷款风险补偿金。贫困县区可投入财政扶贫资金作为扶贫贷款风险补偿金，金融合作机构则可按照投入资金的数倍作为贷款额度。开展面向贫困户的扶贫小额信贷、针对贫困地区企业、项目贷款的贷款，从而支持贫困农户和特色产业的发展。三是各级财政部门与人民银行及地方金融机构相配合，推进地方政府置换债券资金工作的开展。此项举措可以缓解地方政府过重的财务负担，将高成本短期限的债务大规模置换为低成本长期限的债券，从而不仅降低了银行风险资产规模，也减轻了地方财政压力，增强财务可持续性。

三　落实差异化监管政策

一是提高贫困地区对不良贷款容忍度。由于贫困地区金融机构信贷风险较高，此举措的实施可以保障金融机构扶贫贷款投放动力。具体而言，监管部门可以依据贫困地区金融机构信贷风险、成本和核销状况，差异化考核不良贷款率等监管指标，激励金融机构持续发放扶贫贷款、支农贷款的行为。二是创新并落实信贷尽职免责制度。金融机构可制定针对贫困地区小微客户群体尽职免责的办法，若授信部门和授信工作人员在严格规范贷款流程和杜绝"人为制造容忍度"的前提下，仍出现了授信风险，则可以免除授信部门和授信工作人员的合规责任。三是适当放宽对贫困地区金融机构的存贷比监管标准，并且对不良贷款率和资本充足率等指标也实行差异化监管。

第六节　依托保险与资本市场，
实现金融减贫可持续

一　发挥农村保险的风险分摊功能

完善欠发达地区农村保险的作用，不仅可以增强农民抵御风险的能力，降低自然灾害和重大疾病等因素对农民收入和生活条件的影响，还可以扩大扶贫资金的作用，实现以保费补贴形式投入的财政资金成倍的发挥功效，惠及更多的小微群体。此外，保险机制还可以惠及社会闲散资金，集中各方力量巩固脱贫成果。由于农民对保险业务认识的不足，并且小微群体具有风险较高、收入波动较大的特点，致使保险公司对贫困人群的供给意愿不强，应通过以下举措来助推农村保险市场的发展：

一是增加保险机构贫困地区基层网点的数量。机构网点不足和基础设施薄弱已经严重制约了农村保险市场的发展，制约了保险业务在贫困地区的推广。因此，应构建农村保险服务网络，加快农村服务网点建设和基层保险人员培育，努力形成"以县支公司为龙头、以乡镇服务网点为依托、以驻村协保员为延伸"的基层服务网络系统。此外，保险机构还可以依托互联网络，实现线上+线下网点的建设。二是依据农村客户群体的需求层次，创新并开发保险产品。将大病保险和农业保险作为助推脱贫攻坚的主要发展方向。同时，通过大病扶贫、农险扶贫、补位扶贫和产业扶贫四个方面凸显保险业在精准扶贫中的作用。针对大病致贫的状况，可将基本医保、大病医保、商业保险和慈善救助相结合，同时鼓励保险公司开展异地理赔勘察、异地结算等服务来提升大病保险服务质量。对于农业保险推广，一方面要强化政策性农业保险的服务力度和覆盖范围，以及避免政策性农险在实施过程中的监管松懈、补贴过度和骗保等问题。另一方面，要配合相关政府部门，共同引导商业性保险公司投身欠发达地区农业保险业务。此外，应当扩充农业保险产品种类，其范围可涉及种植业、养殖业和林业等，具体可涵盖特色农产品保险、特色农产品价格保险、自然灾害损失保险、病虫害损失保险、牲畜保险、家禽综合保险等。三是加快银行机构和保险机构的合作，推动小额贷款保证保险发展。小额贷款保证保险可通过向小微企业、涉农企业、中低收入人群提供服务，使得贷款人不需要抵押担保，而只需依据贷款金额缴纳一定保费，即可获得低利率的贷款，并且实现信贷风险在农户、小贷机构和保险公司之间的分摊。小额贷款保证保险可结合信贷和保险两者的优点，通过"农业保险+农业信贷"的金融扶贫模式，促进农村保险业的发展。四是加大欠发达地区保险业务的宣传工作。通过专业人员深入农村腹地的现场宣传、发放资料、知识讲解等活动，树立农户的风险防范意识，明悉保险的风险分担作用，提升农民的投保积极性。

二　促进多层次资本市场的资金支持

资本市场是金融扶贫战略中不可或缺的一股力量，其具有拓宽贫困地区企业融资渠道、筹集并合理配置资金的功效。《关于全面做好扶贫开发金融服务工作的指导意见》明确部署了资本市场支持扶贫开发的工作安排。为响应中央精神，证监会出台了《民族地区资本市场培训基金管理办法（试行）》，助力贫困地区、少数民族地区通过资本市场推动地区经济发展。资本市场服务于我国扶贫开发事业主要通过以下方面发挥资本市场的作用功效：

一是培育和引导欠发达地区企业发行股票并上市，拓宽贫困地区民营企业的融资渠道。改善贫困地区的经济和农民收入状况，必须依托于农业现代化来推进农业的快速发展。而资金短缺是制约农业现代化的重要因素，因此应鼓励贫困地区有条件的农业龙头企业和大型专业化公司在资本市场上市并发行股票。据统计，2007年至2015年年底，有21家农业企业上市并发行股票，融资金额达159亿元。2007年至2015年，已上市农业企业再融资金额达到332亿元，重大资产重组22项，共计金额360亿元。通过资本市场的作用，不仅扩大了贫困地区企业融资规模，也推进了民营企业的现代化规范经营。二是引导企业利用农产品期货市场实现风险对冲。由于贫困地区自然灾害频繁发生以及农产品市场价格的大幅波动，农业生产具有较强的自然风险和市场风险。因此，引导企业利用期货市场的风险对冲机制和金融衍生产品抵御外在风险是一种有效方式。期货交易所可针对贫困地区产品类型，推出具有中西部贫困地区特色的期货产品，不仅为企业提供有利的避险工具，也有利于企业合理预期市场供求状况和价格走势，调整材料采购、生产数量、销售仓储等企业决策，从而有效规避市场风险。而小额信贷机构也可以运用金融衍生品来实现外在风险的转移，规避不良贷款所造成的信贷损失。三是鼓励并引导企业运用多种类型的债务融资工具，加大融资的数量、融资的比重，以及扩展融资渠道。

附　　录

附表 1　　　　2014 年我国 14 个集中连片特困地区分布情况

贫困地区名称	涉及的省、直辖市、自治区	县市个数（个）	地区总人口（万人）	贫困发生率（%）	人均可支配收入（元）
六盘山区	甘肃、宁夏、青海、陕西	76	349	19.2	5616
秦巴山区	河南、湖北、重庆、四川、陕西、甘肃	75	444	16.4	7055
武陵山区	湖北、湖南、重庆、贵州	64	475	16.9	6743
乌蒙山区	四川、贵州、云南	38	442	21.5	6114
滇黔桂石漠化区	广西、贵州、云南	80	488	18.50	6640
滇西边境山区	云南	56	240	19.1	6471
大兴安岭南麓山区	内蒙古、吉林、黑龙江	19	74	14	6801
燕山—太行山区	河北、山西、内蒙古	33	150	16.8	6260
吕梁山区	山西、陕西	20	67	19.5	5589
大别山区	安徽、河南、湖北	36	392	12	8241
罗霄山区	江西、湖南	23	134	14.3	6776
南疆三地州	克孜勒苏柯尔克孜自治州、和田地区和喀什地区	24	99	18.8	6403
四省藏区	四川、云南、甘肃、青海	77	103	24.2	5726
西藏地区		74	61	23.7	7359

资料来源：《2015 中国农村贫困监测报告》14 个集中连片特困区简介。

附表 2　　　　　　调查问卷收集来源与分类

所在省份	取样县区个数（个）	贫困农户收集问卷（份）	地貌特征	样本贫困农户人数（户）
安徽	3	52	平原、丘陵山区	173
福建	2	35	丘陵山区	154

续表

所在省份	取样县区个数（个）	贫困农户收集问卷（份）	地貌特征	样本贫困农户人数（户）
甘肃	15	470	高原、丘陵山区	2199
广东	18	222	丘陵山区、平原、渔村	1067
广西	3	88	丘陵山区、高山	341
贵州	5	142	高山、丘陵	702
河北	8	179	平原、丘陵山区、高山	659
河南	16	322	平原、丘陵	1406
黑龙江	3	30	丘陵、渔村	103
湖北	2	17	丘陵、高山、平原	66
湖南	5	74	丘陵、平原	323
吉林	3	23	丘陵、平原	77
江苏	3	40	平原	136
江西	3	59	丘陵、平原、高山	277
辽宁	14	209	丘陵、平原	690
山东	7	181	丘陵、平原、渔村	536
山西	5	118	丘陵、高原、平原	414
陕西	3	62	平原、高原、丘陵	250
上海市	4	23	平原	51
四川	7	197	高山、丘陵、平原	822
天津市	1	6	平原	20
云南	4	117	高原、丘陵山区	480
浙江	3	25	丘陵、平原	69
重庆	2	51	丘陵、高山	179
涉及县区总计	139	2742	涉及人数总计	11194

资料来源：依据 2012 年北京大学中国家庭追踪调查（CFPS）数据整理。

附表 3　中国集中连片特殊困难地区及其贫困县样本分布情况

省份	样本县个数（个）	样本县名称	集中连片特殊困难地区名称
河北	16	阜平县、唐县、涞源县、顺平县、张北县、康保县、沽源县、尚义县、蔚县、阳原县、怀安县、万全县、平泉县、隆化县、丰宁县、围场县	燕山—太行山区

省份	样本县个数（个）	样本县名称	集中连片特殊困难地区名称
山西	20	阳高县、天镇县、广灵县、灵丘县、浑源县、五台县、繁峙县、静宁县、神池县、五寨县、岢岚县、吉县、大宁县、隰县、永和县、汾西县、兴县、临县、石楼县、岚县	燕山—太行山区、吕梁山区
内蒙古	8	化德县、商都县、兴和县、阿尔山市、科尔沁右翼前旗、科尔沁右翼中旗、扎赉特旗、突泉县	大兴安岭南麓山区、燕山—太行山区
吉林	3	镇赉县、通榆县、大安市	大兴安岭南麓山区
黑龙江	5	泰来县、甘南县、拜泉县、林甸县、兰西县	大兴安岭南麓山区
安徽	11	潜山县、太湖县、宿松县、岳西县、临泉县、阜南县、颍上县、寿县、霍邱县、金寨县、利辛县	大别山区
江西	14	莲花县、赣县、上犹县、安远县、宁都县、于都县、兴国县、会昌县、寻乌县、遂川县、万安县、永新县、井冈山市、乐安县	罗霄山区
河南	19	兰考县、栾川县、嵩县、汝阳县、洛宁县、鲁山县、卢氏县、南召县、淅川县、民权县、宁陵县、光山县、新县、商城县、固始县、淮滨县、沈丘县、淮阳县、新蔡县	秦巴山区、大别山区
湖北	23	郧县、郧西县、竹山县、竹溪县、房县、丹江口市、秭归县、长阳县、孝昌县、大悟县、红安县、罗田县、英山县、蕲春县、麻城市、恩施市、利川市、建始县、巴东县、宣恩县、咸丰县、来凤县、鹤峰县	秦巴山区、武陵山区、大别山区
湖南	17	邵阳县、隆回县、城步县、桑植县、安化县、汝城县、桂东县、沅陵县、通道县、新化县、泸溪县、凤凰县、花垣县、保靖县、古丈县、永顺县、龙山县	武陵山区、罗霄山区
广西	24	隆安县、马山县、融水县、三江县、龙胜县、德保县、靖西县、那坡县、凌云县、乐业县、田林县、西林县、隆林县、西林县、凤山县、东兰县、罗城县、环江县、巴马县、都安县、大化县、忻城县、龙州县、天等县	滇黔桂石漠化区
重庆	12	黔江区、城口县、丰都县、武隆县、云阳县、奉节县、巫山县、巫溪县、石柱县、秀山县、酉阳县、彭水县	秦巴山区、武陵山区

续表

省份	样本县 个数（个）	样本县名称	集中连片特殊 困难地区名称
四川	30	叙永县、古蔺县、朝天区、旺苍县、苍溪县、马边县、仪陇县、屏山县、宣汉县、万源市、通江县、南江县、平昌县、小金县、黑水县、壤塘县、甘孜县、德格县、石渠县、色达县、理塘县、木里县、普格县、布拖县、金阳县、昭觉县、喜德县、岳西县、美姑县、雷波县	秦巴山区、乌蒙山区、四省藏区
贵州	48	六枝特区、正安县、道真县、务川县、习水县、普定县、镇宁县、关岭县、紫云县、江口县、石阡县、思南县、印江县、德江县、沿河县、松桃县、兴仁县、普安县、晴隆县、贞丰县、望谟县、册亨县、安龙县、大方县、织金县、纳雍县、威宁县、赫章县、黄平县、施秉县、三穗县、岑巩县、天柱县、锦屏县、剑河县、台江县、黎平县、榕江县、从江县、雷山县、麻江县、丹寨县、荔波县、独山县、平塘县、罗甸县、长顺县、三都县	武陵山区、乌蒙山区、滇黔桂石漠化区
云南	69	禄劝县、寻甸县、会泽县、施甸县、龙陵县、昌宁县、昭阳区、鲁甸县、巧家县、盐津县、大关县、永善县、绥江县、镇雄县、彝良县、威信县、永胜县、宁蒗县、宁洱县、墨江县、景东县、镇沅县、江城县、孟连县、澜沧县、西盟县、临翔区、凤庆县、云县、永德县、镇康县、双江县、沧源县、双柏县、南华县、姚安县、大姚县、武定县、屏边县、泸西县、元阳县、红河县、金平县、绿春县、砚山县、西畴县、麻栗坡县、马关县、丘北县、广南县、富宁县、勐腊县、漾濞县、弥渡县、南涧县、巍山县、永平县、云龙县、洱源县、剑川县、鹤庆县、梁河县、泸水县、福贡县、贡山县、兰坪县、香格里拉县、德钦县、维西县	乌蒙山区、滇黔桂石漠化区、滇西边境山区、四省藏区
陕西	36	陇县、麟游县、太白县、永寿县、长武县、淳化县、洋县、西乡县、勉县、宁强县、略阳县、镇巴县、留坝县、佛坪县、横山县、绥德县、米脂县、佳县、吴堡县、清涧县、子洲县、汉阴县、石泉县、宁陕县、紫阳县、岚皋县、镇坪县、旬阳县、白河县、商州区、洛南县、丹凤县、商南县、山阳县、镇安县、柞水县	六盘山区、秦巴山区、吕梁山区

续表

省份	样本县个数（个）	样本县名称	集中连片特殊困难地区名称
甘肃	42	榆中县、会宁县、清水县、秦安县、甘谷县、武山县、张家川县、古浪县、天祝县、庄浪县、静宁县、环县、华池县、合水县、宁县、镇原县、安定区、通渭县、陇西县、渭源县、临洮县、漳县、岷县、武都区、文县、宕昌县、康县、西和县、礼县、两当县、临夏县、康乐县、永靖县、广河县、和政县、东乡县、积石山县、合作市、临潭县、卓尼县、舟曲县、夏河县	六盘山区、秦巴山区、四省藏区
青海	13	湟中县、民和县、乐都县、化隆县、循化县、泽库县、甘德县、达日县、玛多县、杂多县、治多县、囊谦县、曲麻莱县	六盘山区、四省藏区
宁夏	6	同心县、西吉县、隆德县、泾源县、彭阳县、海原县	六盘山区
新疆	19	阿图什市、阿克陶县、阿合县、乌恰县、疏附县、疏勒县、英吉沙县、莎车县、叶城县、岳普湖县、伽师县、塔什库尔干塔克自治县、和田县、墨玉县、皮山县、洛浦县、于田县、民丰县、巴楚县	南疆三地州

资料来源：《2011中国农村贫困监测报告》中14个集中连片特困区简介。

参考文献

一　中文期刊

巴曙松、栾雪剑：《农村小额信贷可获得性问题分析与对策》，《经济学家》2009 年第 4 期。

陈斌开、林毅夫：《金融抑制、产业结构与收入分配》，《世界经济》2012 年第 1 期。

陈银娥、师文明：《中国农村金融发展与贫困减少的经验研究》，《中国地质大学学报》2010 年第 10 期。

程恩江、Abdullahi D. Ahmed：《信贷需求：小额信贷覆盖率的决定因素之一》，《经济学》（季刊）2008 年第 7 期。

程恩江、刘西川：《小额信贷缓解农户正规信贷配给了吗?》，《金融研究》2010 年第 12 期。

程惠霞：《农村金融"市场失灵"治理前提再判断：供给不足还是金融排斥》，《经济理论与经济管理》2014 年第 11 期。

崔艳娟、孙刚：《金融发展是贫困减缓的原因吗》，《金融研究》2012 年第 11 期。

丁志国、谭伶俐、赵晶：《农村金融对减少贫困的作用研究》，《农业经济问题》2011 年第 11 期。

杜晓山、孙同全：《供给驱动下农民互助资金发展中的几个问题》，《金融与经济》2010 年第 8 期。

段应碧：《发展公益性小额信贷组织，破解贫困农户贷款难题》，《农业经济问题》2011 年第 1 期。

方杰、温忠麟：《基于结构方程模型的多重中介效应分析》，《心理科学》2014 年第 37 期。

付兆刚、张启文：《基于 PSTR 模型的农村金融渠道减贫效应分析》，《中南财经政法大学学报》2016 年第 3 期。

高圣平、刘萍：《农村金融制度中的信贷担保物：困境与出路》，《金融研究》2009 年第 2 期。

高晓光：《新型农村金融机构可持续发展研究》，《当代经济研究》2015 年第 2 期。

谷慎、李成：《金融制度缺陷：我国农村金融效率低下的根源》，《财经科学》2006 年第 9 期。

郭沛：《中国贫困农户小额信贷研究》，《社会科学》2001 年第 1 期。

郭熙保、罗知：《贸易自由化、经济增长与减轻贫困——基于中国省际数据的经验研究》，《管理世界》2001 年第 2 期。

郭永红、李国芳：《贫困村互助资金运行情况调查——以青海省乐都县为例》，《青海金融》2012 年第 6 期。

胡宗义、张俊：《农村正规金融发展的减贫效应》，《现代财经》2014 年第 8 期。

黄承伟、陆汉文：《宁夏贫困村村级发展互助资金的研究进展》，《农业经济问题》2009 年第 7 期。

黄祖辉：《中国农户的信贷需求：生产性或消费性抑制——方法比较与实证分析》，《管理世界》2007 年第 3 期。

邝希聪：《财政和金融政策在扶贫中的非线性效应研究——基于382 个贫困区县调查数据的 PSTR 分析》，《农业技术经济》2021 年第 3 期。

李季刚、邵勇：《新疆各类农村金融资源对农民收入贡献差异分析》，《新疆社会科学》2009 年第 6 期。

李明贤、向忠德：《我国中部地区农村金融资源配置效率实证分析》，《农业技术经济》2011 年第 7 期。

李新然：《论小额信贷的非金融价值》，《农业经济问题》1999 年第 4 期。

林茹、栾敬东：《中国金融发展对贫困减缓的作用研究》，《长春理工大学学报》2014 年第 5 期。

　　林万龙、杨丛丛:《贫困农户能有效利用扶贫型小额信贷服务吗》,《中国农村经济》2012 年第 2 期。

　　林万龙、钟玲、陆汉文:《合作型反贫困理论与仪陇的实践》,《农业经济问题》2008 年第 11 期。

　　刘芳、刘明:《金融发展规模、效率与县区反贫困研究——基于陕西省 50 个国定贫困县的系统广义距估计》,《统计与信息论坛》2015 年第 8 期。

　　刘明、韩晶晶、戈伟伟:《西部贫困农村经济机会、关系型融资与农贷配给》,《陕西师范大学学报》(社会科学版) 2012 年第 4 期。

　　刘西川、程恩江:《贫困地区农户的正规信贷约束:基于配给机制的经验考察》,《中国农村经济》2009 年第 6 期。

　　刘西川:《村级发展互助资金的目标瞄准、还款机制及供给成本》,《农业经济问题》2012 年第 8 期。

　　柳士顺、凌文辁:《多重中介模型及其应用》,《心理科学》2009 年第 32 期。

　　吕永斌、赵培培:《我国农村金融发展与反贫困绩效:基于 2003—2010 年的经验证据》,《农业经济问题》2014 年第 1 期。

　　米运生:《金融自由化与区域经济增长差异》,《财经科学》2009 年第 7 期。

　　冉光和、赵倩:《中国农村金融制度效率的测度及其空间差异研究》,《农村经济》2012 年第 1 期。

　　申云、李庆海、杨晶:《农业供应链金融信贷的减贫效应研究——基于不同主体领办合作社的实证比较》,《经济评论》2019 年第 4 期。

　　师荣蓉、徐璋勇、赵彦嘉:《金融减贫的门槛效应及其实证检验》,《中国软科学》2013 年第 3 期。

　　单德朋、王英:《金融可得性、经济机会与贫困减缓》,《财贸研究》2017 年第 4 期。

　　苏基溶、廖进中:《中国金融发展与收入分配、贫困关系的经验分析》,《财经科学》2009 年第 12 期。

苏静、胡宗义:《农村非正规金融发展的减贫效应非线性研究》,《农业技术经济》2014 年第 1 期。

苏静、胡宗义:《农村非正规金融发展减贫效应的门槛特征与地区差异》,《中国农村经济》2013 年第 7 期。

孙若梅:《小额信贷能否瞄准最贫困户》,《中国社会科学院院报》2006 年第 10 期。

孙天琦:《小额信贷扶贫成功的商洛模式及对农村金融发展的启示》,《农业经济问题》2001 年第 4 期。

唐青生、周明怡:《西部地区农村金融资源配置效率实证研究》,《云南财经大学学报》2009 年第 4 期。

汪三贵:《信贷扶贫能帮助穷人吗》,《调研世界》2001 年第 5 期。

王定祥、田庆刚、李伶俐、王小华:《贫困型农户借贷需求与借贷行为实证研究》,《金融研究》2011 年第 5 期。

王芳:《我国农村金融需求与农村金融制度:一个理论框架》,《金融研究》2005 年第 4 期。

王亚南:《怎样从资产阶级经济学的学习中获得教益》,《新建设》1957 年第 1 期。

魏再晨:《发挥资本市场作用,创新扶贫脱贫机制》,《中国金融家》2016 年第 2 期。

温涛、冉光和、熊德平:《中国金融发展与农民收入增长》,《经济研究》2005 年第 9 期。

温涛、熊德平:《"十五"期间各地区农村资金配置效率比较》,《统计研究》2008 年第 4 期。

温忠麟、叶宝娟:《中介效应分析:方法和模型发展》,《心理科学进展》2014 年第 22 期。

伍艳:《中国农村金融发展的减贫效应研究——基于全国和分区域的分析》,《湖北农业科学》2013 年第 1 期。

谢平、徐忠:《公共财政、金融支农与农村金融改革》,《经济研究》2006 年第 4 期。

谢升峰：《微型金融与低收入群体信贷》，《宏观经济研究》2010年第 9 期。

徐珺：《从凉山农户小额信贷看国家对西部民族地区农村的金融支持》，《金融研究》2003 年第 6 期。

杨俊、王燕、张宗益：《中国金融发展与贫困减少的经验分析》，《世界经济》2008 年第 8 期。

杨育民、罗拥华、梁阿莉：《农村金融制度缺失及其补偿》，《中国农村观察》2006 年第 2 期。

张兵、翁辰：《农村金融发展的减贫效应——空间溢出和门槛特征》，《农业技术经济》2015 年第 9 期。

张萃：《中国经济增长与贫困减少——基于产业构成视角的分析》，《数量经济技术经济研究》2011 年第 5 期。

张立军、湛泳：《金融发展与降低贫困》，《当代财经科学》2006年第 11 期。

郑长德：《资本流动与经济增长收敛性关系——基于中国省际差异的实证研究》，《广东金融学院学报》2008 年第 1 期。

中国人民银行成都分行课题组：《贫弱地区农村金融制度绩效研究》，《金融研究》2006 年第 9 期。

二　中文著作

［波兰］罗森斯坦·罗丹：《略论"大推进"理论》，林星等译，中国经济出版社 1998 年版。

［德］马克思：《资本论》（第 1 卷），中共中央马克思、恩格斯、列宁、斯大林著作编译局译，人民出版社 2018 年版。

［美］罗纳德·I. 麦金农：《经济发展中的货币与资本》，卢骢译，上海三联出版社 1988 年版。

［美］讷克斯：《不发达国家的资本形成》，谨斋译，商务印书馆1966 年版。

［美］西奥多·W. 舒尔茨：《改造传统农业》，梁小民译，商务印书馆 2006 年版。

邱皓政、林碧芳：《结构方程模型的原理与应用》，中国轻工业出版社 2009 年第 1 版。

〔瑞典〕冈纳·缪尔达尔：《世界贫困的挑战》，顾朝阳等译，北京经济学院出版社 1991 年版。

〔瑞典〕克努特·维克赛尔：《国民经济学讲义》，解革、刘海琳译，商务印书馆 2017 年版。

〔印〕阿玛蒂亚·森：《以自由看待发展》，任赜、于真等译，中国人民大学出版社 2006 年版。

〔印〕阿玛蒂亚·森：《贫困与饥荒》，王宇、王文玉译，商务印书馆 2004 年版。

〔英〕托马斯·罗伯特·马尔萨斯：《人口论》，郭大力译，北京大学出版社 2008 年版。

〔英〕约翰·梅纳德·凯恩斯：《就业、利息和货币通论》，高鸿业译，商务印书馆 1999 年版。

三 中文学位论文

刘阳：《农村小额信贷的国际比较及启示》，博士学位论文，西南政法大学，2009 年。

朴之水、任常青、汪三贵：《中国的小额信贷、扶贫和金融改革》，OECD "中国的农村金融和信贷组织基础" 研讨会论文，法国巴黎，2003 年 10 月。

四 外文期刊

Abedullah N. , Mahmood M. , "The Role of Agricultural Creditin the Growth of Livestock Sector: A Case Study of Faisalabad", *Pakistan Vet. J*, Vol. 28, No. 2, February 2009.

Abid Hussain, Gopal Bahadur Thapa, "Smallholders' Access to Agricultural Credit in Pakistan", *FoodSec.* , Vol. 4, No. 3, March 2012.

Aghion P. , Bolton P. , "A Trickle-down Theory of Growth and Development", *The Review of Economic Studies*, Vol. 64, No. 2, February 1997.

Ana Marr, "Effectiveness of Rural Microfinance: What We Know and What We Need to Know", *Journal of Agrarian Change*, Vol. 12, No. 7,

June 2012.

Anjani Kumar, Singh K. M. , Shradhajali Sinhac, "Institutional Credit to Agriculture Sector in India: Status, Performanceand Determinants", *Agricultural Economics Research Review*, Vol. 23, No. 10, October 2010.

Arellano M. , Bover O. , "Another Look at the Instrumental Variable Estimation of Error-components Models", *Journal of Econometrics*, Vol. 68, No. 1, January 1995.

Arestis P. , CancerA. , "Financial Liberalization and Poverty: Channels of Influence", Levy Economics Institute Working Paper, Vol. 411, No5, May 2004.

Baron R. M, Kenny D. A. , "The Moderator-Mediator Variable Distinction in Social Psychological Research: Conceptual, Strategicand Statistical Considerations", *Journal of Personality and Social Psychology*, Vol. 51, No. 6, June 1993.

Bencivenga V. R. , Smith B. D. , "Financial Intermediation and Endogenous Growth", *Review of Economic Studies*, Vol. 58, No. 4, April 1991.

Blundel R. , Bond S. , "GMM Estimation with Persistent Panel Data: An Application to Production Functions", *Journal of Econometrics*, Vol. 87, No. 11, November 1998.

Caballero R. J. , "Consumption Puzzle and Precaution Saving", *Journal of Monetary Economics*, Vol. 25, No. 10, July 1990.

Clarke G. , Lixin Xu and Hengfu Zou, "Finance and Income Inequality: Test of Alternative Theories", World Bank Policy Research Working Paper, Vol. 23, No. 3, March 2003.

Dohcheva D. , "Credit Rationing in Agricultural Credit Markets in Bulgaria", *TrakiaJournal of Sciences*, Vol. 7, No. 3, April 2010.

Dollar D. , Kraay A. , "Growth is Good for the Poor", *Journal of Economic Growth*, Vol. 7, No. 3, March 2002.

Doug Pearce, Junior Davis, "Making Rural Finance Count for the

Poor", UK Department for International Development Working Paper, September 10, 2004.

Dutta J., Kapur S., "Liquidity Preference and Financial Intermediation", *Review of Economic Studies*, Vol. 65, No. 7, March 1998.

Fakayode S. B., Adewumi1 M. O., Salaul S. A. and Afolabi1 O. A., "On-Lending Credit Scheme to Crop Farmers in Nigeria: An Appraisal of Ekiti State Agricultural Credit Agency", *Journal of Agriculture, Biotechnology & Ecology*, Vol. 2, No. 1, January 2009.

Fry M. J., "Money and Capital or Financial Deepening in Economic Development", *Journal of Money, Credit and Banking*, Vol. 10, No. 4, May 1978.

Galbis V., "Financial intermediation and Economic Growth in Less-developed Countries: A Theoretical Approach", *The Journal of Development Studies*, Vol. 12, No. 2, February 1977.

Galor O, Zeira J., "Income Distribution and Macroeconomics", *Review of Economic Studies*, Vol. 60, No. 1, January 1993.

Gershon Feder, Lawrence J., Justin Y. Lin, Xiao peng Luo, "The Relationship between Credit and Productivity in Chinese Agriculture: A Microeconomic Model of Disequilibrium", *American Journal of Agricultural Economics*, Vol. 72, No. 11, November 1990.

Getaneh Gobezie, "Sustainable Rural Finance: Prospects, Challenges andImplications", *International NGO Journal*, Vol. 4, No. 2, October 2009.

Greenwald B. C., Stiglitz J. E., "Asymmetric Information and the New Theory of the Firm: Financial Constraints and Risk Behavior", *American Economic Review*, Vol. 80, No. 2, Febuary 1990.

Greenwood J., Smith B., "Financial Markets in Development, and the Development of Financial Markets", *Journal of Economics Dynamics and Control*, Vol. 21, No. 5, May 1996.

Greenwood Jeremy, Jovanovic Boyan, "Financial Development, Growth and the Distribution of Income", *Journal of Political Economy*, Vol. 98, No. 5, March 1990.

Gurley J. G., Shaw E. S., "Financial Aspects of Economics Development", *The American Economic Review*, Vol. 45, No. 4, September, 1955.

Holden P., ProkopenkV., "Financial Development and Poverty Alleviation: Issues and Policy Implications for Developing and Transition Countries", IMF Working Paper, Vol. 36, No. 1, May 2000.

HS Council, Pretoria, "Micro-Finance in Rural communities in Southern Africa——Country and Pilot Site Case Studies" *Pretoria South Africa Human Sciences Research Council*, Vol. 15, No. 3, March 2002.

Jalilian H., Kirkpatrick C., "Financial Development and Poverty Reduction in Developing Countries", *International Journal of Finance and Economics*, Vol. 7, No. 2, Febuary 2002.

James Foster, Sabina Alkire, "Counting and Multidimensional Poverty Measurement", *Journal of Public Economics*, Vol. 7, No. 95, July 2011.

Jeanneney G. S., Kpodar K., "Financial Development, Financial Instability and Poverty", University of Auvergne Working Paper, Vol. 15, No. 9, Febuary 2005.

K. K. Tripathy, Sudhir K Jain, "A Study of Microfinance as an Innovative Credit Delivery Mechanism in Rural India", *The IUP Journal of Agricultural Economics*, Vol. 3, No. 1, January 2010.

King R. G., Rose Levine, "Finance and Growth: Schumpeter Might be Right", *The Quarterly Journal of Economics*, Vol. 108, No. 3, March 1993.

Leibenstein H., "An Interpretation of the Economic Theory of Fertility: Promising Path or Blind Alley", *Journal of Economic Literature*, Vol. 35, No. 2, Febuary 1974.

Leland H. E., "Saving and Uncertainty: The Precautionary Demand for Saving", *Quarterly Journal of Economics*, Vol. 82, No. 3, March 1968.

Levin A. , Lin C. , Chu C. J. , "Unit Root Tests in Panel Data: Asymptotic and Nite-sample Properties", *Journal of Econometrics*, Vol. 108, No. 21, June 2002.

Li H. , Squire L. , Zou, "Explaining International and Intertemporal-Variations in Income Inequality", *Economics Journal*, Vol. 108, No. 1, January 1998.

Maru Shete, Roberto J. Garcia, "Agricultural Credit Market Participation FinoteselamTown", *Ethiopia Journal of Agribusiness in Developing and Emerging Economies*, Vol. 1, No. 7, October 2011.

Matsuyama, "Financial Market Globalization and Endogenous Inequality of Nations", *Discussion Papers*, Vol. 10, No. 7, July 2000.

Michael Chibba, "Financial Inclusion, Poverty Reduction and the Millennium Development Goals", *European Journal of Development Research*, Vol. 21, No. 3, March 2009.

Milford Bateman, "The Role of Microfinance in Contemporary Rural Development Finance Policy and Practice: Imposing Neoliberalism as 'Best Practice'", *Journal of Agrarian Change*, Vol. 12, No. 6, June 2012.

Muhammad Amjad Saleem, Dr Farzand Ali Jan, "The Impact of Agricultural Credit on Agricultural Productivity in Dera Ismail Khan (District) Khyber Pakhtonkhawa Pakistan", *European Journal of Business and Management*, Vol. 9, No. 9, September 2008.

Pagano M. , "Financial Markets and Growth: An Overview", *European Economic Review*, Vol. 37, No. 8, Apirl 1993.

Patrick T. , "Financial Development and Economic Growth in Underdeveloped Countries", *Economic Development and Cultural Change*, Vol. 2, No. 14, January 1965.

Paul Mpuga, "Constraints in Access to and Demand for RuralCredit: Evidence from Uganda", *African Development Review*, Vol. 22, No. 12, December 2010.

Pavel Ciaian, Joint Research Centre, Katarina Szegenyova, "Do Agricultural Subsidies Crowd out or Stimulate Rural Credit Market Institutions?" *The Case of EU Common Agricultural Policy*, Vol. 16, No. 11, November 2009.

Piketty T., "The Dynamics of the Wealth Distribution and the Interest Rate with Credit Rationing", *Review of Economic Studies*, Vol. 64, No. 2, January 1997.

Richard R. Nelson, "A Theoryof the Low - Level Equilibrium Trapin Underdeveloped Economies", *American Economic Review*, Vol. 46, No. 5, February 1957.

Rosenbaum P. R., Rubin D. B., "The Central Role of the Propensity Score in Observational Studies for Causal Effects", *Biometrika*, Vol. 70, No. 1, January 1983.

Ruerd Ruben, Luud Clercx, "Rural Finance, Poverty Alleviation and-Sustainable Land Use: The Role of Credit for the Adoption of Agroforestry Systems in Occidental Honduras", *Journal of Microfinance*, Vol. 5, No. 2, February 2003.

Ruth A. Judson, Ann L. Owen., "Estimating Dynamic Panel Data Models: A Guide for Macroeconomists", *Economics Letters*, Vol. 65, No. 23, May 1999.

Saimnnyaz, Zakir Hussain, "Impact of Institutional Credit on Production Efficiency of Farming Sector: A Case Study of District Faisalabad", *Pakistan Economic and Social ReviewVolume*, Vol. 49, No. 4, Apirl 2009.

Soren Hauge, "Household, Group, and Program Factors in Group - Based Agricultural Credit Delinquency", *Perspectives on Globaal Development and Technology*, Vol. 9, No. 3, May 2010.

Stacey Schreft, Bruce Smith, "The Effects of Open Market Operations in a Model of Intermediation and Growth", *Review of Economic Studies*, Vol. 65, No. 3, March 1998.

Stiglitz J, "The Role of the State in Financial Markets", *Proceedings of the World Bank Annual Conference on Development Economic*, Vol. 3,

No. 3, March 1998.

Sukhpal Singh, Manjeet Kaur, Kingra H. S., "Inadequacies of Institutional Agricultural Credit System in Punjab State", *Agricultural Economics Research Review*, Vol. 22, No. 6, June 2009.

Therese Ann Wilson, "Supporting Social Enterprises to Support Vulnerable Consumers", *Consume Policy*, Vol. 35, No. 11, November 2012.

Vicente Galbis, "Financial Intermediation and Economic Growth in Less-Developed Countries: A Theoretical Approach", *Journal of Development Studies*, Vol. 13, No. 2, January 1977.

五 外文著作

Goldsmith R. W., *Financial Structure and Economic Growth in Advanced Countries*, Princeton: Princeton University Press, 1955, p. 74.

Gurley J. G., Shaw E. S., *Money in a Theory of Finance*, Washington: The Brookings Institution, 1960, p. 36.

Mckinnon R. L., *Money and Capital in Economic Development*, Washington: The Brookings Institution, 1973, p. 123.

Ranjan R. G, Zingales L., *Saving Capitalism from the Capitalists: Unleashing the Power of Financial Markets to Create Wealth and Spread Opportunity*, New York: Crown Business, 2003, p. 106.

Shaw E. S., *Financial Deepening in Economic Development*, New York: Oxford University Press, 1973, p. 97.

后　记

　　本书是教育部人文社会科学研究项目"贫困地区农村金融减贫效应及作用机理研究"（17XJC790007）的最终研究成果。2021年年初，我国脱贫攻坚战取得全面胜利，贫困县全部摘帽，绝对贫困历史性消除。与此同时，我国脱贫工作已进入新时代，这一阶段如何稳定防止贫困地区返贫、巩固扶贫成效、培育脆弱农户自我发展与抵抗风险能力，做好乡村脱贫与乡村振兴战略的有效衔接成为后脱贫时代的主题。本书立足于贫困地区农村经济与金融发展现实，理论分析和实证检验贫困地区农村金融的减贫效应与作用机理，探讨金融扶贫方式在哪些条件或环境下能够更好地发挥作用，根据金融减贫的实践经验，深思并总结农村金融减贫的政策路径。通过政策措施引导农村金融市场健康快速发展，可以巩固金融减贫成效，发挥金融减贫的长期持续动力。

　　本书的形成，除了包括教育部人文社会科学研究项目成果，还包括笔者承担的陕西省科技厅创新能力支撑计划软科学项目《乡村振兴战略初期银保联动对农户创业支持与创业减贫实现研究》（2021KRM133），陕西省教育厅项目《陕西省信贷与保险双驱动下农户扶贫成效巩固研究》（20JK0019）的部分成果，同时也受到宝鸡文理学院高层次人才及博士科研启动项目的资助。

　　感谢陕西师范大学西北历史环境与经济社会发展研究院博士生导师刘明教授和师母姚云英女士。他们不仅在学习上给我建议和指导，也在生活中给我关心和帮助。在本书研究题目选定、论证框架、指标选取、研究方法等具体环节，刘明教授给予了反复的指导和建议。而本书的部分研究数据也采纳了陕西师范大学金融研究所的西北经济金融田野调查数据。此外，非常感谢陕西师范大学西北历史环境与经济社会发展研究院对笔者博士期间的培养，博士毕业论文为本书的形成提供了最初的研究基础。

最后，感谢宝鸡文理学院经济管理学院、宝鸡文理学院社科处的领导和工作人员对笔者的支持和帮助。

由于水平和资料的限制，难免存在诸多不足，敬请谅解。

刘　芳

2021 年 12 月